hen Hoff in Baden.

Lith. v. J. Velten Carlsruh.

Jutta Rebmann · Die schöne Friederike

Jutta Rebmann

Die schöne
Friederike

Eine Schwäbin
im Biedermeier

Biographischer Roman

Stieglitz Verlag, E. Händle
D-7130 Mühlacker
A-8952 Irdning/Steiermark

Schutzumschlagentwurf: Ulrich Kolb, Leutenbach

Titelbild: Friederike Robert

ISBN 3-7987-0284-5

© 1989 Stieglitz Verlag, E. Händle
D-7130 Mühlacker
A-8952 Irdning/Steiermark
1989

Druck: Karl Elser Druck GmbH, Mühlacker

Kapitel 1

Vorsichtig, um ja die schlafenden Schwestern nicht zu wecken, rollte sich die fünfzehnjährige Friederike aus dem Bett. Ihr Herz pochte vor erwartungsvoller Unruhe. Mitten im Zimmer blieb sie stehen und hielt den Atem an. Wenn nur Luise und Christiane Dorothea nichts merkten! Aber die beiden schliefen ruhig weiter. Mit leisen Schritten näherte sich Friederike dem geöffneten Fenster, drängte sich vorsichtig hinter den Vorhang und atmete tief und wie befreit die frische Nachtluft ein. Niemals würde sie sich sattsehen können an dem Glitzern der Sterne und dem sanften Licht des Mondes! Ganz hell glänzte die Kirche auf der anderen Seite der Gasse im Mondenschein. Und so nahe schien sie, daß Friederike nur den Arm auszustrecken brauchte, um die Kirche zu berühren. So eng wie heute nacht war ihr die Gasse noch nie erschienen. Vom nahen See, dem „Roten Meer", ließ sich das vertraute Gequake der Frösche vernehmen. Die Störche im Nest auf dem Steinhaus schliefen jetzt bestimmt eng aneinandergeschmiegt. Aber die Sterne! Manchmal schien es Friederike fast unwahrscheinlich, daß die gleichen Sterne auch über anderen Städten und Dörfern funkelten, weit weg von hier. In Calw bei den Großeltern oder in Heidelberg beim Bruder Gottlieb. Eine Wolke schob sich vor den Mond, die eben noch mondbeschienene Kirchenwand kam dem Mädchen auf einmal dunkel und drohend vor. Es schien ihr, als rückten Haus und Kirche noch enger zusammen. Der Turm warf seinen Schatten noch schwärzer in die Gasse hinein. Fröstelnd kletterte Friederike zurück ins Bett. Die leisen Schnarchlaute Luises, die sie sonst manchmal zur Weißglut brachten, kamen ihr heute sehr beruhigend vor.

„Nein, den Gottlieb hole ich von der Poststation ab, ich ganz alleine!" Mit blitzenden Augen stand Friederike am nächsten Morgen vor der Mutter in der Küche und streichelte bittend ihren Arm: „Bitte laß mich, schließlich bin ich krank gewesen, und deswegen freut sich der Bruder auch am meisten auf mich!" Sie warf den Schwestern einen triumphierenden Blick zu, als die Mutter ihr einen zärtlichen Klaps gab und aufmunternd sagte: „Lauf nur, Rickele, aber nicht so schnell, ganz gesund bist du immer noch nicht!" Luise klatschte den Wischlappen auf den frisch gescheuerten Küchentisch und äffte: „So geht das jetzt immer, Rickele mach' nur, Rickele tu nur!" Neidisch sah sie der Schwester nach, die sich tänzelnd vor Freude auf der Straße zwischen der Kirche und dem Geburtshaus des Dr. Johannes Faust noch einmal umdrehte und fröhlich zum Elternhaus zurückwinkte. Dann rannte sie zur Poststation die ungepflasterte Straße hinauf.

Nachdenklich sah die Mutter der Davonstürmenden nach. Sie war nicht viel älter als ihre Töchter gewesen, als vor fast zweiundzwanzig Jahren der Präzeptor Gottfried Braun bei ihren Eltern um sie angehalten hatte. Vier kleine Buben galt es nach dem Tode der Mutter im Böblinger Präzeptorhaus zu versorgen, und Johanna Christiana hatte nicht lange gezögert, Gottfried Braun ihr Jawort zu geben. Zumal der Vater angetan war, die Tochter einem Kollegen verheiraten zu können. „Sie weiß, wie das Geschäft geht, umso besser werden die beiden zusammen schirren!" Aber schon bald nach der Hochzeit in Calw mußte die junge Frau entdecken, wie jähzornig ihr Gottfried war und wie unberechenbar. Seine überdurchschnittlichen pädagogischen Fähigkeiten, die ihm einst ohne akademische Ausbildung zum Schulmeisterpatent verholfen hatten, wurden immer mehr zunichte gemacht durch die schlimmen körperlichen und oft in Seelenqualen ausartenden Strafen, die er seinen Schützlingen auferlegte. Am schlimmsten hatten die eigenen Söhne unter dem Vater zu leiden, namentlich Gottlieb, der nach dem Tod eines Bruders der zweitälteste war, hatte in seiner Kindheit mehr Prügel und Fußtritte als Brot und Liebe erhalten. Aber heute kam er heim, nach Lehrjahren als Buchhändler hatte er sich eben als Verleger und Buchhändler in der Universitätsstadt Heidelberg selbständig gemacht.

Manchmal hatte Johanna Christiana Verständnis für ihren Mann gehabt. Es war nicht leicht, bei der ständig wachsenden Kinderschar mit dem schmalen Schulmeistersgehalt auszukommen. Not ist eine Haderkatz, – wie oft hatte sie das geseufzt und versucht, die ärgsten Wutausbrüche des Vaters den Kindern gegenüber zu dämpfen. Fast erleichtert war sie gewesen, als Gottfried, – ein Jahr nachdem das Rickele geboren war, – mit seinem Versetzungsgesuch nach Knittlingen, seiner Heimatstadt, Erfolg gehabt hatte. Hier, im Kreise seiner Familie, ließ sich mit dem wenigen Geld besser auskommen. Nur, hier fühlte sich Johanna Christiana oft ausgeschlossen, sie hatte Mühe, den ihr fremden Dialekt zu verstehen. Auch stellte sich bald heraus, daß Gottfrieds Zornesausbrüche hier nicht weniger heftig waren. Hinzu kam mit den Jahren eine fast krankhafte Sucht, den Lateinschülern die Offenbarung des Johannes auszulegen. Dabei steigerte er sich unweigerlich in eine nicht zu bremsende, infernalische Wut hinein. Etliche Eltern nahmen dies zum Anlaß, ihre als Kostgänger nach Knittlingen in die Lateinschule gegebenen Söhne vorzeitig wieder heimzuholen. Weniger Schüler aber bedeuteten noch mehr Sorgen für die vielköpfige Familie.

Friedrich, der älteste Sohn ihres Mannes aus erster Ehe, arbeitete nun schon lange Jahre in der Tuchfabrik des Herzogs von Württemberg in Ludwigsburg. Dort hatte er den einstigen Lateinschüler und Spielkameraden Justinus Kerner wiedergetroffen. Johanna Christiana erinnerte sich an den stillen Schüler, der sich am liebsten mit Tieren und Blumen im Gärtchen hinter dem Haus beschäftigt hatte. Oft hatte er dazu die kleine, knapp zweijährige Friederike mitgenommen.

Dort drüben auf den die Kirche umlaufenden Sockel hatten Gottlieb und Justinus das Mädchen gestellt, dann hatte einer sie als Pferd huckepack genommen und, husch, waren sie mit der jubelnden Kleinen davongeritten.

Sie mußte bei der Erinnerung daran lachen. Aber eine andere Erinnerung verscheuchte das fröhliche Bild: Zitternd in der Stubenecke stand Gottlieb, die Hände schützend vors Gesicht gepreßt. In wilder Wut schlug sein Vater immer wieder auf ihn ein, während sie, die Fäuste in ohnmächtigem Schmerz vor den Mund gepreßt, nichts tun konnte als warten, bis sich die Wut des Vaters ausgetobt hatte. Kaum hatte der Vater von ihm abgelassen, als ihn der Sohn mit stummem Blick maß, den Mund zu einem schmalen Strich zusammengepreßt, die Fäuste geballt. Kein Wort hatte er mehr gesagt, schweigend hatte er das Haus verlassen, um sich selber eine Lehrstelle als Buchhändler zu besorgen. Er hatte der Mutter geschrieben, und beim Lesen der Briefe wurde ihr klar, mit welcher Liebe er an Rickele hing. Es kam kein Brief von ihm, in dem er nicht ausdrücklich darum bat, die kleine Schwester zu grüßen, und die Mutter schickte ihm keinen Brief, unter den nicht Friederike ihren Namen gekritzelt hatte. Und heute nun würde er kommen, seit langer Zeit zum ersten Male wieder sein Elternhaus betreten. Bei aller Freude auf den Stiefsohn fürchtete sie sich auch vor seinem Zusammentreffen mit dem Vater.

Laute Stimmen vor dem Haus ließen sie zusammenzucken. Es war eigentlich immer das gleiche: An heißen Sommertagen gerieten der Präzeptor und sein Nachbar, der Schulmeister, regelmäßig in Streit über den schulmeisterlichen Misthaufen vor dem Haus und die Düfte, die ihm entströmten. Gleich würde der Präzeptor wütend die Tür aufreißen, – Luise und Christiane Dorothea ergriffen noch vorher die Flucht durch den schmalen Nebenausgang. Wie so oft würde die Mutter die Hauptlast des väterlichen Zornes zu tragen haben.

All das Bedrückende und Beengende des Elternhauses hatte Friederike heute weit hinter sich gelassen. Auf dem Weg zur Poststation hatte sie noch schnell bei ihrer Busenfreundin Friederike Braun hereingeschaut. „Vorname – Name – Geburtsjahr, alles gleich", mit soviel Gleichheit hatten schon die kleinen Mädchen ihre Lehrer verblüfft und die Nachbarn dazu. Wie immer hatten sich die beiden viel zu erzählen und begannen zu kichern, so daß die Vorübergehenden nur die Köpfe schütteln konnten. „Heut' kommt der Gottlieb zurück!" Friederike hätte am liebsten jedem die frohe Botschaft zugerufen und vielleicht auch noch die Zunge herausgestreckt, ein unbändiger Freiheitswille hatte sie erfaßt. Jetzt aber nichts wie hin zur Poststation, sonst kam die Kutsche am Ende noch vor ihr an, und der Gottlieb glaubte, man habe ihn vergessen.

Vergnügt setzte sie sich auf die Bank vor der Station und wippte mit den Beinen. Einmal wird auch sie fortfahren mit einer Postkutsche. Hüa, – und schon ziehen die Pferde an. Die Mutter würde vielleicht weinen und die Schwestern bedeutungsvolle Blicke tauschen, Friederike verzog den Mund, wenn sie daran dachte. Am schwersten wird ihr die Trennung vom kleinsten Bruder Gottlob fallen. Sie schluckte. Aber sie müßte trotzdem gehen! Das war gewiß! Was der Gottlieb ihr geschrieben hatte aus Heidelberg, von schönen Damen, die mit Sonnenschirmen auf gepflasterten Straßen flanierten, und von großen, schönen Wohnhäusern mit den neuesten Möbeln, nicht diesen einfachen bäuerlichen Kästen! Manchmal, wenn in den Kutschen neue Schüler zum Vater gebracht wurden, wurden sie von ihren Müttern begleitet. Friederike konnte sich dann nicht sattsehen an den Hüten und Kleidern, dem Schmuck und den zierlichen Schuhen und Stiefelchen. Mehr als einmal hatte die Mutter gerade noch verhindern können, daß die Tochter verstohlen nach dem Stoff eines Spitzenrockes tastete oder mit hocherhobener Nase dem Parfum einer Dame nachschnupperte. Schon der ganz kleinen Friederike hatten es Sonnenschirme und Handschuhe besonders angetan, eine Leidenschaft, die sich verstärkte, je älter sie wurde. Und Schmuck – sie besaß nur ein einziges Halskettchen –, aber einmal, dessen war sich Friederike sicher, würde sie an jedem Finger mindestens einen Ring tragen. Auch wenn das wirklich so ordinär sein sollte, wie ihre Mutter, die Schwestern und sogar der Vikar übereinstimmend behaupteten. Sie seufzte tief auf – wie eng es hier in Knittlingen war! Vom Rathaus brauchte man nur drei Schritte in jede Himmelsrichtung zu machen, um vor der Stadt zu stehen. Bei diesem Experiment müsse man nur aufpassen, daß man nicht unversehens in einem Misthaufen lande. Das hatte ihr ältester Bruder Friedrich gesagt, als er mit der Postkutsche fortgefahren war. Der Vater hatte ihm dafür noch einen allerletzten Katzenkopf verpassen wollen, aber Friedrich hatte schnell die Kutschentür zugeschlagen und war bald darauf den Augen – und vor allem den Prügeln – des Vaters auf immer entschwunden.

Da, – aufwirbelnde Staubwolken am Ende der Straße zeigten das Herannahen der Postkutsche an. Der Postillion schmetterte ins Horn, Friederike war es, als spielte er heute nur für sie. Sie sprang auf und ging der Kutsche ein paar Schritte entgegen, durch die Fenster konnte sie den Bruder sehen. Kaum war die Kutsche zum Halten gekommen, sprang die Tür auf und der Bruder heraus. Bevor Gottlieb Braun seine Tasche auf den Boden stellen konnte, flog ihm die Schwester schon unbekümmert um den Hals. Er schob sie ein wenig von sich weg, lachend strich er ihr die braunen Locken aus der Stirn: „Na, bist wieder gesund? Hast ja für eine ziemliche Aufregung gesorgt. Fünfzehn Jahre, gerade konfirmiert und dann so krank, daß alle Welt glaubt, man müsse dich bald auf dem Friedhof besuchen! Denkst aber auch gar nicht an den armen Herrn Diakon, wo er doch sowieso alles alleine machen muß! Oder habt ihr wieder einen Pfarrer?" Ehe Friederike auch nur eine seiner Fragen beantworten konnte, hielt Gottlieb plötzlich überrascht inne, dann murmelte er in sich hinein: „Aber die Mutter hat schon recht mit dem, was sie schreibt…"

Verstohlen betrachtete er die Schwester immer wieder von der Seite, dem Rickele wurde es schon ganz unbehaglich unter seinen forschenden Blicken. „Was hat denn die Mutter geschrieben? Sag doch schon…" Gottlieb lachte: „Wer wird denn gleich so naseweis sein. Aber schau, sie sind noch genau so neugierig wie früher, die lieben Knittlinger…" Aus den Augenwinkeln schielte er zu den Fenstern der umliegenden Häuser hoch, da bewegten sich wie von Geisterhand die Vorhänge, damit die Bewohner auch nur ja nichts von dem verpaßten, was auf der Straße bei der Poststation vor sich ging. „Denen werden wir jetzt etwas zum Tratschen geben, damit sich das Ganze auch lohnt!" Und mitten auf der Hauptstraße seiner Heimatstadt faßte der Buchhändler und Verleger Gottlieb Braun, seit kurzem ehrenwerter Bürger der Universitätsstadt Heidelberg, seine kleine Schwester Friederike um die Taille und schwenkte sie im wilden Wirbel im Kreis herum! Mit einem Schwung setzte er sie wieder ab und grinste: „So, der Gesprächsstoff für den Rest der Woche ist gesichert!"

Galant bot er der Schwester den Arm. Als sie zögerte, langte er mit der freien Hand nach der ihren und legte sie zärtlich in seine Armbeuge. Friederike hielt die Luft an. So mußte es sein, wenn man in einer großen Stadt am Arm eines Kavaliers spazierenging. Gottlieb erriet ihre Gedanken: „So, mein Schätzchen, macht man das mit feinen Damen! Aber –", fügte er hinzu, „die ganz feinen Damen stehen dann nicht neben einem, als hätten sie einen Stock verschluckt, sondern sie setzen zierlich Schritt vor Schritt!" Friederike versuchte, ihre Schritte denen des Bruders anzupassen. „Du lernst schnell, Friederike", bewunderte Gottlieb die kleine Schwester und fügte hinzu: „Wie hübsch du geworden bist! Es stimmt schon, was die Mutter schrieb: ‚Rickele wächst sichtlich in die Schöne'.

Und wenn's so weiter geht, wie's angefangen hat, dann kann's noch werden!" Friederike zwickte ihn in den Arm, um ihre Verlegenheit zu verbergen. Aber sie nahm sich vor, gleich nach dem Essen in den halb erblindeten Spiegel in der Kammer neben der Küche zu sehen. Vielleicht, daß sie sich auch hübsch fand. Gottlieb musterte die Schwester: „Vermutlich bist du eine neue wunderbare Bestätigung der Braunschen Familiensage. Auch wenn der Vater nicht dran glauben will." Friederike lachte bei dem Gedanken daran, wie fuchsteufelswild der Vater jedesmal wurde, wenn die Mutter diese bei allen ihren Kindern so beliebte Geschichte zu erzählen begann.

Das Steinhaus in Knittlingen

Gottlieb setzte die Reisetasche ab, beschattete die Augen mit der Rechten und sah hinauf zum Storchennest auf dem Steinhaus. Hier hatte er als Kind gespielt. Oft hatte er den Storcheneltern zugesehen, wie sie ihren schreienden, hungrigen Nachwuchs mit Fröschen aus dem „Roten Meer" versorgten, und noch schöner war es gewesen, wenn die kleinen Störche ihre

Eltern zum ersten Male hinunter zum See begleiten durften. Und der See im Winter, wenn er zugefroren war, – da hatte er im Wettkampf mit den Schülern des Vaters und den Nachbarsjungen mehr als einmal den Hosenboden zerfetzt, wenn er beim Schleifen hingefallen und den Rest der Strecke auf dem blanken Hintern zurückgelegt hatte. Friederike zupfte ihn ungeduldig am Ärmel, seufzend nahm er die Reisetasche wieder auf: „Froschkonzert und Storchenkinder hast du halt nicht so schnell in einer großen Stadt. Aber wenn du es erst einmal gewohnt bist, dann hast du immer ein wenig Sehnsucht danach, wirst schon sehen, dein Leben lang!" Wie schön es hier war und wie friedlich, und wie wenig sich verändert hatte in den Jahren, in denen er fort gewesen war! Eben trat die Mutter aus der Haustür. Friederike vergaß die Dame, die sie gerade gewesen war, und rannte los, den Bruder an der Hand hinter sich herziehend.

Wenig später setzte sich die Familie an den Tisch. Verstohlen sah Gottlieb von einem zum anderen. Die Begrüßung mit dem Vater war herzlich gewesen, obgleich etwas distanziert. Unwillkürlich griff der Sohn an seinen Rücken, wenn er hinüber sah zum Vater. Zu oft hatte er Bekanntschaft gemacht mit dessen Haselstecken, ihrer Tanzbereitschaft und seinen eisernen Grundsätzen: Zerbrach so ein Stecken beim Prügeln, dann mußte derjenige, dessen Hinterteil dies verbrochen hatte, einen neuen nachschneiden und war dem Vater auch verantwortlich für die Tauglichkeit des Steckens, sonst war der Überbringer gleich der erste, der ihn zu spüren bekam. Gottlieb fühlte Zorn in sich aufsteigen. Aber war das noch der Vater von damals? Alt war er geworden und gebeugt, er schien dem Sohn viel weniger schreckenerregend als früher. Die Kriegs- und Notzeiten waren nicht spurlos an ihm vorübergegangen. Daneben saß die Mutter, ruhig und still wie immer, nur der gehetzte Zug um den Mund erinnerte an die Mühen, die es gekostet hatte, die Wutausbrüche des Mannes zu steuern und seine Launen zu ertragen, immer in Erwartung eines neuen Ausbruchs, den sie dann doch nicht zu verhindern imstande war.

Gottlieb genoß dennoch das Wiedersehen mit der Familie. Luise und Christiane Dorothea, die älteren Mädchen, beide hübsche Dinger, die kichernd und neugierig den Bruder betrachteten. Und dann das Rikkele. Eigentlich sah sie den Schwestern sehr ähnlich, Gottlieb hätte nicht sagen können, warum Friederike bei aller Ähnlichkeit anders war als die Schwestern. Jetzt wandte er seine Aufmerksamkeit den jüngeren Geschwistern zu. Mit sechs Jahren war Gottlob der jüngste. Er kannte den Bruder kaum, sah schüchtern zu ihm auf und hielt sich die Augen zu, sobald der fremde junge Mann das Wort an ihn richtete.

Die anderen drei redeten auf ihn ein, aber auch Mina verkroch sich unter dem Tisch, sobald er sie ansah. Immer wieder sah er zu Friederike hinüber. Ein blasses, kränkliches Kind hatte er in Erinnerung, das willig tat, was man von ihm verlangte. Der Vater hatte sie öfter als die anderen an seinem Unterricht teilnehmen lassen, weil sie so gut mit den Schülern umgehen konnte, und auch, weil sie schnell begriff und dann den Begriffsstutzigen weiterhelfen konnte. So lernte Rickele Latein und leidlich Geographie, sie liebte Gedichte über alles, die sie manchmal versteckt in der Kammer vor dem Spiegel heimlich sich selber aufsagte. Aber das war ihr großes Geheimnis, und sie hätte sich zu Tode geniert, wenn jemand davon gewußt hätte. Der Vater hätte darüber die Stirn gerunzelt, denn er hielt nicht viel von Friederike. So häßlich und mager, wie sie bis vor kurzem noch gewesen war, war sie kaum an den Mann zu bringen. Nicht einmal ein besonders armer Kollege würde sich mit ihr zufrieden geben. So hatte es immer geheißen.

Gewiß, mager kam ihm die Schwester immer noch vor, aber aus dem häßlichen Entlein war ein schöner Schwan geworden: Die vergnügten braunen Augen, die das Oval des Gesichtes beherrschten, ein wenig schräg gestellt über hohen Backenknochen, der kleine Mund, – diese Schwester gefiel ihm sehr. Sie knabberte an einem Brotkanten, jetzt strahlte sie den Vater an: „Bitte, laß doch die Mutter die Geschichte erzählen, wo unser Urgroßvater ein Fürst ist!" Gottfried Braun verzog den Mund, schenkte sich noch einmal von dem Roten nach und murrte ärgerlich: „Dumme Geschichten sind das, setzen euch nur Flausen in den Kopf und führen zu nichts!" Rickele legte den Kopf schief und lächelte den Vater unter halb gesenkten Wimpern an: „Bitte", flüsterte sie. Da stimmte der Vater zum Erstaunen seines Sohnes zu.

Johanna Christiana Braun nahm ihren Jüngsten auf den Schoß und begann zu erzählen: „Es ist nun schon fast hundert Jahre her, daß in Mainhardt eine Forstmeisterstochter heranwuchs, so strahlend schön, daß niemand, der ihr einmal ins Gesicht gesehen hatte, es jemals wieder vergessen konnte. Ihre Schönheit wurde weit und breit gerühmt. Auch ein Fürst von Hohenlohe hörte schließlich davon, aber er wollte nicht glauben, daß es so hübsche Mädchen in Mainhardt gab. So machte er sich also auf, das schöne Kind von Angesicht zu sehen. Und das Wunderbare geschah, die beiden verliebten sich ineinander und konnten nicht mehr voneinander lassen. Niemand konnte sie trennen, weder seine fürstlichen Verwandten noch ihre bürgerlichen. Der Forstmeister war genauso gegen die Verbindung wie die Familie des Fürsten. Aber die beiden glaubten nur an ihre Liebe. Der Fürst sorgte sein Leben lang für die Geliebte, sie bekamen viele Kinder. Die beiden Söhne ließ der Fürst studieren, weil sie sehr begabt waren, die Mädchen hatten samt und sonders die Schönheit der Mutter geerbt und wurden bald von braven Männern geheiratet. Der eine Sohn wurde Präzeptor, und das ist euer Großvater, mein Vater gewesen. – So hat man mir es als Kind immer erzählt, aber vielleicht ist es ja auch nur eine Geschichte, die mein Vater erfunden hat, weil er uns keinen Großvater zeigen konnte." Unwillig stellte

Gottfried Braun seinen Weinkrug auf den Tisch: „Ein jedes Kind, das unehelich zur Welt kommt und keinen Vater hat, ist halt mal ein Fürstenkind, damit keiner drauf runtergucken soll!" Friederike sah verträumt zum Fenster hinaus, niemand, auch Gottlieb nicht, hätte sagen können, ob sie überhaupt zuhörte.

Während der Vater räsonnierte, der Großvater Leppichler in Calw könne wohl ein Fürstensohn gewesen sein, aber immerhin habe er Wert darauf gelegt, daß seine Kinder ihm Gehorsam erwiesen, und er, der Gottfried Braun, obwohl keines Fürsten Sohn, täte es mit dem Gehorsam halten wie sein Schwiegervater, hing Friederike ihren Gedanken nach. „Wenn mich einer lieb hätte, ich tät ihn nicht lassen, und wenn alle Welt es von mir wollte!" Friederike sah ihrem Vater voll ins Gesicht. Die Mutter, erfahren im Abwiegeln von häuslichen Gewittern, schickte die Mädchen in die Küche zum Aufwaschen und Abräumen. Gottlieb ließ sich von dem kleinen Bruder die Kammer zeigen, in der die Mutter ihm sein Bett gerichtet hatte.

Während Gottlieb am anderen Morgen Besorgungen und Besuche erledigte, danach auf dem Rappen des Apothekers hinüberritt nach Maulbronn, versorgte Friederike mit der Mutter den Haushalt und kaufte ein. In ihrem Henkelkorb hatte sie einen Teller für das Fleisch und ein sauberes Tuch für das Brot. Erst am späten Nachmittag kam der Bruder zurück, von Friederike schon ungeduldig erwartet. Gemeinsam wanderten sie hinauf zum „Schillerblick". Es hieß, auf diesem Platz oberhalb Knittlingens habe Friedrich Schiller auf seiner Flucht aus Württemberg noch einmal zurückgeschaut auf die heimatliche Landschaft und Abschied genommen von den Bergen seiner Heimat. Eine kleine Bank, windschief und altersschwach, stand auf dem Platz. Friederike nahm ihr Taschentuch und wischte sie sorgfältig sauber: „Wegen deiner teuren Hose, – meinem Kleid tät's nichts machen." Sie lächelte zu ihm auf und zeigte lebhaft hinunter nach Knittlingen: „Sieh, wie schön es daliegt, das Städtchen, aber es ist halt arg langweilig und immer das gleiche, weißt Gottlieb, ich denk mir immer, es muß doch noch was anderes geben. Hier weiß man immer schon im voraus, was geschieht. Bald heiratet das erste Mädchen, das mit mir Lesen und Schreiben gelernt hat. Ich will aber nicht hierbleiben und heiraten. Ich will noch etwas anderes sehen. So wie du und der Friedrich. Ich will fortgehen in die große Stadt! Ich will!"

Gottlieb zog die Widerstrebende wieder neben sich auf die Bank zurück. „Genauso hast du ausgesehen, damals in Böblingen. Kaum ein Jahr bist du alt gewesen, als der Vater sich hat nach Knittlingen versetzen lassen und wir alle mit ihm mußten. Deine Paten, der ältere Bürgermeister Ritter und der Stadtpfarrer, ich glaub' Max hat er geheißen, waren zum Abschied an den vollbepackten Wagen gekommen. Die Mutter hat die Luise auf dem Arm gehabt und du hast dich in der Türfüllung festgekrallt und aus Leibeskräften geschrien. Und immer nur ‚Nein!' geschrien, es war wohl das einzige Wort, das du kanntest. Die Frau Ritter hat versucht, dich loszumachen, aber man mußte dir die Finger einzeln aufbiegen, so einen Willen hast du damals schon gehabt. Dann haben sie dich mir auf den Arm gegeben, aber noch in Dagersheim, vor den Toren der Stadt, hast du geschrien, daß die Leute auf die Straße gelaufen sind!" Friederike sah ihn ungläubig an: „Gell, jetzt lügst du aber?" Gottlieb sah zum Friedhof hinunter, dessen Steinkreuze man links zwischen den Bäumen erkennen konnte: „Ich kann dich jetzt nicht mitnehmen, aber in ein paar Jahren wär's möglich, daß du bei mir leben könntest. Der Krieg wird auch einmal zu Ende gehen, und wenn der Rheinbund nicht bestehen bleibt, so bleiben hoffentlich die einzelnen Staaten erhalten, und dann wird man weitersehen. Übermorgen fahre ich zurück. Versprich mir, daß du mir schreiben wirst. Und wenn mit dem Vater etwas geschieht, dann sage der Mutter, daß sie bei mir ein Zuhause finden wird, mit den Geschwistern." Gottlieb schwieg, Friederike malte mit einem Stock Figuren in den Sand. „Einmal fährt auch eine Postkutsche für mich alleine, und dann sehe ich alle fernen Gegenden, die ganze Welt..."

Kapitel 2

Ein Markttag mit Folgen

Die Bauern trieben schon am Vortag das Schlachtvieh durch den Renaissance-Torbogen in den Posthof. Dort wurde es bis zum Beginn des Marktes untergestellt. Schon am frühen Morgen herrschte emsiges Treiben in der Stadt. Großvieh und Hammel mußten angetrieben werden, Kälber und Schweine wurden in Fuhrwerken auf den Markt gebracht. Die Metzger kauften ihr Vieh „über Kopf", sie schätzten die Tiere ihrer Wahl bedächtig auf ihr Gewicht ein, befühlten die einzelnen Körperteile und prüften die Länge des Stückes durch Abmessen mit den Armen. Kleinvieh wurde durch schätzendes Abwiegen in der Luft taxiert. Während so die begehrten Schwabenochsen ihre Besitzer wechselten, hallte der Marktplatz wider vom Gestampfe, Gemuhe und Gewieher der Tiere, den lebhaften Verkaufsgesprächen und den Zurufen der Händler und Kunden.

Friederike hatte sich unbemerkt aus dem Haus geschlichen. Ihre Mutter sah es nicht gerne, wenn sie zwischen den Marktständen herumlief und Maulaffen feilhielt, mit den Händlern lachte und redete. Der große Saal der „Kanne" war schon für den abendlichen Tanz hergerichtet worden, vorsichtig riskierte sie einen Blick durchs Fenster. Der Vater hatte ihr streng verboten, sich herumzutreiben, aber die Neugierde war zu groß. Sie reckte sich, um besser sehen zu können. Zwei junge Burschen kamen die Straße herauf, pfiffen anerkennend. Friederike spürte, wie ihr die Röte langsam den Nacken heraufkroch und ins Gesicht stieg. Verlegen rückte sie die Schleifen ihrer Schürze zurecht, langsam wandte sie sich wieder den Buden und Marktwagen zu.

Da war das Geschirr, das die Mutter so liebte, dort lagen die Stoffe, Samt gab es, feinen Batist, wunderbare Spitzen und Bänder für Schleifen. Vorsichtig strich sie mit der Hand über einen Leinenballen, und da drüben, sie wagte kaum hinüberzulangen, das mußte Seide sein. Breit grinste der Händler sie an. „Was man anfaßt, sollte einem eigentlich gehören!" Verlegen zog Friederike die Hand zurück, am liebsten hätte sie dem ungehobelten Klotz die Zunge herausgestreckt, in letzter Sekunde überlegte sie es sich anders. Sie lächelte unter gesenkten Wimpern und verzog den Mund. „Tjääh", machte sie und wandte sich zum Gehen, „selbst an die Ochsen legt man Hand an!" Worauf dem Händler der Mund offen stehenblieb. Aber nicht nur der Händler fand den kleinen Zwischenfall staunenswert, auch einige Nachbarinnen hatten kopfschüttelnd zugehört. „Präzeptors Friederike", murmelte eine von ihnen voll widerwilliger Anerkennung, „ein Gesicht wie ein Engel und eine Gosch wie ein Schwert!" Ihre Begleiterin sekundierte: „Die weiß ja nicht, was sich gehört, aber bei soviel Küken im Stall fehlt halt dem Hahn der Überblick!" Friederike tat, als hätte sie nichts gehört. Wie ihr dies Geschwätz zum Hals heraushing! Sie erinnerte sich noch an den Sturm der Entrüstung, der sich über sie ergossen hatte, als sie einige selbstverfaßte Gedichte im Kreise der Familie vorgetragen hatte. Der Vater hatte sie fast geschlagen und geschüttelt, und die Mutter hatte ihr auch nicht beigestanden. Und das, obwohl ihr eigener Bruder Gottlieb Buchhändler und Verleger war, zu gerne hätte sie ihm ihre Gedichte geschickt. Was er wohl dazu sagen würde? Aber der Vater hatte die Papiere zerrissen. Trotzig versteckte jetzt Friederike ihre Aufschriebe in der Kommode und strickte – wie vom Vater befohlen – Strümpfe und flickte die Kittel und Hosen der kleinen Geschwister. Nach praktischen Dingen durfte man gucken, nach Geschirr, das einem nicht gefiel, nach Leinwand als Ersatz der alten, brüchig gewordenen, nach Gemüse- und Blumensamen.

Aber eines Tages würde sie in einer großen Stadt leben und dort würde sie sich überhaupt nur um schöne Dinge kümmern, und niemand würde auf die Idee kommen, ihr das zu verbieten. Trotzig stampfte sie mit dem Fuß auf und ballte die Fäuste. Da – am Stand mit den Bändern war ein Spiegel am Stützbalken befestigt. Langsam trat sie näher. Sie lächelte wohlgefällig ihrem Spiegelbild zu. Es war ein Glück, daß der Gottlieb ihr im letzten Brief ein Modekupfer mitgeschickt hatte. Nach diesem Vorbild hatte Apothekers Friederike sie heute morgen frisiert. Es war ein hartes Stück Arbeit gewesen, mit dem alten Kamm diese schwierige Frisur auf den Kopf der Freundin zu zaubern. Aber es war gelungen. Der Mittelscheitel stand ihr gut, die seitwärtsfallenden Haare waren noch einmal dicht vor dem Ohr geteilt und zu zwei Zöpfen geflochten, alle vier Zöpfe waren dann im Nacken ineinandergeschlungen und mit rosa, in Zuckerwasser gestärkten Bändern durchflochten. Die Frisur ließ ihr Gesicht schmaler und die braunen Augen noch größer erscheinen.

Sie schrak zusammen, als sich eine Hand über ihre schob und neben ihrem Gesicht noch ein anderes im Spiegel auftauchte. Friederike fuhr herum. Hinter ihr stand ein Mann, nicht einer der Burschen, die ihr sonst nachpfiffen. Schwarzhaarig und dunkeläugig war er. „Schönes Kind", lachte er sie an, „kommen Sie an meinen Stand und suchen Sie sich unter den Bijouterien etwas aus. Ketten, Armreifen, Ringe und Spangen – alles wie für Sie geschaffen! Obwohl –" er machte einen eleganten Kratzfuß – „man soviel Schönheit gar nicht unterstreichen muß. Ravissante. Bellissima!" Dann war er im Gewühl verschwunden, als hätte es ihn nie gegeben. Verwirrt sah sich Friederike nach ihm um. Den Fremden entdeckte sie nicht mehr, dafür aber Nachbarinnen, die empört nach ihr guckten und über sie tuschelten. Schnell raffte sie ihren Rock und sprang hinüber zur Bude der Wahrsagerin. Hier drängten sich die abergläubischen Bürger der ganzen Umgebung.

Friederike besah sich die mit magischen Spielkarten-
symbolen verzierte Bude, direkt auf die Tür war ein
Amor mit Pfeil und Bogen gemalt. Durch das Fenster
konnte sie die blankgescheuerte grüne Glaskugel der
Wahrsagerin sehen. Wenn sie doch nur Geld hätte, für
ihr Leben gerne hätte sie sich ihre Zukunft aus dem
Kaffeesatz oder der Hand lesen lassen! Verstohlen
betrachtete sie das Innere ihrer Hände. Was darin
wohl verborgen lag? Plötzlich fühlte sie sich am Arm
gepackt und unsanft herumgerissen. „Hier also treibst
du dich herum", schalt ihr Vater, „sofort gehst du
nach Hause! Sodom und Gomorrha in der eigenen
Familie. Als ob ich mit dem Friedrich nicht schon
genug Ärger hätte. Erst sechzehn und schaut sich
schon bei Kartenlegerinnen und Wahrsagerinnen um!"
   Interessiert betrachtete der nicht mehr ganz junge
italienische Schmuckhändler, dem die hübsche Friederike schon vorhin aufgefallen war, die Szene. Langsam
schlenderte er zu seinem Marktstand zurück. Umsich-
tig ordnete er die Schmuckstücke auf blauem oder
schwarzem Samt. Die ganze Zeit über ging ihm eine
Idee nicht aus dem Kopf. Eine Frau, eine hübsche,
freundliche Frau zum Anbeißen, die könnte die etwas
schleppend gehenden Geschäfte beleben. Seinen Haus-
stand bei der Oberzollerin in Schwäbisch Hall würde
eine Ehefrau kaum verteuern. Aber eine Frau hinter
dem Verkaufstresen, die mit weiblichem Schmuckver-
stand und schwäbischer Zunge die Schmuckstücke an-
pries, würde die Bürgersleute viel zutraulicher
machen. Wieviel putzsüchtige Mädchen wurden nicht
von ihren überängstlichen Müttern von seinem Stand
ferngehalten, weil sie ihre Küken nicht schutzlos dem
Fuchs überlassen wollten! Er grinste, ja, eine Frau
würde nicht nur das Geschäft, sondern auch seine
Lage verbessern. So ein hübsches Kind wie die vorhin,
die würde, richtig herausgeputzt, nicht nur die
Frauen, sondern auch die Männer anlocken. Die
natürlich aus anderen Gründen. Aber was schadete
das, und wem? Verbindlich lächelnd wandte er sich an

eine Passantin: „Wer ist denn der grobe Klotz, der das hübsche Mädchen dort drüben so hart angefaßt hat?" – Suchend blickte die Frau sich um: „Das, das da ist der Präzeptor Braun. Und recht hat er. Seine Tochter, die Friederike, die nimmt sich Sachen heraus, das ist eine Überspannte, eine Träumerin. Aber er hat ja selber Schuld, hat halt das Mädle zuviel lernen lassen. Hat man das schon gehört, ein Mädle bei den Buben in der Lateinschule! Jetzt ist sie sich zu schade für die Arbeit im Haus. Gedichte will sie machen. Dünkt sich was Besseres. Das dürfte nicht meine Tochter sein!" Der Italiener verneigte sich leicht: „Man hat es nicht einfach mit den Töchtern, in diesen Zeiten laufen sie einem leicht aus dem Ruder!" Die Frau richtete ihre flinken Augen flüchtig auf ihr Gegenüber, sie wollte noch etwas sagen, wischte es dann aber mit einer Handbewegung fort und verschwand im Gewühl.

Giambattista Primavesi lehnte sich an die Seitenwand seiner Marktbude. In Gedanken versunken trommelte er mit den Fingern Melodien auf das Holz. Während er an der Unterlippe nagte, überlegte er fieberhaft. Diese Friederike hatte den Mund auf dem rechten Fleck, aber sie war nicht störrisch, willig war sie dem Vater gefolgt, sie war nicht dumm und kein Duckmäuser, so eine konnte man brauchen fürs Geschäft, und auch so. Während er sich seinen Kunden zuwandte, freundete er sich mit diesem Gedanken immer mehr an.

Am Nachmittag bestürmten Luise und Friederike ihre Mutter, noch einmal auf den Markt gehen zu dürfen. Die jüngeren Geschwister hatten Wunderdinge von einem Automatenkabinett erzählt. So ein Kabinett war das Allerneueste und noch niemals auf einem Markt in Knittlingen zu sehen gewesen. Zwei Puppen, fast so groß wie Kinder, wären zu sehen, berichteten sie. Die eine stellte einen Knaben dar, der an einer Rechenmaschine rechnete, und alles sah ganz natürlich aus, wenn man mit einem Geldstück den Mechanismus der Puppe in Bewegung setzte. Die andere Puppe tanzte zur Musik aus einer Spieldose auf der rechten Fußspitze. Die Buben waren außer Rand und Band über diese Wunderwerke. Endlich willigte die Mutter ein. „Aber ihr bleibt zusammen – keine Abstecher zu anderen Buden oder Geschäften. Ihr wißt, mit dem Vater ist nicht zu spaßen!" Zwei kleine Münzen drückte sie Gottlob in die Hand. „Verlier das Geld nicht, und zankt euch nicht, jede Puppe dürft ihr einmal in Bewegung setzen! Und danach kommt ihr sofort wieder heim – und zwar alle!"

Ein dichter Kranz von Zuschauern hatte sich beim Automatenkabinett versammelt. Schüchtern reichte Gottlob seine Münzen hinauf, und schon begannen sich die beiden Figuren zu bewegen. Wie gebannt starrte Friederike auf die Tänzerin im rosa Seidenkleid, die die Arme zum Himmel reckte. Sie stand tatsächlich auf der äußersten Spitze des rechten Füßchens auf einer verspiegelten Kristallkugel. Eine zarte Melodie ertönte und die Puppe begann zu tanzen, anmutig senkte sie das Köpfchen. Verzaubert machte Friederike die Bewegungen mit. Alle hatten jetzt nur Augen für die beiden Puppenautomaten, niemand achtete auf Giambattista Primavesi, der sich langsam immer näher an Friederike heranschob. Mit einer Handbewegung bedeutete er ihr, stille zu sein. Unmerklich für die Umstehenden schob er ihr ein winziges Päckchen in die Hand, vorsichtig schloß er ihre Finger über dem Schächtelchen und war mit katzenhaft geschmeidigen Bewegungen, so lautlos und schnell wie er gekommen war, auch wieder in der Menge verschwunden.

Verwirrt und ein wenig bedrückt barg Friederike das Päckchen in der Hand, sie wagte nicht einmal, es in die Schürzentasche zu stecken. Was mochte darin sein, und warum sah der Mann sie so an? Sie meinte auch jetzt seinen Blick zu spüren. August stieß die Schwester an: „Kannst du nicht aufpassen, wo du hintrittst, träumst mit offenen Augen, du Tranfunzel!" Er hüpfte auf einem Bein und rieb sich den anderen Fuß, auf den Friederike ihm getreten war. Daheim verschwand Rickele gleich in der Schlafkammer. Mit flinken Fingern wickelte sie das Päckchen aus. Sprachlos starrte sie auf den Ring mit dem hellblauen Stein, der sogar hier im trüben Licht noch funkelte. Wie mochte das erst draußen im Sonnenschein sein! Andächtig steckte sie sich den Ring an den Finger, ihrem Ringfinger paßte er genau. Ihr Herz begann bis zum Hals hinauf zu schlagen. Wo sollte sie diesen Schatz verstecken? Niemand durfte davon erfahren. Ihr Vater würde sie so sehr schlagen, wie sie noch nie von ihm geschlagen worden war. Und die Mutter würde verlangen, daß sie den Ring zurückgab. Und das – Friederike versteckte die Hand mit dem Ring in der Schürzentasche – wollte sie auf keinen Fall. Aber wohin mit dem Ring? Schließlich wickelte sie ihn vorsichtig in ihre Sonntagsstrümpfe und verschloß sie wieder in ihrer Lade. Ihr Herz schlug noch immer zum Zerspringen. Als die Mutter schließlich zum Abendessen rief, war Friederike so schweigsam und blaß und stocherte so lustlos in ihrem Essen herum, daß die Mutter sie besorgt fragte, ob es ihr auch wirklich gut gehe. Friederike nickte nur mit gesenktem Kopf, sie fürchtete, jeder würde ihr das Geheimnis ansehen.

Erstaunt musterte Magister Gottfried Braun den schlanken, schwarzhaarigen Mann, den ihm seine Frau in das Schulzimmer geschickt hatte. Mißtrauisch glitten seine Augen über den Besucher. Der verneigte sich leicht: „Giambattista Primavesi, Schmuckhändler aus der Stadt Schwäbisch Hall." Er wartete die Wirkung seiner Worte ab, dann fuhr er fort: „Herr Magister, ich weiß, Sie werden mir meine Kühnheit verzeihen. Aber der Liebreiz und die Schönheit Ihrer Tochter Friederike haben mich hingerissen. Ich bitte Sie um die Hand Ihrer Tochter. Es soll Ihr Schade nicht sein!" Gottfried Braun tastete nach einem Stuhl, mühsam setzte er sich. „Die Friederike, das Rickele – ja, kennen Sie sich denn?" Der Fremde lächelte und antwortete bedächtig, jedes Wort betonend: „Das will ich wohl meinen, daß sie mich kennt. Sie hat meinen Ring genommen, ich glaub' schon, daß sie mich gern hat!" Wieder verbeugte er sich leicht: „Ich kann Ihnen versprechen, Ihre Tochter werde ich hüten wie einen Schatz, als Schmuckhändler kann ich mit Edelsteinen umgehen. Mein Handel hat eine sehr solide Grundlage." Er schwieg. Gottfried Braun hatte eine Hand zur Stirn geführt, zu überraschend war die Bitte des Fremden gekommen. Dann war es also doch wahr gewesen, was die Leute getuschelt hatten, damals beim Markt im August. Er hatte es ja nicht glauben wollen. Seitdem hatte Friederike kaum aus dem Haus gedurft, besonders an Markttagen hatte immer eine der beiden großen Schwestern auf sie aufpassen müssen. Primavesi war mit der Wirkung seiner Worte zufrieden. Noch einmal verneigte er sich: „Wenn Sie es erlauben, werde ich morgen früh noch einmal vorbeisehen und nachfragen, ob ich hoffen darf."

Gottfried Braun spürte, wie ihm das Blut in den Kopf schoß, zornbebend rief Magister Braun nach seiner Frau: „Hol die Friederike, aber schnell!" befahl er. Verschreckt verließen die anderen Kinder die Stube. Ängstlich kam Friederike herein. Zitternd vor Wut herrschte sie ihr Vater an: „Du treibst dich also mit Männern herum, läßt dir von ihnen Ringe schenken, du verkommenes Früchtchen du. Hab ich mir nicht besondere Mühe gegeben mit dir – und was kommt dabei heraus? Die Frau eines Landfahrers, eines Italieners, der noch dazu einer minderen Religion anhängt!" Rechts und links schlug er ihr ins Gesicht. Schluchzend bedeckte Friederike ihr Gesicht mit den Händen. „Stimmt das?" fragte die Mutter leise. Friederike nickte und holte den Ring herbei. Drohend stand der Magister vor seiner Tochter.

„Du", knurrte er und ballte die Fäuste, „bringst uns ins Gerede, wer nimmt dich noch, wo das Geschwätz in der Stadt umgeht!" Er lachte bitter auf. „Fürstenblut!" sagte er verächtlich in die Richtung seiner Frau. „Ich werde zustimmen müssen, du wirst ihn heiraten müssen, damit das Geschwätz ein Ende hat. Ich habe noch mehr Töchter, die ich verheiraten muß. Und die sollen nicht unter so einer, wie du es bist, leiden müssen." Noch immer hielt Friederike den Ring in der offenen Hand. „Aber ich habe doch nichts getan!" murmelte sie immer wieder. Die Mutter konnte die Zitternde kaum beruhigen.

Es war noch nicht einmal zehn Uhr, als Giambattista Primavesi schon in roten Hosen, weißem Hemd und kurzem, dunkelrotem Wams in die Stube des Präzeptorhauses trat. Mit stutzerhafter Höflichkeit ergriff er die Hand seiner zukünftigen Schwiegermutter und führte sie galant an die Lippen. Friederike sah staunend, wie er sich vor ihr auf die Knie niederließ und ihr versprach, sie ein Leben lang auf Händen zu tragen. Unangenehm berührt wich sie ein wenig zur Tür zurück. Sie fühlte, wie ihre Mundwinkel zu zittern begannen. Als ihr aber Primavesi in seiner theatralischen Art mit ausladenden Bewegungen von ihrem zukünftigen Leben in Schwäbisch Hall erzählte, von den Reisen auf die Märkte der Umgebung, von dem Glück, das sie für ihn, den beglückten Bräutigam bedeute, mußte sie unwillkürlich lachen. Es war zu komisch, einen Mann vor sich auf den Knien liegen zu sehen, der die Hände rang und ihr immer wieder beteuerte, wie sehr er sie liebe. Friederike staunte, sie empfand nichts, nur Angst und ein wenig Abscheu. Als er sich verabschiedete, nicht ohne noch einmal seine Komplimente auf die Damen zu machen, atmete nicht nur Friederike auf. Ihr Vater fühlte sich ein wenig hilflos und überrumpelt. Aber schließlich war der Bräutigam nicht arm, und er schien Friederike auf seine Art zu lieben und würde sie achten.

Was ihm Sorgen bereitete, war die Erlangung der Dispens für die Mischehe, die Friederike eingehen würde. So suchte er schon am nächsten Morgen dringend um ein Gespräch beim Diakon Magister Kapf nach. Schweigend hörte sich Kapf Friederikes Sündenregister an, immer wieder versuchte er, ein gutes Wort für das Mädchen einzulegen. Einem Schmuckhändler schöne Augen zu machen, das sei schließlich kein Verbrechen, und sich einen Ring schenken zu lassen, auch das käme schließlich vor. Aber darum gleich einen reisenden Händler heiraten? Umständlich erklärte ihm der Magister, wie wichtig ihm gute Heiraten für seine Töchter seien, und eigentlich sei Primavesi keine schlechte Partie. Die Friederike würde es gut haben, schließlich habe sich der Bräutigam sehr liebevoll um sie bemüht. Der einzige Haken sei die Religion, und diese Hürde hoffe er mit Hilfe des Diakons zu nehmen. Umständlich näherte sich Kapf seinen Büchern. Endlich hatte er den richtigen Folianten entdeckt und setzte sich wieder in seinen Sessel. Er suchte und las schließlich vor: *„Wenn bei Ehen, welche zwischen zwei Partien, davon die eine Evangelisch-Lutherischer, die andere Katholischer Religion ist, geschlossen werden, eine vorläufige Dispensation notwendig ist, so hat jeder der beiden Teile bei dem Collegium seiner Religion, mithin der protestantische beim Königlichen Ehegericht, eine Bittschrift mit dem Beibericht der von den Gesetzen hiezu berechtigten Behörde einzureichen. Wenn hierauf zwischen dem Königlichen Ehegericht und dem Katholischen Geistlichen Rat in der Sache Communication gepflogen und beide Collegien sich wegen einer Resolution vereinigt haben, so wird sie von jedem derselben an eine Unterbehörde erlassen, die Taxe aber jedesmal von demjenigen Collegium, unter welchem der Bräutigam steht, angesetzt und ausgeschrieben.“*

Kapf versuchte noch einmal, den Magister umzustimmen, der aber schüttelte den Kopf: „Wer will schon wissen, was das Beste ist, wir versuchen es nun mal so!“ Wegen dringender Geschäfte mußte Primavesi noch am gleichen Tage abreisen. Die erforderlichen Papiere würde er einreichen, geschmeichelt ließ er sich auf dem Ehrenplatz des etwas ramponierten Sofas nieder. Friederike kam an der Hand ihrer Mutter ins Zimmer. Sie trug jetzt den blauen Ring ganz offen.

Die Haare hatte sie zu einer geflochtenen Krone aufgesteckt, das rote Kleid stand ihr gut. Sie lächtelte Primavesi entgegen, lebhaft erzählte sie, wie sehr sie sich auf Schwäbisch Hall freue. Wenn Primavesi ihre Hand an die Lippen führte, mußte sie noch jedesmal lachen. Sie fand es zu komisch, ihren Bräutigam so aufgeputzt und stutzerhaft da sitzen zu sehen. „Und Sie wollen gerne meine Frau werden?" Primavesi sah ihr ins Gesicht. Friederike spürte, wie sie sich verkrampfte, eigentlich hätte sie jetzt am liebsten den Kopf geschüttelt.

Aber nach einem Blick auf ihren Vater zog sie es doch vor, zu nicken und mit gesenktem Kopf zu sagen: „Ja, ich möchte gerne Ihre Frau werden!" Primavesi riß sie mit einem Freudenschrei an sich und bedeckte ihr Gesicht mit Küssen. Dann legte er die Hand aufs Herz: „Besser als bei mir wird es Ihre Tochter in der ganzen Welt nicht haben. Wir werden heiraten, sobald die Erlaubnis der Kirchen dafür vorliegt. Die Kosten spielen keine Rolle. Über Geld brauchen wir nicht zu reden!"

In dieser Nacht stand Friederike lange am offenen Fenster. Jetzt wurde es wahr, sie ging fort. Die Freundinnen hatten die Nachricht von der Verlobung Friederikes mit fassungsloser Neugierde aufgenommen. „Im Grunde", hatte Apothekers Friederike angemerkt, „weißt du überhaupt nichts von ihm. Ich an deiner Stelle tät mich fürchten!" Und das tat Friederike auch. Nicht vor den anderen, da zeigte sie immer ein freudestrahlendes Gesicht, so wie man es sich von einer Braut wünscht. Empört und vorwurfsvoll hatte Gottlieb in einem Brief aus Heidelberg reagiert. Aber der Vater hatte nur die Achseln gezuckt. Der Primavesi hatte Geld, einen Beruf, und die Friederike war bei ihm bestens versorgt und zwar schon in allernächster Zukunft. Da konnte er sich nicht darauf verlassen, daß sein Sohn, wenn er Verlag und Buchhandlung in den kommenden Monaten in die aufstrebende Residenz des Großherzogtums Baden verlegte, bald Platz und Auskommen für seine jüngere Schwester haben würde. Lieber einen Spatz in der Hand als eine Taube auf dem Dach! Friederike schwankte, wie so oft in letzter Zeit, zwischen der Vorfreude auf ihr neues Leben und der Angst davor. Unschlüssig und nachdenklich hatte Friederikes Mutter den Brief ihres Sohnes wieder und wieder gelesen. Sie hatte schlimme Befürchtungen, wenn sie an die bevorstehende Eheschließung ihrer Tochter mit Primavesi dachte.

Kapitel 3

Reise in ein neues Leben

Endlich war der so lang erwünschte und gefürchtete Morgen gekommen. Wie um alle düsteren Ahnungen im Keim zu ersticken, hatte Primavesi einen Wagen geschickt, um seine Braut heimzuholen in die Stadt Hall. Lachend und vergnügt schleppten die kleinen Brüder die Koffer und Taschen auf den Wagen und banden sie nach der Anweisung des Kutschers fest, damit auch bei holprigen Straßen und schlechten Wegstrecken alles in der Ordnung bliebe. Die Mutter und Luise begleiteten Friederike in ihr neues Leben. Christiane Dorothea fiel es sehr schwer, daheim zu bleiben, aber sie sollte während der Abwesenheit der Mutter die Wirtschaft führen. Friederikes Herz krampfte sich zusammen. Während sie den Vater zum Abschied umarmte, versuchte sie die Gassen und Häuser ihrer Kindheit so intensiv anzusehen, daß sie in ihrem Inneren wie festgebannt waren. Sie küßte die kleinen Brüder, August und den vergnügten Gottlob, der sich ihren Armen entwand. Die Pferde waren für ihn viel interessanter als die Schwester. Der Kutscher knallte mit der Peitsche. Friederike stieg ein, nach ihr die Mutter und Luise.

In Heilbronn wollte Gottlieb den Wagen am Gasthof „Ochsen", wo sie die Nacht verbringen würden, erwarten. Weit lehnte sich Friederike aus dem Fenster heraus, langsam verschwand das Bild ihrer Vaterstadt hinter ihr in den vom Wagen aufgewirbelten Staubwolken. Schon hatten sie den „Schillerblick" mit seiner Bank erreicht. Hier hatte sie damals mit Gottlieb gesessen und über die Zukunft gesprochen. Sie zupfte den Kutscher am Ärmel, bat ihn zu halten. Leichtfüßig sprang sie aus der Kutsche, um noch einmal das Steinhaus zu sehen und die Kirche, die ihre Kindheit beschirmt hatten, davor sah sie in der Sonne das „Rote Meer" blinken, sie ahnte mehr, als daß sie es sah, zur linken Hand das Kirchlein beim Friedhof. Schweigend kletterte sie in den Wagen und gab das Zeichen zum Aufbruch. Hinter Tränenschleiern sah sie weidende Kühe und Bauern, die sich auf den Feldern zu schaffen machten, und Frauen, die die gekrümmten Rücken geradebogen, die Augen mit den Händen beschatteten und dem Wagen nachsahen.

Während der Wagen gleichmäßig dahinrollte, veränderte sich die Landschaft. Lautlos bewegten sich Friederikes Lippen. „Was ist?" fragte die Mutter besorgt und streichelte die Hand der Tochter. „Ich mach ein Gedicht" , lächelte Friederike zurück, „darüber, wie es einmal war, damit ich es im Kopf behalte!" Sie schwieg, dann formte sie fast tonlos:

> *„Verwiche geh i's Gässle nah,*
> *I glaab im Tawedicht;*
> *Do laaft glei's Nochbers Großer ah*
> *un guckt mer in mei G'sicht,*
>
> *Do werr i wie a Zundel roth,*
> *un bleib doch vorrem steh';*
> *no werr i widder wie der Tod, –*
> *un kah net weitergeh'."*

Jetzt liefen ihr doch die Tränen übers Gesicht. Einem jähen Impuls folgend, wollte sie die Arme um den Hals der Mutter schlingen und ihr Gesicht an ihrem Hals vergraben. Sie ließ es dann aber, fing die Tränen mit der Zungenspitze auf und verknotete ihr schönes Taschentuch verlegen mit beiden Händen zu einem wurstartigen Gebilde. Aber so sehr sie sich auch zusammennahm, die Tränen strömten fort.

Als Gottlieb sie in Heilbronn aus dem Wagen hob, lächelte er: „Also wenn du so gerne reist, wie du behauptest, dann wirst in deinem Leben noch viel heulen müssen!" Erschrocken sah die Schwester ihn an: „Wieso?" Er stellte sie auf den Boden: „Weil bei deiner ersten hast bis hinter Dagersheim geflennt, bei deiner zweiten bis Heilbronn, und wie's weitergeht, weiß man noch nicht!" Er half ihnen, ihre Räume im Gasthof zu beziehen, und führte Mutter und Schwestern auch an den Tisch zum Nachtessen. Gottlieb hielt es für absurd, seine Schwester einem Italiener zu verheiraten, am liebsten hätte er sie gleich mit nach Heidelberg und später mit nach Karlsruhe genommen. Die Mutter widersprach. Der Primavesi sei ein guter Mann, er habe die Dispensgebühr bezahlt und dem Vater noch einmal den gleichen Betrag, damit es ihm nicht so schwer fiele, seine Tochter herzugeben. Sie fand das ein liebevolles Eingehen auf die Verhältnisse in der Familie der Braut. Gottlieb runzelte die Brauen: „Verkauft habt ihr ihm die Friederike, um ein Handgeld!" Er biß sich auf die Lippen und schwieg, seine Befürchtungen, die Ehe seiner Schwester betreffend, wollte er niemandem anvertrauen. Obwohl jeder in der Runde versuchte, den Abend gemütlich und harmonisch scheinen zu lassen, ließ sich die gedrückte Stimmung nicht mehr vertreiben. Es war schon spät, als Gottlieb mit Hinweis auf die Weiterreise am nächsten Tag aufstand und sie schlafen gingen. An der Tür drehte er Rickele zu sich herum: „Ich werde versuchen, für euch ein Heim in Karlsruhe aufzubauen. Versprich mir, wenn dich irgend etwas bedrückt und etwas nicht so geht, wie du es dir vorstellst, daß du dann zu mir kommst. Gemeinsam werden wir schon eine Lösung finden!" Friederike küßte ihn und nickte, aber gerade im Augenblick war sie wieder heiterster Laune: „Glaub mir, Gottlieb, das wird nicht nötig sein!" Und schon war sie hinter Mutter und Schwester im Zimmer verschwunden.

Gottlieb grübelte noch lange in seinem Gasthofbett. Besonders die jäh und von einer Sekunde zur anderen wechselnden Gefühlsausbrüche Friederikes bereiteten ihm Sorgen und Kopfzerbrechen. Ihre beinahe hektische Freude, ihr plötzliches impulsives Weinen, das paßte so gar nicht zu dem vergnügten hübschen Mädchen, das er vor fast zwei Jahren zu Hause gesehen hatte. Eigentlich war sie nicht mehr dieselbe. Sie war viel feiner, hochgewachsen, ihr Gesicht schmal, die braunen Augen waren übergroß und von so intensiver Farbe, daß er sich nicht erinnern konnte, schon einmal ähnlich zwingende Augen gesehen zu haben. Wie würde das Leben sein, dem ihre Eltern sie auslieferten? Aber an dem Beschluß des Vaters konnte er nichts mehr ändern. Müde schlief Gottlieb Braun schließlich ein.

Wie zerschlagen fühlte sich Friederike, jeder Knochen tat ihr weh, aber ihre Müdigkeit war wie fortgeblasen, als der Kutscher ankündigte: „In einer halben Stunde sind wir am Ziel!" Sie setzte sich so ruckartig auf, daß ihre Mutter, die bisher in einer Art Halbschlaf vor sich hingedöst hatte, auffuhr und sich erschrocken umsah. Aufgeregt schob Friederike die Vorhänge zurück, konnte aber in der Weite der Landschaft keine Stadt entdecken. Tief unten, für die Ankommenden nicht sichtbar, lag die alte Reichsstadt im Tal des Kocher. Die Straße wand sich hinunter ins Tal, die Mutter umklammerte die Haltegriffe, der Kutscher aber, erfahren und vorsichtig und mit der Landschaft vertraut, chauffierte sie sicher hinunter. Aufatmend, endlich am Ziel zu sein, reckte sich das Mädchen und sprang aus dem Wagen. Friederikes Mutter klagte, sie könne die Arme und Beine gar nicht mehr bewegen, ihr Rheuma mache sich wieder bemerkbar. Lachend wandte sich die Tochter zu ihr um, solche Beschwerden konnte sie sich überhaupt nicht vorstellen. Und da war auch schon Primavesi zur Stelle. Langsam näherte er sich mit gemessenen Verbeugungen seiner Schwiegermutter, küßte ihr die Hand, dann umarmte er seine Braut, die er schöner als je zuvor fand. Er kümmerte sich um das Gepäck, eigentlich gab er nur Anweisungen. Friederike fand das beruhigend. Nur Leute, die sich auskannten in der Welt, gaben Anweisungen, die Armen hatten zu gehorchen und Befehle auszuführen. Ihr war es recht, daß ihr Bräutigam zu den Befehlenden gehörte. Ungeduldig wandte er sich seinen Gästen zu. Um das Gepäck würden sich morgen Dienstmänner kümmern, alles würde in seine Wohnung gebracht. Aber Friederike und ihre Mutter sollten ihm jetzt erst einmal in sein Quartier folgen. Während sie gingen, sah sich Friederike staunend und erfreut um: gepflasterte Straßen, auf denen Kutschen und Wagen ratterten und rangierten. Soviele Leute waren unterwegs, als sei ein großer Markttag, dabei schien es ein ganz gewöhnlicher Tag zu sein. Und überall Treppen und Stufen, schmale und breite, hohe und niedrige, eine monumentale Freitreppe führte hinauf zur Michaelskirche, die beherrschend die Stadt überragte. Sie rannte wie ein Kind nach der langen Kutschenfahrt zum Fischbrunnen und hielt ihre Hände hinein. Der Pranger jagte ihr Angst ein, scheu sah sie sich nach Primavesi um. Hier war fast jedes Haus so groß und prächtig wie bei ihr zu Hause nur das Steinhaus.

Weiter und weiter führte sie Primavesi. Endlich bogen sie in eine schmale, enge Gasse ein, die Fachwerkhäuser neigten sich in den oberen Stockwerken einander zu. Endlich am Ziel sprang Primavesi leichtfüßig die Stufen, die zum Eingang führten, hinauf. Mit einer einladenden Handbewegung forderte er die Damen auf, es ihm gleichzutun.

Hier also würde sie wohnen, neugierig sah sich Friederike um. Die Oberzollerin, seit einigen Jahren Witwe, vermietete die überzähligen Räume in ihrem Haus. Hier wohnte Primavesi schon seit langem. Die Hausfrau kümmerte sich um seine Wäsche, er konnte hier essen, und auch während seiner häufigen Abwesenheiten hatte die Oberzollerin stets gut für seine Sachen gesorgt. Jetzt stand die Hausfrau behäbig und breithüftig im Aufgang des Hauses. Sie hatte sich die Gelegenheit, einen ersten Blick auf die Braut ihres langjährigen Mieters zu werfen, nicht nehmen lassen. „Aber Kind, Sie sind ja wirklich wunderschön!" entfuhr es ihr. Primavesi grinste, die erste Hürde war genommen. Langsam betrat Friederike die Räume, die sie mit ihm teilen sollte. Sie war enttäuscht und hatte

Mühe, sich ihre Ernüchterung nicht anmerken zu lassen. Es standen kaum Möbel in den beiden Zimmern, es herrschte eine heillose Unordnung, zahlreiche Truhen und Behältnisse standen scheinbar wahllos in den Zimmern herum, die Vorhänge waren zerschlissen und hätten sicher eine Wäsche dringend nötig gehabt, sie waren fast schwarz. Friederikes Mutter schluckte, so ärmlich hatte sie sich die Behausung ihres Schwiegersohnes, der doch ansonsten so mit dem Geld um sich warf, nicht vorgestellt. Die Bedenken, die sie von Anfang an gegen die Heirat gehabt hatte, begannen sich wieder zu melden. Bedenken, die noch geschürt wurden durch den mitleidigen Blick, den die Oberzollerin Friederike zugeworfen hatte. So hatte sie es wenigstens aufgefaßt, vielleicht waren es ja auch nur Gedanken einer allzu besorgten Mutter, die ihr Kind in eine unbekannte Zukunft und in ein Leben entlassen mußte, das ihrem bisherigen völlig entgegengesetzt war.

Erst beim Essen im benachbarten Gasthaus wich die Besorgnis von ihr. Friederike selbst schien geistesabwesend zu sein, sie lächelte freundlich und ließ die Blicke der anderen Gäste, die sie neugierig musterten, scheinbar gelassen über sich ergehen. Die Antworten, die sie Primavesi auf seine Fragen gab, wirkten auf eine seltsame Weise puppenhaft, ihre Bewegungen erschienen mechanisch und hatten nichts mehr von ihrer sonstigen Leichtigkeit und Lebhaftigkeit. Johanna Christiana wurde bei dem Gedanken ganz unruhig, daß sie ihre Tochter einem Marktbeschicker überließ, dessen Vermögensverhältnisse nicht einmal von ihnen richtig überprüft worden waren. „Und nach der Hochzeit gehen wir auf eine immerwährende Hochzeitsreise von Markt zu Markt, Friederike kann die Kunden kennenlernen, und sicher werden die Umsätze bei soviel Schönheit ganz sprunghaft ansteigen!" Primavesi lächelte sie verliebt an: „Die schönsten Stücke aber gehören ganz alleine meiner Friederike! Damit niemand so schön sein kann wie sie!" Johanna

Christiana fühlte ihre Bedenken verschwinden. Mein Gott, vielleicht hatte sie ihm doch unrecht getan. Wenn er so ohne Frau dauernd auf den Märkten herumzog, da ging manch gutes Geld für unnütze Dinge drauf, und Unordnung ist schneller gemacht als wieder beseitigt. Aber sie konnte nicht verhindern, daß alle ihre Gedanken auch am Hochzeitsmorgen um genau diese Dinge kreisten. Johanna Christiana seufzte, wenn sie daran dachte, daß sie ihre Tochter so allein hier zurücklassen sollte. Ein Mädchen, das sich scheinbar überhaupt nichts aus der häuslichen Unordnung machte und die auch nicht nach einer Verbesserung der Wirtschaft fragte. In ihrem Hochzeitskleid ging sie anmutig und wie nicht dazugehörend durch die Räume. Sie lächelte so bezaubernd, daß die Schaulustigen und Gäste auf den Gassen und Straßen in bewundernde Rufe ausbrachen und sich nicht sattsehen konnten. Friederike ließ das alles über sich ergehen, wie damals die Werbung Giambattista Primavesis. Besorgt sah ihre Mutter immer wieder zu der totenbleichen, wunderschönen Braut, die neben ihrem lebhaften, vergnügten und dauernd redenden Bräutigam wie eine Marmorstatue wirkte.

Kapitel 4

Ehe und Erniedrigung

Seit der Hochzeit waren vier Jahre vergangen. Wann immer Friederike Primavesi sich an diesen Tag erinnerte, hatte sie sofort den Duft von Maiglöckchen in der Nase. Eine von Primavesis Cousinen hatte eine Vorliebe für das Parfüm, übermütig hatte sie ein ganzes Fläschchen über die Braut gegossen. Friederike war es von dem Duft ganz übel geworden. Gegen Brechreiz und Übelkeit kämpfend war sie inmitten fremder Leute gesessen. Selbst das Hochzeitsessen hatte nach Maiglöckchen geschmeckt. Staunend hatten die Gäste die Üppigkeit des Mahles zur Kenntnis genommen. Die Oberzollerin hatte Friederikes Mutter, die sich nicht genug über ihren großzügigen Schwiegersohn auslassen konnte, mit einem merkwürdigen Blick gemessen, dann hatte sich leicht zweifelnd den Kopf geschüttelt und leise gesagt: „Sie wird es bezahlen müssen, Ihre Friederike!" Am Tag nach der Hochzeit schon war die Mutter zurück nach Knittlingen gereist. Schweigend hatte die Tochter sie zur Poststation gebracht, sie hatte die Umarmungen der Mutter abgewehrt, nicht böse und bockig wie ein Kind, sondern eher höflich und bestimmt. Sie hatte an der Station gestanden und die Tränen waren ihr die Wangen herabgeflossen, aber keine Miene hatte sie verzogen, vollkommen unbewegt hatte sie der Mutter nachgewunken. Noch als die Postkutsche langsam ihren Augen zu entschwinden begann, hatte sie den Arm der Mutter mit dem schönen, weißen Taschentuch winken sehen, das sie selbst einst für die Mutter bestickt hatte. Mühsam um Fassung ringend hatte Friederike immer wieder den Rock ihres neuen, taubenblauen Kleides glattgestrichen, sich dann gestrafft und war schließlich langsam zum Haus der Oberzollerin zurückgegangen. Je näher sie der schmalen Gasse gekommen war, desto schwerer waren ihr die Füße geworden.

Langsam kehrten die Gedanken der totenbleichen Frau, die auf dem Mannheimer Markt die Bijouterien am Schmuckstand ordnete, in die Gegenwart zurück. Erst jetzt bemerkte sie, daß die Marktbesucher immer öfter an ihrem Stand stehenblieben und ihr neugierig ins Gesicht sahen. So feine, ebenmäßige Züge sah man selten. Besonders die Damen, die vorüberschlenderten, hatten Mitleid mit der blassen Frau, deren anmutige Bewegungen so ganz im Gegensatz standen zu dem abweisenden Ausdruck auf ihrem Gesicht. Friederike lächelte, sie wußte, ihr Lächeln bescherte ihr viele Kunden. Die Frauen faßten dann Vertrauen, und es machte ihr wirklich Spaß, die Mütter und Töchter zu beraten. Sie freute sich, wenn ein Ring paßte und so ein ahnungsloses junges Mädchen plötzlich eine Haarspange oder eine Brosche in der Hand hielt, in die es sich vergafft hatte. Außerdem war sie, solange sie mit Kunden beschäftigt war, vor den Nachstellungen ihres Ehemannes sicher, der von Ferne das Geschehen an der Bude beobachtete. Friederike trug die braunen Haare jetzt offen, über der Stirn waren sie gelockt und reichten fast bis an die Augen, während sie im Nacken in weichen Wellen über die Schultern fielen. Wenn sie sich schnell drehte, dann umwehten die Haare ihre Gestalt wie ein schützender Mantel, ein Anblick, der immer wieder männliche und weibliche Marktbesucher in helles Entzücken versetzte.

Jetzt näherte sich Primavesi seiner Frau. Leise flüsterte er ihr zu: „Sieh zu, daß du die Weiber fortkriegst, dort hinten wartet einer auf dich! Sieht nach einem dicken Beutel aus!" Sie lächelte vage in die angegebene Richtung. Im geschäftigen Treiben des Marktes fiel es kaum auf, wenn Primavesi mit den Herren, die so besonders begehrlich seine Frau angesehen hatten, handelseinig wurde. Er nannte ihnen den Namen eines nahen Gasthauses und schickte seine

Frau dorthin. Unauffällig nahm er dann ihren Platz am Stand ein. Bis sie dann nach einer Weile zurückkam, um ihn abzulösen und ihre Verkäufe wieder aufzunehmen, so als sei nichts geschehen. Der letzte Kunde war sehr freundlich zu ihr gewesen, es gab auch noch nette Männer. Sie bemühte sich, ganz gleichgültig auszusehen. Oft schlug Primavesi sie, weil er annahm, sie umgirre die Kunden und täte ihnen zu schön, als ob sie zum Händchenhalten mit ihr ins Gastzimmer wollten. Friederike kannte die Märkte und so manche Herberge von Heilbronn bis Künzelsau, von Heidelberg bis hinunter zum Bodensee. Wie entsetzt war sie in der ersten Zeit ihrer Ehe gewesen, als ihr Mann damit herausrückte, was er von seiner Frau erwartete, und wie heftig hatte sie sich seinen Wünschen widersetzt. Doch schließlich hatte er ihren Widerstand mit Prügeln und Drohungen gebrochen und sie sich gefügig gemacht.

Als ein Jahr nach der Hochzeit ihr erstes Kind, der kleine Franz, geboren wurde, hatte sie gehofft, daheim in Hall im Hause der Oberzollerin bleiben zu können. Aber Primavesi hatte nur gelacht: „Was glaubst du wohl, warum ich dich geheiratet habe?" Auch die Oberzollerin hatte ihr keine Hoffnung gemacht. Der Primavesi, der habe sie doch nur geheiratet, damit die Umsätze steigen und er sich ein besseres Leben machen könne. Den kleinen Franz hatte sie in Pflege genommen, ein kränkliches, blasses Kind, das schon bald gestorben war. „An den Zähnen", hatte die Oberzollerin jedem erzählt, aber keinen Zweifel daran gelassen, daß sie eigentlich dem Vater die Schuld an dem Unglück gab. Der Tod des Kindes hatte Friederike hart getroffen, sie hatte ihn lange nicht verwinden können. Aber bald erwachte sie aus ihrer Lethargie und entwickelte eine seltsame innere Kraft. So sehr Primavesi auch schimpfte und sie schlug, sie bestand darauf, zu ihrem Bruder nach Karlsruhe zu fahren. Eines Morgens hatte sie Geld aus der Kasse genommen, war zur Poststation gegangen und einfach abgefahren. Sollte Primavesi doch toben und schreien. Das tat er sowieso, ihr war es ganz egal.

Ein wenig Herzklopfen hatte sie schon, so ganz ohne Anmeldung in der Wohnung ihres Bruders aufzutauchen, aber Gottlieb würde das sicher verstehen. Krampfhaft hielt sie seine Adresse in der Hand, als sie mit ihrem Bündel unter dem Arm durch die ihr fremde Stadt ging. Ihr Bruder wohnte in einem der Kavaliershäuser am Vorderen Zirkel. Staunend stand Friederike vor dem schönen, gepflegten Haus, staunend sah Gottlieb Braun seine Schwester an, die da bleich und abgezehrt vor seiner Tür wartete. Nach wenigen Worten war alles zwischen ihnen wie immer gewesen. Gottlieb hatte ihr den Vorschlag gemacht, bei ihm zu bleiben, denn seine Geschäfte gingen gut. Gerade hatte er vom Großherzoglichen Hof den Auftrag erhalten, das Jubiläumsbuch zum hundertjährigen Bestehen der Residenzstadt Karlsruhe herauszugeben, eine Entscheidung des Großherzogs, über die sich Gottliebs Konkurrenten am Ort nicht genug aufregen konnten. Der Ausländer hatte ihnen den begehrten Auftrag vor der Nase weggeschnappt. Umso mehr freuten sie sich, als sie durchsetzen konnten, daß der unliebsame Konkurrent zwar als Verleger und Buchhändler eine Lizenz bekam, aber nicht drucken durfte. Er mußte also seine sämtlichen Druckarbeiten in Auftrag geben. Zu all diesem geschäftlichen Ärger kam jetzt noch die Sorge um Friederike. Sie hatte in seinem Haus rasch ihre Ursprünglichkeit und ihren Frohsinn wiedererlangt. Wenn sie einkaufte, blieben die Leute stehen, soviel jugendliche Schönheit und Anmut war auch in einer Residenzstadt wie Karlsruhe ungewöhnlich. Das Aufsehen, das seine Schwester erregt hatte, als er eines Abends mit ihr im Hoftheater erschienen war, bedeutete für Gottlieb einen Triumph. Er war sicher, daß einige der Lorgnons und Operngläser in der großherzoglichen Hofloge nicht auf die Bühne, sondern auf die bezaubernde Erscheinung an seiner Seite gerichtet waren. Auch Friederike fühlte sich sichtlich wohl in

Karlsruhe. Sie begann, sich für die Geschäfte ihres Bruders zu interessieren und gestand ihm verlegen, auch schon einmal einige Gedichte geschrieben zu haben. „Zeig sie mir", lächelte der Bruder, „vielleicht können wir sie in meinem Almanach abdrucken. Das würde dir doch Spaß machen."

Immer wieder erinnerte er sie daran, daß sie ganz einfach nach ihm rufen solle und sonst gar nichts unternehmen, falls Primavesi vor der Tür stehe. Friederike nickte ernsthaft und versprach es fest. Als aber das gefürchtete Ereignis eintrat, packte Friederike wortlos ihre Sachen und ging mit Primavesi davon, ohne Abschied, ohne ein Wort. Es war seltsam, der Bruder brauchte lange, bis er sich damit abfinden konnte. Es war, als übe der Italiener auf seine Schwester einen Bann aus, dem sie sich nicht entziehen konnte. War Primavesi fern, so war Friederike das vergnügte, ursprüngliche Mädchen, in das sich einfach alle, die sie kannten, verliebten. Doch diese Friederike, die sich fragte, ob die Sterne wohl überall schienen, wurde zu einer mechanischen, blassen Puppe mit seltsam trägen Bewegungen, sobald Primavesi auftauchte. Sie war ihm willig und fast augenblicklich gefolgt. Gottlieb Braun verstand das nicht, dies Verhalten Friederikes sollte ihn noch oft beschäftigen.

Friederike hätte sich ohrfeigen können, als sie hinter Primavesi zur Poststation schritt, er trug nicht einmal ihren Koffer. Ihr Bruder hatte ihr Hilfe angeboten, sie hätte in seinem Hause bleiben können, aber plötzlich hatte sie eine prickelnde Vorfreude auf die Märkte und das quirlige Leben erfaßt, neuer Schmuck war eingetroffen, ein neues Kleid und einen neuen Mantel hatte Primavesi versprochen, und schon war sie ihm gefolgt. Einem lächerlichen Mann, der Giambattista Primavesi hieß und einen lächerlichen Schmuckstand hatte, folgte sie und wußte, daß er sie schlagen und quälen würde und sie an Männer, auf deren Geld er es abgesehen hatte, verkaufen würde. Friederike haßte sich selbst, noch mehr aber ihren Mann, von dem sie dennoch nicht lassen konnte. Vielleicht weil er der einzige war, der ihr ganz gehörte. Ihr Vater hatte sie in entscheidender Stunde im Stich gelassen, ihre Mutter hatte den Vater nicht daran gehindert. Sie hatten sie wortlos und ohne Bedauern einem Schicksal überantwortet, das sie nach Friederikes jetzigen Lebenserfahrungen gekannt haben dürften, als sie die Hochzeit in die Wege geleitet hatten. Sie hatten sie bewußt in ihr Elend laufen lassen. Gottlieb hatte genug mit den Querelen seiner Kollegen und seinem Verlag zu tun, als daß sie ihm noch länger auf der Geldbörse hätte liegen mögen. Außerdem – und der Gedanke daran trieb ihr die Tränen in die Augen – liebte sie niemand. Keiner der ehrbaren Bürger, die das große Wort führten und den Kopf schüttelten über den Handel, den der saubere Herr Primavesi mit seiner schönen Frau trieb, hatte je ernsthaft die Stimme für sie erhoben und sie beschützt. Friederike konnte ein Schluchzen nicht unterdrücken. Ärgerlich versetzte ihr Primavesi einen Puff mit dem Ellenbogen: „Hör auf zu heulen! Heulende Weiber werden früh häßlich, und wenn sie häßlich sind, dann will sie keiner mehr!" Friederike schluckte, bis ihr die Kehle wehtat, dann überwand sie sich zur Frage: „Wohin fahren wir?" – „Nach Mannheim", gab Primavesi kurz zur Antwort, „da war das Geschrei groß, als du plötzlich verschwunden bist."

Als sei sie niemals fort gewesen, ordnete sie am nächsten Tag den Schmuck am Stand. Fröstelnd zog sie den Schal um ihre Schultern. Nieselregen verdarb das Geschäft, das sowieso schon unter den schlechten Zeiten zu leiden hatte. Wer hatte schon Spaß und Freude an Ringen und buntem Tand, wenn alles feucht war, und einem das Wasser in den Nacken tropfte. Plötzlich fühlte sie sich beobachtet, ihr Blick wurde wie magisch angezogen. Drüben am Stand der Wahrsagerin lehnte ein Fremder, der wie gebannt zu ihr herübersah, nein starrte, der sie mit seinen Blicken nicht mehr losließ. Mehrmals ertappte sie sich dabei, daß sie in der Arbeit innehielt und ihm einen Blick zuwarf. Längst tropfte der Regen von der breiten Krempe seines Hutes auf seine Schultern. „Der wird sich erkälten", dachte Friederike voller Mitleid. Jetzt trafen sich ihre Augen, sie lächelte und der Fremde lächelte zurück. Seine Augen hatten etwas Zwingendes, das markante Gesicht wurde von der Nase beherrscht, die Farbe seiner Haare konnte sie unter dem Hut nicht ausmachen. Das Jünglingsalter hatte er bestimmt hinter sich, seine Kleidung schien, obwohl etwas lässig, von guter Qualität. Wieder lächelte er ihr zu. Wenn er doch aufhören würde, sie anzustarren. Schon bemerkte sie, zur Seite schielend, wie Primavesi aufmerksam wurde. Sie sah ihn auf den Fremden zugehen und ihm etwas zuflüstern. Ihr Körper verkrampfte sich, als sie das Erstaunen im Gesicht des Fremden wahrnahm. Seine Lippen bewegten sich. Wieder warf er ihr einen Blick zu, zückte dann seine Geldbörse und ließ einige Münzen in Primavesis Hand gleiten. Scham und Abscheu regten sich in ihr, sie fühlte, wie ihr die Tränen in die Augen stiegen. Als Primavesi sie holen wollte, weigerte sie sich zu gehen. Der Fremde ließ den Blick nicht von ihr. Primavesi hob die Hand mit drohender Gebärde. Sie ließ es nicht darauf ankommen, von ihrem Mann geschlagen zu werden. Der Fremde hatte es auch gesehen. Mitleid und Abscheu spiegelten sich in seinem Gesicht. Schon eilte Friederike dem Gasthof zu, der Fremde folgte ihr. Lächelnd trat sie ihm in der Tür des Gastzimmers entgegen. Sie nahm ihm den Hut und die tropfnasse Pelerine ab und hing beides auf Haken an der Tür. Dann trocknete sie ihm, einem raschen Impuls folgend, mit ihrem Spitzentaschentuch Gesicht und Hände. Er griff nach ihren Händen und hielt sie fest. Ein Gefühl der Geborgenheit überkam sie. Plötzlich mußte Friederike lachen, sie legte den Kopf schief: „Vorhin habe ich mich gefragt, welche Farbe Ihr Haar habe, unterm Hut konnte ich es nicht erkennen, jetzt seh ich's!" Der Fremde sah ihr fest in die Augen, daß es ihr ganz anders wurde, während er sie in die Arme zog und küßte. Niemals war sie so geküßt worden, sie zitterte am ganzen Körper, als sie ihn wiederküßte. Als sie dann später in seinen Armen lag, ihre Gesichter eng aneinandergeschmiegt, schloß sie selig vor Wonne die Augen. „So", flüsterte sie, „müßte es bleiben, bis ans Ende der Tage!" Er lachte, das sei ein wenig viel verlangt, und bequem sei für ihn diese Haltung auch nicht. „Wenn man nicht verheiratet ist, dann ist die Liebebedürftigkeit ein Ärgernis, das man nicht immer loswerden kann", sagte er ernst. Sie lachte hellauf: „Na, denken Sie, das ist anders, wenn man verheiratet ist?" Er stutzte: „Nicht? Damit hat man mir die Ehe immer schmackhaft machen wollen!" Friederike schüttelte den Kopf: „Glauben Sie nur niemandem, der Ihnen das einreden will, das sind alles Lügen! Aber ich war zu dumm, damals..." Sie hatte sich erhoben und begann sich anzuziehen. „Ich muß zurück, sonst schlägt er mich, wenn ich zu lange ausbleibe. Er will nicht, daß mir andere Männer gefallen, sonst wird er rasend vor Eifersucht." Der Fremde starrte sie an: „Er schlägt Sie, – ja, wer sind Sie denn, und wer ist er?" Sie ließ sich Zeit, zuletzt hing sie sich den Schal um die Schultern: „Gehen Sie erst, wenn ich schon weg bin!" Sie trat noch einmal zu ihm, nahm sein Gesicht in beide Hände und küßte ihn innig. „Ich bin Friederike Primavesi, und er ist mein Mann!"

Wütend hatte Primavesi seiner Frau entgegengesehen, am nächsten Tag waren sie abgereist, niemals hatten sie mehr einen Markttag in Mannheim genutzt. Oft hatte Friederike geglaubt, den Fremden zu sehen, immer war es eine Täuschung gewesen. Ihre Wirklichkeit sah anders aus: ein mürrischer, zänkischer, stets unzufriedener Mann, ungemütliche Gasthofzimmer, ein Winter in ungeheizten Räumen in Schwäbisch Hall. Die Teuerung, die durch mehrere Mißernten ins Land gekommen war, machte sich bemerkbar. Immer öfter mußte Friederike mit Liebesdiensten einspringen, um den fehlenden Betrag im Einkommen hereinzuholen. Endlich wurde es Frühling, und mit den beginnenden wärmeren Tagen erholte sich Friederike langsam aus ihrer Lethargie. Den Fremden, den sie nicht vergessen konnte, würde sie niemals wiedersehen. Sooft sie auch den Gedanken an eine Flucht mit einem Mann aus der Gewalt Primavesis geträumt hatte, immer hatte ihr Retter wie er ausgesehen. Diese Augen vergaß sie nie, verschleiert, voll Traurigkeit, aber auch blitzend vor Witz und Unternehmungslust.

„Heute", sagte Friederike, „fahre ich zu meinem Bruder!" Primavesi war aufgesprungen. „Du bleibst!" schrie er. Sie lächelte trotz ihrer Angst. „Mein Kind ist tot, das Marktgeschäft fast zum Erliegen gekommen, nicht einmal die Feuerung für die Stuben kannst du zahlen. Und was du meinem Vater nicht alles versprochen hast, damals! Verkauf meinetwegen auf den Märkten, was du willst – ich komme jedenfalls nicht wieder zurück!"

Kapitel 5

Unverhoffte Begegnung in Karlsruhe

Wieder fuhr sie in einer Postkutsche Karlsruhe entgegen. Außer einer kleinen Truhe mit ihren Habseligkeiten hatte sie nur zwei leichte Reisetaschen dabei. Sie saß still und bewegte sich kaum einmal, nur manchmal füllten sich ihre Augen mit Tränen und ihr Mund begann zu zittern. Aber wenn sie die Hände ganz fest zusammenpreßte, ließen sich die Tränen zurückdrängen. Mit ihr fuhr ein älteres Ehepaar in die badische Residenz. Mitleidig und auch ein wenig neugierig nahmen sie sich der schönen Mitreisenden an. Sie drängten ihr bei den Aufenthalten, wenn die Pferde gewechselt wurden, etwas zu essen auf und versorgten sie mit heißem Kaffee. Doch dann, während der Fahrt, versank Friederike wieder in dumpfes Brüten. Lebhaft wurde sie erst auf der letzten Etappe der Reise, als man Karlsruhe schon fast am Horizont ausmachen konnte. Erstaunt, fast ein wenig befremdet beobachteten die Mitreisenden die in ihrer Reisegefährtin vorgegangene Wandlung. Jetzt blitzten die braunen Augen, die vor kurzem noch tränenverhangen waren, munter begann sie plötzlich zu erzählen und scheute sich nicht, ein eigenes kleines Gedicht zu deklamieren. Sie lachte vergnügt und klatschte vor Freude über einen Scherz sogar in die Hände. In Karlsruhe half sie den Mitreisenden aus der Kutsche und sah sich suchend um, besann sich aber rasch. Niemand wußte von ihrer Ankunft und niemand konnte sie abholen. Sie gab die Truhe und die beiden Taschen einem Dienstmann in Obhut und schlenderte gemächlich durch die schon abenddunklen Gassen dem Kavaliershaus am Zirkel zu. Seit ihr Vater letztes Jahr in Knittlingen gestorben war, wohnte auch die Mutter mit den Geschwistern in Karlsruhe, nicht weit vom Bruder entfernt. Bald hatte

Friederike Gottliebs Haus erreicht, sie zog an der Klingelschnur, schon ging die schwere, mit geschnitzten Ornamenten geschmückte Haustür auf und ein hübsches Mädchen mit einer gestärkten weißen Schürze fragte nach ihrem Begehr. Doch im selben Augenblick, noch bevor Friederike etwas sagen konnte, öffnete sich die Tür zum Büro ihres Bruders. Verblüfft ließ er den Brief, den er in der Hand hielt, beim überraschenden Anblick der Schwester sinken. Wortlos stand sie in der Tür, mit schlaffen Armen, ein Häuflein Elend, rührend in ihrer Hilflosigkeit. Gottlieb fing die zitternde Schwester auf und nahm sie ganz fest in die Arme. Friederike begann fassungslos zu weinen. Schluchzend barg sie den Kopf an der Schulter des Bruders. Mit einem Wink bedeutete Gottlieb Braun dem verlegen dastehenden Hausmädchen, die Haustür zu schließen und sich zurückzuziehen. Beruhigend redete er auf Friederike ein, trocknete mit seinem Taschentuch die Tränen und streichelte, selbst ein wenig hilflos, ihre schlanken Hände. Er zog sie hinter sich her ins Wohnzimmer, sie folgte ihm willig, immer wieder aufschluchzend wie ein kleines Kind.

Im Wohnzimmer setzte er die Weinende aufs Kanapee, ganz vorsichtig, wie einen kostbaren, zerbrechlichen Schatz. „Danke, mein Lieber, das kann ich jetzt brauchen", sagte Friederike etwas gefaßter, als er ihr ein Glas Portwein anbot. „Du weißt ja nicht, wie schlimm das war!" Mit einer Handbewegung gebot er ihr zu schweigen: „Sag jetzt nichts, hier bist du in Sicherheit. Willst du hier bleiben, oder soll ich dich zur Mutter bringen?" Nachdenklich sah er sie an: „Ich glaube fast, es ist besser, du bleibst bei mir, hier kannst du dich eher beruhigen und hier werden dir keine Fragen gestellt, die du nicht beantworten willst. Mutter und du – ihr würdet nur zusammen heulen, nein, ich glaube, das führt zu nichts. Du bleibst hier." Energisch erhob er sich und klingelte dem Mädchen, um ein Zimmer für die Schwester richten zu lassen. Inzwischen hatte der Dienstmann die Taschen und die kleine Truhe gebracht, gemeinsam trugen sie Friederikes Sachen hinauf ins Zimmer. So wie sie war, ließ sich die völlig ermüdete Friederike aufs Bett fallen und war Augenblicke später bereits eingeschlafen. Lächelnd zog der Bruder ihr die Schuhe aus und hob die Füße ins Bett, dann breitete er die Decke über die Schlummernde. Sie schlief die nächsten vierundzwanzig Stunden durch.

Irgendwann war die Mutter gekommen und hatte der Schlafenden die Kleider ausgezogen, ohne daß sie dabei erwacht war. Jetzt saß Friederike ausgeschlafen und sehr munter in ihrem Bett und ließ sich mit bestem Appetit ihr Essen schmecken. „Zum Primavesi", verkündete sie, „geh ich nie und nimmer zurück!" Die Mutter biß sich auf die Lippen, sie schluckte ihre Antwort hinunter. Eine Frau gehörte zu ihrem Mann, was auch geschah, sie konnte und wollte nicht billigen, was ihr Rickele zu tun bereit war. „Du mußt zu ihm zurück!" war stets der Schluß solcher Ermahnungen. Doch auf Gottliebs energische Bitten hörten solche Gespräche bald auf, keiner rührte mehr an das Thema „Primavesi" und Friederike selber erwähnte ihren Mann niemals. In der wohltuenden Atmosphäre des Karlsruher Hauses erholte sich Friederike rasch, bald hatte sie ihre alte Fröhlichkeit und ihre heitere Laune wiedergefunden.

Eines Morgens, als sie wieder einmal die Bücher im Büro ihres Bruders durchstöberte, trat Gottlieb ein, lächelnd hielt er ihr einen vergilbten Zettel entgegen. „Sieh nur, was ich gefunden habe: dein Gedicht, das du mir beim Abschied in Heilbronn geschenkt hast. Weißt du noch?" Schnell wollte ihm Friederike den Zettel entreißen. „Nichts da", schimpfte er, „geschenkt ist geschenkt!" und verbarg die Hände hinter dem Rücken. Ernst geworden fügte er hinzu: „Ich gebe doch einen Almanach heraus, *Die Rheinblüten*. Hast du nicht Lust, etwas dafür zu schreiben?" Erschrocken sah Friederike zum Bruder hoch und schüttelte heftig den Kopf: „Das kann ich nicht!" Aber er lachte nur: „Das kannst du wohl. Das Gedicht hier", und er hielt ihr den Zettel aus der Postkutsche entgegen, „gefällt mir sehr gut! Ach übrigens, mach dich heute abend schön, ganz besonders schön, wir gehen ins Hoftheater und hinterher mit dem preußischen Ministerresidenten, dem Herrn Varnhagen von Ense und seiner Frau, zum Essen in die Waldhorngasse."

Auf dem Weg zum Hoftheater fing Gottlieb immer wieder die bewundernden Blicke der Passanten auf, die seiner Schwester galten. Sie war heiterster Laune und ihr Gesicht glühte vor Lebensfreude. Das hellblaue Seidenkleid mit dem schönen Spitzenkragen aus dem Brautgut der Mutter betonte Friederikes schlanke Taille, die langen Handschuhe unterstrichen die Feinheit der Hände und Arme. Gottlieb war richtig stolz auf seine Schwester und ertappte sich dabei, daß er selbst wildfremde Leute grüßte, nur damit sie auf die atemberaubende Schönheit an seiner Seite aufmerksam wurden. Während des Schauspiels, einer Posse in drei Akten, griff Friederike immer wieder nach der Hand des Bruders. Hinterher gingen sie hinunter ins Foyer, noch erheitert von dem derben Schwank, den sie erlebt hatten, um auf den preußischen Ministerresidenten und seine Frau Rahel zu warten. Auch der sonst eher beherrschte Gottlieb Braun war heute ganz ausgelassen. „O Monsieur Docteur", memorierte er aus dem Gedächtnis den traiteur Hammer, der zum größten Vergnügen des Auditoriums in der Posse einen Mordsbrand abbekommen hatte: „O Monsieur Docteur", deklamierte er mit gehobener Stimme, „heut bin ich gottsträflich vergnügt, ich kann aber, wie Sie sehen, weder mehr singen, noch pfeifen, denn ich habe sechzehnerlei Weine getrunken..."

Die Umstehenden lachten, und in übermütiger Laune lud Gottlieb die Schwester zu einem Glas Champagner ein. Unter den festlich gekleideten Besuchern, die an ihnen vorbei defilierten, war auch die Markgräfin Amalie, freundlich lächelnd erwiderte sie den Gruß des Geschwisterpaares. Es ist schön, so unbeschwert dazustehen und sich seiner Schönheit wegen in der Publikumsgunst zu sonnen. Friederike war selig vor Wonne, niemand durfte ihr hier etwas tun, sie mußte sich vor nichts und niemandem fürchten. Jetzt trat das erwartete Paar zu ihnen, Karl August Varnhagen von Ense und Rahel, seine berühmte Frau. Behutsam hält sie ihr Mann am Arm und scheint ihr jeden Wunsch von den Augen abzulesen. Dabei ist sie nicht einmal eine Schönheit, wundert sich Friederike. Eher klein ist sie, ein wenig korpulent, hat aber sehr wache, intelligente Augen, einen Blick, der einen gänzlich zu durchdringen scheint. Hier kennt sie offenbar jeder und grüßt sie ehrerbietig. Friederike, deren Schönheit soeben vielhundertmal Tribut gezollt worden war, begegnete der klugen Frau mit ihrem bezauberndsten Lächeln, das Rahel herzlich erwiderte. Gottlieb mahnte zum Aufbruch, aber Rahel Varnhagen bat: „Warten Sie noch einen Augenblick, dort drüben kommt mein Bruder Louis." Auch Friederike drehte rasch den Kopf in die Richtung, die Rahels Hand gewiesen hatte. Natürlich war sie neugierig auf den Bruder dieser faszinierenden Frau. Was sie sah, ließ ihr das Blut in den Adern erstarren. Mit schreckgeweiteten Augen sah sie dem Ankömmling entgegen. Gottlieb verstand seine Schwester nicht, fragend sah er sie an.

Der schlanke Mann, der sich mit raschen Schritten der Gruppe näherte, lächelte ein wenig hintergründig, als er seiner Schwester die Hand küßte. Dann begrüßte er seinen Schwager, der ihn den Geschwistern vorstellte: „Der Bruder meiner Frau, Ludwig Robert, eigentlich in Mannheim zu Hause, erweist uns wieder mal die Ehre seines Besuches, – ein Mann der Feder übrigens!" Er versuchte das befremdete Schweigen, das Friederikes seltsames Verhalten ausgelöst hatte, mit einem Wortschwall zu überbrücken. „… Ein Mann der Feder übrigens, sagte ich, der mit ihrer und der Tinte Hilfe schon so manche Bastion erobert hat.

Was für Sie als Verleger bestimmt nicht uninteressant sein dürfte!" Er wandte sich seinem Schwager zu: „Das ist Gottlieb Braun, einer der führenden Buchhändler und Verleger hier in der Residenz, und das ist seine bezaubernde Schwester, genauer gesagt: eine seiner Schwestern, aber – wie ich die Sache beurteile – gewiß die schönste!" Friederike versuchte, ihre große Verlegenheit hinter einem Lächeln zu verbergen. Ludwig Robert führte bewegt ihre unmerklich zuckende Hand zum Mund und hielt sie eine Spur zu lange fest, was seiner Schwester nicht entging. Eigentlich, dachte Friederike, hat er die gleichen Augen wie seine Schwester, nur ein wenig spöttischer und dunkelbraun, nicht dieses tiefe Blau. „Wie dumm ist der Mensch", wandte sich Ludwig Robert an seine Schwester, „daß er das, was ihm fehlt, dort sucht, wo er es verloren hat – manchmal findet er es woanders, ohne zu suchen!" Rahel lachte: „Brüderchen orakelt wieder einmal in dunklen Worten. Gibt es einen Grund für diese Weisheit?" Mütterlich nahm sie die verlegene Friederike bei der Hand. „Machen Sie sich nichs draus. Mein Bruder ist als großer Spötter bekannt und auch verrufen! Sie können ihm ja die Überraschung, in die er sie heute versetzt hat, später einmal heimzahlen." Sie wandte sich an Gottlieb Braun: „Mir scheint Ihre Schwester wie ein wunderschönes Bild, trotz ihres Schweigens sehr beredt. Aber Sie merken ja selber, die beiden wollen uns nicht teilhaben lassen an dem Geheimnis, das sie so offensichtlich miteinander hüten." Angeregt plaudernd verließen sie das Theater und machten sich in der warmen Nacht auf den Weg in die Waldhorngasse, wo Varnhagens eine Wohnung gemietet hatten. Rahel sang das Loblied ihres Bruders: „Der liebe Louis schreibt Theaterstücke, die schon in vielen Theatern aufgeführt worden sind. Auch Gedichte hat er veröffentlicht, wohl am bekanntesten sind seine *Kämpfe der Zeit*, die Cotta herausgebracht hat. Sie haben übrigens ein so großes Interesse gefunden, daß ihn das württembergische Königspaar zum Frühstück eingeladen hat, um mit ihm darüber zu sprechen. Und die Kaiserin von Rußland, die ja eine geborene Prinzessin Elisabeth von Baden ist, hat ihm nach der Lektüre, die sie sehr beeindruckt hat, einen kostbaren Ring geschenkt."

Im Salon der Varnhagens setzten sie sich an den großen ovalen Marmortisch. Friederike war der Mund wie zugeschnürt. Sie hatte so sehr gehofft, diesen Mann wiederzusehen. Jetzt aber, da das Erwünschte eingetroffen war, wäre sie vor Scham am liebsten in den Boden gesunken. Verlegen nippte sie an ihrem Wein. Unterdessen unterhielten sich die Varnhagens prächtig mit Gottlieb über seine Buchpläne und seine nicht endenwollenden Querelen mit den ortsansässigen Karlsruher Druckern und Buchhändlern. Sie schienen kaum zu merken, wie wenig Friederike und Ludwig Robert sich an dem Gespräch beteiligten. Während Varnhagen versuchte, die künftige Stellung des designierten Großherzogs Ludwig zu erörtern und der Frage nachging, welchen Staaten er wohl den Vorzug geben würde, während Rahel über die Abgeschiedenheit der badischen Residenz räsonnierte und Gottlieb Braun seinem Ärger über den nicht geglückten Kauf des alten Druckhauses Macklot Luft machte, mit dem er seinen Konkurrenten ein Schnippchen hatte schlagen wollen, spürte Friederike, wie sich sacht eine Hand über die ihre legte, nur den Bruchteil einer Sekunde lang. Sie warf Ludwig Robert ein kurzes Lächeln zu. Noch im Wegschauen wurde ihr bewußt, daß Rahel ihren Blick aufgefangen hatte, doch sie ließ sich nichts anmerken. Friederike hielt sich an ihrem Weinglas fest. Später ließ sie es widerspruchslos geschehen, daß Ludwig Robert sie und ihren Bruder nach Hause begleitete. „Ich brauche jetzt noch etwas Luft", lachte er, „Residenzen haben so etwas Beklemmendes an sich!" Rahel sah ihn an, verzog den Mund und spottete: „Ich glaube kaum, daß deine Beklemmungen residenzbedingt sind, bisher jedenfalls hat dir die Residenzluft doch eher gutgetan!"

Kaum auf der Straße, sog Ludwig Robert die kühle Nachtluft ein, schüttelte sich wie ein Hund nach dem Bade und murmelte etwas von großen Schwestern, bei denen jüngere Brüder nun einmal nichts zu lachen hätten. Sie betrachteten einen immer als Patienten! Gottlieb lachte, mitreden könne er da zwar nicht – aber so einfach sei das Auskommen mit jüngeren Schwestern nun auch nicht. Aufmunternd gab er Friederike einen Puff mit dem Ellenbogen. Doch ihr Schweigen ließ auch das mühsam in Gang gehaltene Gespräch der beiden Männer bald verstummen. An der Haustür im Vorderen Zirkel angekommen, nahm Robert Gottliebs Einladung für einen der nächsten Tage entgegen, ohne seine Erregung zu verraten. Er neigte sich leicht Friederike zu: „Ich hoffe, Sie können es möglich machen, dann auch anwesend zu sein!" Gottlieb legte den Arm um die Schwester, und gemeinsam sahen sie dem langsam in der Dunkelheit verschwindenden Robert nach. Während Gottlieb Hut und Mantel an der Garderobe aufhängte und Friederike sinnend in den Spiegel schaute, schüttelte der Bruder immer wieder den Kopf: „Also weißt du, Rickele, manchmal bist du schon komisch, du bist doch sonst nicht auf den Mund gefallen. Ich versteh dich einfach nicht. Sitzt den ganzen Abend da wie ein Fisch! Und dieser Ludwig Robert…" Er nahm zwei Gläser aus dem Schränkchen und füllte sie mit Wein aus der angebrochenen Flasche: „Ich hoffe, Sie können es möglich machen, dann auch anwesend zu sein! Kommt der aber geschwollen daher! Aber nett ist er, und interessant auch. Und Eindruck hast du ja schwer auf ihn gemacht!" Erschreckt sah er sich nach der Schwester um. Die stand immer noch im Flur vor dem Spiegel, hatte die Hände zu Fäusten geballt und vor den Mund gepreßt, die Tränen strömten ihr übers Gesicht. Noch bevor Gottlieb etwas sagen konnte, riß sie ihren Hut vom Haken und schleuderte ihn gegen die Wand: „Du verstehst mich nicht. Wie solltest du das auch verstehen. Ach, wär ich doch bei Primavesi geblieben!" Sie stürzte die Treppen hinauf in ihr Zimmer und warf sich schluchzend aufs Bett. „Weiber", murmelte der Junggeselle Gottlieb Braun und zog sich trotz der späten Stunde in sein Arbeitszimmer zurück. Hier, zwischen seinen Büchern, den Manuskripten und den unendlichen Zahlenkolonnen kannte er sich wesentlich besser aus als bei Friederike, die immer nur flehte, er solle sie in Ruhe lassen, sonst ginge sie zu Primavesi zurück.

Als Ludwig Robert schon für den nächsten Tag seinen Besuch anmeldete, atmete Gottlieb auf, vielleicht brachte das Friederike ein wenig auf andere Gedanken. Robert erzählte angeregt von seinen Reisen, seinem Leben in Mannheim und als Sekretär des russischen Botschafters in Stuttgart. Hier hatte er sogar einmal mit einer Prinzessin getanzt. Friederike konnte sich an seinen Erzählungen nicht satt hören, während Gottlieb sich mehr für die Werke des Schriftstellers Ludwig Robert interessierte. Am liebsten sprach Robert über seine Gedichtsammlung *Kämpfe der Zeit*, die er seinem Lehrmeister Fichte, zu dessen Füßen er als Student gesessen hatte, gewidmet hatte. Lebhaft berichtete er über die Einladung des württembergischen Königspaares zum Frühstück, dabei hatte er aus seinen Werken vorgelesen. Die schöne und gütige Königin Katharina – das war ein Thema, bei dem Friederike ganz munter wurde, und der arme Ludwig Robert sah sich plötzlich einem Kreuzfeuer von Fragen nach genauen Details der Toilette der Königin ausgesetzt. Offensichtlich fühlte er sich überfordert, genauere Auskünfte über Löckchen und Kämme, über Rüschen und Bänder zu erteilen. Schließlich sah auch Friederike ein, daß hier nicht Roberts größten Fähigkeiten lagen. „Ich dachte, Journalisten müßten über alles berichten können!" neckte ihn Friederike und legte den Kopf schief. „Können sie auch", konterte Robert, „fragt sich nur, ob sie wollen!" Die Stimmung war so gelöst, daß er mit seinem Vorschlag herausrückte: In wenigen Tagen würde seine Schwester Rahel für die Sommerwochen nach Baden-Baden fahren. Ihr Mann, Varnhagen von Ense, würde sie dort nur von Zeit zu Zeit besuchen können, soweit es ihm seine Amtsgeschäfte eben erlaubten. Da könnte ihr Friederike doch Gesellschaft leisten! „Meine Schwester würde sich freuen! Und die gesunde Schwarzwaldluft ist auch nicht zu verachten. Außerdem, viele unserer Bekannten kommen dorthin zu Besuch." Gottlieb nickte. „Auch ich selber werde so oft wie möglich nach Baden-Baden kommen." Wie zu sich selber fügte er leise hinzu: „Das Töpferhäuschen, im dem wir Quartier genommen haben, gehört dem Rotgerbermeister Xaver Maier, der auch der Besitzer des Wirtshauses ‚Zum Goldenen Kreuz' ist, so liegt alles hübsch nah beieinander!"

Friederike spürte, wie sie sich innerlich verkrampfte, ihre Hände verschränkten sich und wurden eiskalt, während sie Robert aus ihren braunen, ein wenig schrägstehenden Augen fixierte: „Verstehen Sie doch, ich kann nicht, aber Ihr Angebot ist sehr freundlich!" Gottlieb blickte sie erstaunt an: „Warum solltest du nicht können? Zwar habe ich dich auch viel lieber bei mir, aber der sommerlichen Hitze und dem Staub auf den Straßen kannst du in Baden-Baden viel besser entgehen!"

Friederike sprang auf. Krachend fiel die Tür hinter ihr ins Schloß. Robert verabschiedete sich hastig und ließ Gottlieb Braun tief in Gedanken versunken zurück. Nach einer Weile stand Friederike in der Tür: „Jetzt schickst du mich zu Primavesi zurück, nicht wahr?" Erstaunt starrte Gottlieb sie an: „Wie kommst du denn darauf?" Friederike schloß die Augen und seufzte: „Weil ja auch die Mutter meint, eine Frau gehöre zu ihrem Mann."

Später am Abend saß Gottlieb mit seiner Mutter zusammen, und schon fing auch sie wieder mit dem Thema an: „Gottlieb, ich fände es besser, wenn die Friederike zu Primavesi zurückginge. Alles muß seine Ordnung haben. Auch ich habe bei eurem Vater ausgehalten. Und das war wirklich nicht immer ein Zuk-kerschlecken. Wenn du mich fragst, dann kennt sie diesen Ludwig Robert und er ist ihr nicht gleichgültig. Und sie ihm auch nicht! Gottlieb, wohin soll das führen?" Das war auch Gottlieb Braun ein Rätsel. Woher kannten sich die beiden? Es gab ein geheimes Einverständnis zwischen ihnen, eine seltsame Ver-trautheit, für die er keine Erklärung wußte. Lenkte er die Rede auf dies Thema, wich Friederike sofort aus, erschreckt, so als ob die geringste Bemerkung darüber sie das Leben kosten könnte. Einer plötzlichen Einge-bung folgend schob Gottlieb energisch seinen Stuhl zurück. „Ich rede mit ihr, Mutter!" Er stieg die Treppe hinauf zu Friederikes Zimmer.

Sie stand mit offenen Haaren, einen Kamm in der Hand, am Fenster und blickte in die Nacht hinaus. „Rickele, laß uns reden!" bat er. Sie fuhr herum, starrte ihn an. „Primavesi hat Geld genommen – für mich – von Männern…!" flüsterte sie wachsbleich im Gesicht, „auch von ihm, – es ist so entsetzlich! Ich gehe zurück, ich halte es nicht aus, ihn zu sehen, so nahe!"

Es dauerte eine Weile, bis Gottfried Braun begriffen hatte, was Friederike ihm da anvertraute. Überspru-delnd brach es jetzt aus ihr heraus: Wie sehr sie gehofft hatte, diesen Mann wiederzusehen, und wie das unver-hoffte Wiedersehen fast über ihre Kraft gegangen sei. Sie könne nichts mehr vom Leben erwarten. Immer und überall hin würde ihr der Makel dieser Heirat mit Primavesi folgen. Trotzig sah sie Gottlieb an: „Aber heulen werd ich deswegen nicht. Ich werde den Preis bezahlen! Ich geh zu ihm zurück!"

„Das kann nicht dein Ernst sein!" Nachdenklich schaute ihr Bruder sie an, dann nickte er ihr entschlos-sen zu: „Aber wenn du meinst, pack deine Sachen, in wenigen Tagen fahren wir!" Jetzt war es Friederike, die ihn fassungslos anstarrte, dann sagte sie tonlos: „Also gut, wir fahren!"

Gottlieb Braun

Wieder einmal fühlte sich Friederike verraten, diesmal auch vom Bruder, aber sie biß die Zähne zusammen, sie würde ihr Leben schon meistern. Sie sah die
endlose Kette der aufeinanderfolgenden Märkte vor
sich, die Beschwerlichkeit der Reisen auf holprigen
Straßen, die muffigen Gasthauszimmer ohne jeden
Komfort. Und dann Primavesi mit seinen Eifer-
suchtsszenen und das abstoßende Bild, wie er devot
die Hand aufhielt bei den Männern, die sie taxierten
und sie mit unverhohlener, besitzergreifender
Begierde anstarrten. Verzagt und müde verabschiedete
sie sich in den nächsten Tagen von ihren Bekannten,
von der Mutter und den Geschwistern.

Kapitel 6

Zwischen Hoffnung und Verzweiflung

Es war ein schöner, sonniger Tag, den Gottlieb zur Abreise bestimmt hatte. Er würde die Schwester begleiten. Gottlieb selber trug ihre beiden Koffer. Zwei neue Kleider hatte Friederike auf sein Geheiß hin noch gekauft, die Wintergarderobe würde er ihr nachschicken; jetzt sollte sie erst einmal nur an den Sommer denken, alles weitere würde sich finden. Galant hob er die Schwester, der es schwer ums Herz war, in den Wagen und stieg selbst ein. Schon zogen die Pferde an und die Reise begann.

Neugierig sah Friederike zum Fenster hinaus. „Wohin fahren wir denn, das ist doch nicht der rechte Weg!" Angestrengt sah Gottlieb in die Landschaft hinaus: „Verlaß dich drauf, das ist schon der rechte Weg nach Baden-Baden, – und dorthin bist du doch eingeladen!" Die leichte Kutsche schwankte bedenklich, als Friederike ihrem Bruder um den Hals fiel: „Nach Baden-Baden? – Nicht zu Primavesi?" Schweigend hielt er sie umfaßt, rückte dann aber energisch ein Stück von ihr ab: „Ich sag es ja immer wieder, dir sollte man das Reisen verbieten, heulst ja schon wieder!" Aber Friederikes Tränen gingen ziemlich unvermittelt in frohes Lachen über. Die heiterste Laune hatte sie erfaßt, sie sog die würzige Schwarzwaldluft ein und freute sich über die schmucken, an die grünen Hänge geschmiegten Bauernhäuser. Sogar die schlechte Straße, die bewirkte, daß sie in der Kutsche immer wieder kräftig durcheinandergeschüttelt wurden, schien sie eher zu erheitern als zu ärgern.

Dennoch kam es ihr eine Ewigkeit vor, bis sie endlich in Baden-Baden ankamen. Sie war voll Ungeduld und Erwartungsfreude. „Weißt du, wohin wir müssen?" fragte sie eifrig und starrte neugierig die stattlichen, aus rotbraunem Sandstein erbauten Häuser an. Soviele elegante Menschen hatte sie noch nie gesehen, Fremdsprachen klangen durcheinander, die Damen trugen die zauberhaftesten Garderoben, und ihre Sonnenschirme, spitzenbesetzte Träume der Eleganz, raubten Friederike schier den Atem. „Das da drüben, das ist der ‚Badische Hof‘, ein Hotel, das dem großen Verleger Cotta gehört!" Gottlieb stand ehrfürchtig und fast ein wenig neidisch am Straßenrand. Friederike lachte, heute fand sie das Leben herrlich, da konnte sie auch Gottlieb trösten. Sie gab ihm einen zärtlichen Kuß auf die Wange: „Wart nur, in ein paar Jahren ist dein Verlag dreimal so groß wie der von Cotta!"

Gottlieb versorgte die Koffer und deklamierte mit erhobener Stimme: *„Auf ihr Freunde, nicht länger verweilt in den dumpfigen Städten. Fliehet die Kerker, wo sich Körper und Seele verengt. Hoch ist des Lebens Genuß in Badens balsamischen Wäldern: Hier ist ausonische Luft, hier die thessalische Flur …!"* Amüsiert hatte ihm die Schwester zugehört: „Seit wann dichtest du denn?" Lachend wehrte er ab: „Nicht von mir, eine Werbung für Baden-Baden aus dem *Cottaschen Morgenblatt*, der weiß halt, was gut ist fürs Geschäft, da greift eins nahtlos ins andere! Jetzt aber komm!" Vergnügt gingen sie nebeneinander her. „Sieh einmal, wer da kommt!" stieß er die Schwester in die Seite, sie beschattete die Augen mit beiden Händen. „Robert!" rief sie und rannte ihm entgegen. Sie vergaß alles um sich her, die geschäftigen, lachenden Menschen auf der Straße, sie lief dem Mann entgegen, der einfach die Arme öffnete und sie auffing. Ihr Hut rutschte ihr in den Nacken, den neuen seidenen Schirm hatte sie achtlos fallengelassen. Erst als Gottlieb neben ihnen stand und sich nach dem Schirm bückte, lösten sie sich voneinander. Verlegen nahm Friederike den Schirm entgegen. Gottlieb drehte die Augen zum Himmel: „In wahrhaft guter Gesellschaft darf man sich mit euch beiden nicht sehen lassen, dabei wimmelt es hier doch nur so von Königen, Prinzen, Prinzessinnen und anderen Berühmtheiten."

Schon waren sie beim Töpferhäuschen angelangt. Rahel Varnhagen trat ihnen lebhaft entgegen: „Also liebste Rieke, – ich darf doch Rieke sagen, bei uns zu Hause in Berlin ist jede Friederike eine Rieke. Wenn mein Herzensbruder Louis meint, die Luft in Baden-Baden täte Ihnen gut, dann ist es so. Er hat nämlich – fast – immer recht!" Rahels bewährtes Mädchen Dore zeigte Friederike ihr Zimmer. Gottlieb, der ja schon am nächsten Morgen nach Karlsruhe zurück mußte, hatte Unterkunft im „Goldenen Kreuz" gefunden. Aber zusammen mit Varnhagen von Ense würde er bei nächster Gelegenheit wieder herauskommen nach Baden-Baden. Diesmal fiel Friederike der Abschied vom Bruder nicht schwer.

Sie verlebte unbeschreiblich schöne Tage in Baden-Baden. Eine Kette von Festlichkeiten und Ausflügen, von Besuchen und Begegnungen. Der reiche Kriegsgewinnler General Tettenborn wurde nicht müde, für seine Freunde eine Überraschung nach der anderen zu arrangieren. Er hatte während der Befreiungskriege eine ganze Kiste voller Dukaten erbeutet. Karl August Varnhagen von Ense, damals Sekretär des Generals, hatte aus dieser Kriegsbeute seinen Anteil erhalten und mit diesem Grundstock zu seinem Vermögen endlich Rahel heiraten können.

Die unerschöpfliche Kiste ermöglichte es Tettenborn, jeden Sommer in Baden-Baden zuzubringen. Er hielt sich nicht weniger als 26 Reitpferde, alle Welt sprach davon, daß er einmal in nur sieben Viertelstunden von Baden-Baden nach Karlsruhe gefahren sei. Als Ludwig Robert ihm Friederike vorstellte, hatte der General sein unvermeidliches Lorgnon hervorgeholt, hatte Friederike zuerst ins Gesicht gestarrt, war ganz um sie herumgegangen und hatte dann, nachdem er sein Augenglas lange und umständlich geputzt hatte, noch einmal mit doppelter Gründlichkeit ihr Gesicht inspiziert. Dann hatte er ausgerufen: „Parbleu,

Robert, da haben Sie aber ein bezauberndes Vögelchen eingefangen!" Bevor jemand etwas hatte antworten können, hatte er die Überraschte mitten auf den Mund geküßt und behauptet, das sei die Eintrittskarte zu seinem nächsten Ball oben auf dem Jagdhause.

Für Friederike wurde dieser erste Ball ihres Lebens zu einem Höhepunkt der Baden-Badener Tage. Erhitzt vom Tanzen trat sie um Mitternacht mit Robert hinaus aus dem hell erleuchteten Saal, sie ließen das Lachen und Schwatzen hinter sich und sahen weit in die dunkle Landschaft des Schwarzwaldes hinaus. „Immer so hier sein können, und so glücklich!" Friederike fröstelte leicht, „immer bei dir sein, wie schön das wäre, – aber eines Tages muß ich zurück!" Robert hielt ihr den Mund zu: „Nicht daran denken! Bis wir ganz zusammenbleiben können, wird man es uns nicht leicht machen, aber heute wollen wir nicht daran denken!" Hier auf der Bank unter der alten Tanne war die Zukunft weit entfernt und nur die Gegenwart zählte. Während sie sich küßten, näherten sich Schritte vom Haus, eine Gruppe Ballbesucher machte sich auf den Heimweg. „Ha", zirpte eine Frauenstimme in sich überschlagendem Diskant, „hoffentlich geht es dem armen Ludwig Robert nicht einmal so wie dem Bürger mit seinem Schwabenmädle…!" Die Schritte stockten: „Wie ist es dem denn gegangen?" Lachen und unterdrücktes Gekicher war die Antwort, und dann wieder die Frauenstimme: „Ha, als er sie geheiratet hatte, da zog er mit ihr nach Göttingen, der Herr Professor, und sie hat ihm mit jedem einzelnen seiner Studenten Hörner aufgesetzt. Zum Hahnrei hat sie ihn gemacht, bis er sich wieder von ihr hat trennen müssen!" Der leichte Nachtwind verwehte die Gesprächsfetzen, die Schritte verklangen in der Nacht.

Wie gelähmt saß Friederike auf der Bank: „Hörst du, wie die Leute reden, und was die Leute reden? Ich muß zurück zu Primavesi, sonst wirst du auch noch unglücklich durch mich, und das könnte ich wirklich nicht ertragen!" Lange schwieg Robert, malte mit der

Schuhspitze Figuren in den Sand: „Unsinn, ich war unglücklich ohne dich. Wie lange habe ich nach dir gesucht, bis ich dich hier wiedergefunden habe, jetzt laß ich dich nicht mehr gehen!"

General Tettenborn lud zu einer Lustfahrt durch den Schwarzwald ein. Obwohl sich die Stimmen häuften, die seinem Reichtum nicht mehr allzu lange Überlebenschancen gaben, sagte keiner seiner Freunde ab. Tettenborn plante die Reise mit generalstabsmäßiger Akribie bis in die allerkleinsten Einzelheiten. Einige Wagen mit dem Gepäck der Reisegesellschaft fuhren schon einige Tage vor der eigentlichen Abreise voraus. Dienstboten bestellten die Quartiere und bereiteten die Tafeln mit all den Sonderwünschen einer mehr als dreißigköpfigen Gästeschar vor. Wenn die vergnügte und ermüdete Gesellschaft am Abend eintraf, dann sollte es ihr an nichts mangeln. Während der Fahrten bahnten sich die interessantesten Gespräche an. Friederike war von den ihr begegnenden Naturschönheiten des Schwarzwaldes ganz hingerissen, stundenlang konnte sie dem Wasserfall in Triberg zusehen und wurde nicht müde, das glitzernde Wasserspiel zu bewundern. Sie folgte dem Lauf der Bäche, die sich ihren Weg bahnten, wohin sie wollten, und freute sich über das muntere Spiel der Forellen. Rippoldsau mit seinen verträumten Häusern und Gaststätten gefiel Ludwig Robert, und die Menschen auch. Dem Berliner machte es viel Freude, sich von den einheimischen Sätze in ihrer Mundart vorsprechen zu lassen, und Friederike mußte sie dann in ihrem mehr schwäbisch gefärbten Dialekt wiederholen. Hier trug Friederike auch zum ersten Male vor einer größeren Gesellschaft eines ihrer eigenen Gedichte vor. Der Erfolg war umwerfend, auch Rahel klatschte begeistert Beifall. Wie die anderen fand sie Friederike einfach herzig, wenn sie, bevor sie zu sprechen begann, einen kurzen Blick zu Ludwig Robert hinüberwarf und auch am Schluß zuerst seine Augen suchte, um von ihm zu erfahren, wie ihr Vortrag gewesen sei.

Sie überstiegen zusammen den Kniebis und durchstreiften ein Stück weit das Murgtal zu Fuß und hielten dort ausgiebig Rast, verzückt dem Murmeln eines Baches lauschend. Das unbeschwerte Glück und die Sorglosigkeit dieser Reise sollten Friederike und Ludwig Robert nie vergessen. Allezeit würden sie sich in diese Landschaft zurücksehnen. Zehn Tage lang kamen sie sich wie im Paradiese vor, außerhalb der Welt. Friederike, die immer in ärmlichen Verhältnissen gelebt hatte, konnte sich nichts schöneres denken, obwohl damals die Reise durch den Schwarzwald noch einem Abenteuer glich und nicht ohne Gefahren war. Einmal lauerten ihnen sogar Räuber auf, die sich freilich mit kleiner Beute begnügen mußten. General Tettenborn aber wußte auch hier Abhilfe: von Stund an ließ er die Reisegesellschaft von bewaffneten Reitern begleiten. In Rippoldsau lieh sich Friederike von einem der Bauernmädchen eine Tracht aus, und als sie knicksend vor Rahel erschien, freute sie sich wie ein Kind, als sie nicht sogleich erkannt wurde. Zusammen mit einigen Bauernmädchen sang sie dann Volkslieder. Wenn sie später an diese Wochen zurückdachte, kam es ihr vor, als hätte damals den ganzen Sommer lang die Sonne geschienen.

Es war der nüchterne Diplomat Varnhagen, der seinen Schwager beiseitenahm und ihn warnte: „Wenn Friederike in Karlsruhe ist, darfst du sie nicht mehr so oft sehen. Du bringst nicht nur dich und sie, sondern auch Rahel und mich in peinliche Situationen!" Ludwig Robert fuhr auf, aber Varnhagen kannte seinen Schwager: „Übers Knie brechen nutzt hier nichts. Du muß klug und besonnen sein!" Auch Rahel sprach mit dem Bruder, wieder und wieder versuchte sie ihm eine dauerhafte Verbindung in den schwärzesten Farben zu schildern: „Es ist absurd, wenn du als Jude eine geschiedene Frau heiraten willst, wenn eine Scheidung überhaupt erreicht werden kann. Du brauchst die Gesellschaft, schon um deiner Dichtungen willen. Eine Gesellschaft, aus der wir schon unserer Herkunft nach ausgeschlossen sind. Du hast diese Verbindungen erreicht. Wenn du sie jetzt verlierst, wo willst du dann Erfolge haben, die du brauchst um leben zu können? Die Zinsen unseres Vermögens werden immer geringer. Sei doch vernünftig! Wie willst du bei Hofe eine Frau mit dieser Vergangenheit vorstellen?" Sie mochte Friederike, ihr erfrischendes Lachen, ihren sprühenden Charme, ihre Natürlichkeit. Friederike dachte, was sie sagte, und sie sagte es auch dann, wenn nicht jeder seine Freude daran hatte. Ihre spontane Ehrlichkeit gerade ihr gegenüber hatte Rahel angerührt, ihre einfachen Gedichte in heimatlicher Mundart – oft aus einem Gefühl heraus entstanden – faszinierten Rahel. Dagegen hatte sie an der Putzsucht Friederikes, die Ludwig Robert so gelassen hinnahm, mehr als einmal etwas auszusetzen gehabt.

Friederike war in das Haus ihres Bruders zurückgekehrt. Varnhagens hatten recht gehabt. Das Getuschel und Geraune hörte nicht mehr auf, und das, obwohl Ludwig Robert nach Mannheim zurückgegangen war und nur noch sehr selten nach Karlsruhe kam. Den preußischen Ministerresidenten Karl August Varnhagen von Ense plagten zudem auch noch politische Sorgen. Seine liberale Haltung in der badischen Frage und sein guter Kontakt zum Großherzog wurden am bayerischen Hof in München nicht gerne gesehen. Immer häufiger intervenierte der bayerische Gesandte in München bei der preußischen Staatsregierung, eine Abberufung des lästigen Diplomaten vorzusehen, immer häufiger wurde Rahel nicht mehr bei Hofe vorgelassen, obwohl ihre gesellschaftlichen Erfolge gerade auch in der Hofgesellschaft unbestritten waren. Als auf den schwachen badischen Großherzog Karl sein Onkel, Großherzog Ludwig folgte, der für Varnhagen echte Freundschaft zu empfinden schien, blickte auch der preußische Staatskanzler Hardenberg immer öfter mißtrauisch nach Karlsruhe. Dunkle Wolken begannen den Karrierehimmel Varnhagens zu verdüstern.

Bei einer Unterredung mit Gottlieb Braun waren Ludwig Robert erst alle Schwierigkeiten aufgegangen, die sich einer Scheidung Friederikes entgegenstellten. Aus Stuttgart war ihm jetzt ein Erlaß des Königlichen Justizministeriums „betreffend die Behandlung der Ehescheidungssachen gemischter Religionsverwandter" zugesandt worden. Er las den komplizierten Text immer wieder. Besonders den Satz, der von der Berücksichtigung der religiösen Grundsätze des katholischen Teils sprach. Und gerade hierbei hatte Braun, der sich mit Primavesi in Durlach getroffen hatte, nichts Gutes zu berichten. Primavesi bestand auf der Rückkehr Friederikes, die er über alles zu lieben behauptete. Niemals würde er den Edelstein seines Lebens hergeben, auf den Knien liegend würde er sie anflehen, zu ihm zurückzukehren. Und das, obwohl sie ihn verlassen habe und er sich keiner Schuld bewußt sei. Schließlich gingen in diesen harten Zeiten auch bei anderen die Geschäfte schleppender, langsamer. Aber eine Ehefrau dürfe eben nicht nur den Kuchen mit ihrem Mann essen, sondern sie müsse ihm auch bei trockenem Brot treu zur Seite stehen. Nein, scheidungswillig war Primavesi nun überhaupt nicht.

Auch Friederike war längst aus dem Glückstaumel der Baden-Badener Sommerwochen erwacht. Danach hatte sie einen schlimmen Winter durchstehen müssen. Nicht nur, daß sie wenig von Robert gehört hatte, auch die Tuscheleien der Leute hatten sie mehr berührt, als sie nach außen zuzugeben bereit war. Noch immer versuchte die Mutter, Friederike auf den richtigen Weg, nämlich den zu Primavesi, zurückzubringen. Eine Scheidung, das sei eine zu große Schande für die ganze Familie. Einmal hatte sogar Primavesi vor der Tür gestanden, ihr die Hände geküßt und Friederike beschworen, zu ihm zurückzukehren. Entsetzt und zitternd hatte sie ihn ins Haus gelassen. Er hatte von ihr verlangt, ihre Sachen zu packen und sofort mit ihm abzureisen. Nur Gottliebs energisches Dazwischentreten hatte Schlimmeres verhindert. Tagelang konnte Friederike nicht auf die Straße gehen, hinter jedem Hauseck und jedem Baum an der Straße vermutete sie Primavesi, der ihr auflauerte. Als sie sich endlich wieder richtig auszugehen traute, freute sie sich besonders über den fröhlichen Gruß eines kleinen Mädchens, das sie anstrahlte, „weil sie so schön sei wie die Fee in ihrem Märchenbuch", wie die Kleine sagte. Auf Friederikes Frage, wer denn das Mädchen sei, meinte ihre Mutter: „Das ist die kleine Karoline Bauer, ihr Vater ist früh verstorben. Sie möchte so gerne Schauspielerin werden, aber die Familie leidet es nicht, weil es nicht schicklich ist. Es täte mir auch nicht passen, wenn eine meiner Töchter zum Theater ginge", fügte sie hinzu. Friederike reagierte heftig: „Aber Frau eines italienischen Markthändlers habt ihr sie werden lassen, eure Tochter! Das hat euch nicht gestört!" Erschreckt sah ihre Mutter sie an, und Friederike wandte den Kopf ab.

Viel Freude hatte Friederike an der Herausgabe des Almanachs *Die Rheinblüten*, das machte ihr Spaß, hier konnte sie ihr Sprachgefühl beweisen und ihre Phantasie einsetzen. Manchmal entstand dabei auch ein eigenes Gedicht, wie die wehmütigen Zeilen, die sie *„Trennung"* überschrieb und im nächsten Brief an Robert nach Mannheim schickte, es war ein sehr trauriges, mutloses Schreiben. Jeder in ihrer Umgebung wollte etwas von ihr, Primavesi dies, Robert das, die Mutter wieder dies und der Bruder jenes, alles Dinge, die sich gegenseitig ausschlossen und niemals unter einen Hut zu bringen waren. Das Grübeln über solche Fragen verleidete ihr selbst die Arbeit, ließ nicht einmal zu, daß sie sich auf die selten gewordenen Besuche Roberts richtig freuen konnte. Friederike wurde apathisch und verlor jeden Spaß an ihrer Umgebung. Der Umgang mit ihr wurde auch für die, die sie liebten, immer schwieriger.

Wieder und wieder las Ludwig Robert in Mannheim Brief und Gedicht. Er wollte und konnte nicht mehr länger warten. Noch am gleichen Tage reiste er nach

Karlsruhe, es war schon nach acht Uhr abends, als er im Haus am Vorderen Zirkel anlangte. Überrascht und verwirrt trat ihm Friederike entgegen, Robert zog sie neben sich nieder, nahm ihr Gesicht in beide Hände, küßte sie innig und stieß aufgeregt hervor: „Rieke, du mußt wollen, du! Du bist gefragt, du alleine, – ich habe es mir überlegt, jetzt wieder dein Gedicht. Allen können wir beide es nicht recht machen, wir müssen uns entscheiden, – für uns!" Er schwieg, drehte behutsam ihren Kopf so, daß sie ihm in die Augen sehen mußte, sie schloß die Augen. Etwas enttäuscht ließ Robert sie los und trat zum Fenster: „Für das, was jetzt kommt, brauchen wir beide offene Augen und Mut, viel Mut. Ich weiß, allzu viel kann ich dir nicht bieten. Aber ich meine es ehrlich mit dir und ich liebe dich." Friederike hielt ihr Gesicht in den Händen verborgen, wie stets, wenn sie ihre Gemütsbewegungen verstecken wollte. Unbewegt lauschte sie, wie Robert mit monotoner Stimme von der Zerrissenheit seiner Jugend erzählte, von seiner Unbehaustheit, aber auch von seinen Erfolgen und der Last des unsteten Lebens. Fast tonlos schloß er: „Ich hatte oftmals große Lust, mich selbst und alles war mir lieb ist zu vernichten, und ich hatte auch nicht mehr damit gerechnet, daß mir das Schicksal eine Gunst erweist, bis ich dir begegnet bin!" Drückende Stille herrschte im Raum. Langsam drehte sich Ludwig Robert herum: „Rieke, ja oder nein?" Statt einer Antwort streckte sie die Hände nach ihm aus. Er zog sie in seine Arme und bedeckte ihr Gesicht mit Küssen.

Der nächste Morgen stieg herauf, ein kühler, nebliger Septembermorgen. Friederike schlief noch, Ludwig Robert saß an dem kleinen Tisch in ihrem Zimmer und schrieb. Auch er mußte seine Gedanken ordnen, wie schon so oft gelang ihm das am besten und wahrsten in einem Brief an seine Schwester. Er war gewohnt, ihr auch seine geheimsten Regungen offenzulegen. Sie mußte als erste wissen, daß von nun an niemand mehr zwischen ihm und Friederike stehen würde. Er schrieb lange und bedächtig, überlegte jedes Wort. Sein Brief war auch ein Werben für die Geliebte. Als er seinen Namen unter die eng beschriebenen Blätter setzte, atmete er tief durch und las den Brief noch einmal:

„Gestern Abend um acht Uhr bin ich hier angekommen und habe noch die Arme gesehen und sie fest und entschlossen gefunden, nie wieder dahin zurückzukehren, wo sie, von den Umständen verleitet und von einem stupiden und gewissenlosen Menschen verführt, ein so unseliges, ein so verderbliches Leben geführt hat, das binnen kurzem gewiß schrecklich geendet hätte. Sie ist die Einzige und Erste, die mich mit aller Neigung, mit aller Hingebung, ja mit Ehrfurcht liebt, und sagte sie mir auch nicht so in jeder Hinsicht zu, wie sie mir zusagt; liebte ich sie auch nicht so von ganzer Seele, wie ich sie liebe: so wäre es dennoch wider Pflicht und Gewissen, wenn ich sie nicht herausreißen wollte aus dieser Kloake von Elend, Roheit und Schlechtigkeit; besonders da ich es war, der ihr über ihre unselige Lage die Augen öffnete, so daß sie nun vor ihrem vorigen Leben zurückschaudert.

Wenn Du meinst, ich hätte das nicht tun sollen; ich hätte eine flüchtige Gunst des Glücks flüchtig genießen und die Nachtwandlerin, die sie mir gab, nicht wecken sollen: so gestehe ich, daß dies vielleicht jeder andre getan hätte, und ich will darüber nicht rechten – mir aber – so wie ich einmal denke und fühle – war, ist das unmöglich. Ich schlug, als ich nach ihrer Gunst strebte, diese nicht höher an als die einer schönen fille; aber ich habe sie kennen lernen; zuerst ihre totale Lügenunfähigkeit, ihre edle stolze Seele, dann ihr reines Herz, ihren verständnisfähigen Geist, ihren sich selbst erzeugten Kunstsinn, ihr Bedürfnis zu Liebe und ihre gänzliche genügsame Hingebung, ihr Leben in dem Geliebten – Ich wäre der niedrigste Mensch, wenn ich sie nicht ganz würdig, ganz edel behandelte – Dabei liebe ich sie aber so sehr, daß ich den ganzen langen Tag in einer kleinen schlechten Kammer arbeiten möchte, in einem Kleide das ganze Jahr gehen, kurz jedes Vergnügen und jede Eitelkeit entbehren wollte, nur um ihr Ruhe und Freude zu verschaffen und mir ihre Liebe zu erhalten.

Glaube nicht, daß dies leidenschaftliche Aufwallung ist. Ich habe es Tage, ich habe es Nächte hindurch mit kalter Berechnung überlegt und abgewogen; ich weiß, was ich aufgebe; ich weiß, was ich mir aufbürde; überdies bin (ich) bald 40 Jahr alt und keines Knaben-streichs mehr fähig – Mit dieser Tat (meine eigentlich erste) schließe ich und runde ich mein Leben ab – Ich habe es auch im tiefsten Geiste meinem Gott vorgetra-gen und bin auch in dieser Seelentiefe beruhigt – Sei du es auch und glaube mir, es gibt für mich kein andres Glück – Vollkommenheit wird es nicht sein. Auch das weiß ich – Aber was ist denn hier unten vollkommen? War es etwa mein unstättes Umhertreiben, mein ein-sam-und-allein Stehen mit diesem ewigen peinlichen Bedürfnis nach Liebe, das mir wohl keiner, auch Du vielleicht nicht angemerkt hast, und das mich darum nicht weniger gequält hat?..."

Er schloß den Brief und siegelte ihn. Nach einer Weile griff er erneut zu Papier und Feder. Schnell und energisch schrieb er ein Gedicht nieder und schaute die Schlafende an. Sie lächelte ihn im Aufwachen an. Zärtlich beugte er sich über sie: „Schau, ich habe ein Geschenk für dich – leider nur ein Gedicht!" Lachend fuhr er fort: „Vielleicht langt es ja auch einmal zu einem Kleid, aber Gedichte sind halt viel preiswerter." Friederike kicherte und las laut vor:

Ja und Nein.

War es Ein's, dich sehn und lieben?
Oder ward ich erst entbrannt,
Als du dich mit geist'ger Hand
In mein Herz dich eingeschrieben?

Dieses, in der Träume Reich,
Fragt' ich jüngst, dich fest umschließend;

Und in leichten Duft zerfließend
Sprachst du Nein und Ja zugleich.

Und ich sann – doch da Verneinung
Stets Bejahung widerspricht,
Sann ich und ersann doch nicht
Dieses Widerspruches Einung.

Also mit mir selbst im Streit
Rief ich endlich: O Empfindung!
Bringe du mir in Verbindung,
Was im Denken sich entzweit.

Sprich! war's Ein's Sie sehn und lieben?
Und im Herzen klang es: Nein!
W a h r h a f t nahm Sie erst mich ein,
Als Sie hier sich eingeschrieben.

Und zugleich auch klang es: Ja!
Eines war's Sie sehn und lieben,
Weil ich ja hier eingeschrieben
Wahrhaft erst die Holde sah. –

Kann nun dieses Herz verbinden
Ja und Nein in Liebesglut,
Hat es auch zu hoffen Mut,
Ja in deinem Nein zu finden.

„Louis!" rief sie aus, nachdem sie geendet hatte, „das nehmen wir in die *Rheinblüten* auf, das gefällt mir. Aber der Gedanke, daß Gedichte wohlfeiler sind als Kleider, der gefällt mir auch, nur wenige Menschen schenken einem Gedichte…" Ludwig Robert schüttelte sich: „Na, ich weiß nicht, in meiner Umgebung sind es gerade genug!" Immer noch lachend verließ er den Raum.

Sowohl Ludwig Robert als auch Gottlieb Braun zögerten nun nicht mehr, die Scheidung einzureichen und mit allen zur Verfügung stehenden Mitteln um die Befreiung Friederikes zu kämpfen. Dabei war es nicht immer leicht, Geduld zu bewahren, so wie es sich Ludwig Robert eigentlich vorgenommen hatte. Besonders tief traf ihn das Mißtrauen und das Unbehagen seiner Schwester Rahel. Überhaupt hatte er das Gefühl, jeder in seiner Familie glaube, ihm gute Ratschläge geben zu müssen. In einem weiteren Schreiben an Rahel versuchte er, sich nochmals über seine eigenen Gefühle Rechenschaft abzulegen; er versuchte die Schwester, die ihn bisher auf allen seinen Lebenswegen mit Rat und Tat begleitet hatte, auch bei diesem, für ihn wohl bedeutendsten Schritt auf seine Seite zu bringen. Doch auch dies Schreiben wurde wieder zum Werben für Friederike, war eine einzige Bitte um Verständnis für sie, für die Umstände ihres Lebens. Friederike, die labile, schwankende, hatte in dem bisher so wenig verläßlichen Ludwig Robert erstmals festen Halt gefunden. Noch quälte ihn der Gedanke, sein Wunsch, Friederike frei zu sehen, würde einer anderen, älteren Beziehung zum Schaden gereichen. Ihn plagten Selbstzweifel, Wünsche und Reflexionen eines Mannes, der zum ersten Mal in seinem Leben ernsthaft verliebt war, – nach vielen Liebschaften und Gelegenheitsliebchen, wie sein Schwager Varnhagen von Ense feststellte. Jedenfalls mußte nach diesem, jeden Aspekt seines Lebens mit Friederike beleuchtenden Brief auch die zweifelnde Schwester von der Ernsthaftigkeit der Gefühle ihres Bruders überzeugt sein, auch wenn sie den Gegenstand der brüderlichen Liebe noch immer nicht ganz geeignet fand. Und das, obwohl sie längere Zeit brauchte, den Brief ihres Bruders immer wieder von neuem zu lesen und zu überdenken:

„‚Kennst Du Wollen?‘ frägst Du. O ja! aber auch mich selbst, Veit wunderte sich oft in meiner frühen Jugend über meine Selbstkenntnis und pflegte diese ein Familientalent zu nennen. Und da Du nun auch sagst: ‚oder sag Du es mir, wenn es je anders war‘, so will ich es Dir sagen. – Verhältnisunfähig glaube ich nie gewesen zu sein; aber ich konnte nicht jedes Begegnen, jedes zufällige Zusammensein für ein Verhältnis halten, oder es dazu machen, eben weil ich in einem echten Verhält-

nis mehr als ein Verhältnis, weil ich eine Verbindung darin sah. Es gibt ein Verhältnis zwischen Lehrer (geistlichem Vater) und Schüler (Sohn). Ich kannte eigentlich nur Einen (Fichte), höchstens zwei (Goethe). Dem Letzten wollte ich zwar, aber konnte ich nicht beikommen. Vor dem ersten hielt mich eine ehrfurchtsvolle Scheu im Gefühle meines Nichts zurück. Sonst fand ich kein väterliches Gemüt, keinen mir imponierenden Geist, der sich meiner annahm; aber daß ich ein gehorsames Kind geworden wäre, weiß ich.

Freundschaft unterscheidet sich von Liebe durch ein besonnenes Vor-Urteilen (Liebe hat nur Nach-Urteil) – Ohne solches Vorherurteil sich einen Freund zu wählen, eine männliche Liebschaft mit einem Manne, eine weibliche mit einem Weibe zu haben, das habe ich nie verstanden und verstehe es noch nicht. Meinem prüfenden Urteil genügte aber keiner meiner Bekannten. Keiner (obgleich ich vielen viele Vorzüge vor mir zugestehen mußte), keiner war mir recht eigentlich seelenverwandt, und so habe ich viele gute Freunde, aber nie einen Freund gehabt. – Mich aber in die Schicksale und Lebensgeschichten und Lebensklabodagen meiner guten Freunde zu mischen, das habe ich nie getan, teils aus Maxime, teils aus angeborener Diskretion, teils aus heiliger Scheu vor allem Eingreifen in fremdes Leben und Schicksal, eine Scheu, die bei mir bis zur Feigheit sich steigert.

Der Liebe endlich (lieben und geliebt zu werden) war ich von je und mehr als irgend ein Mensch bedürftig – Ich habe (still in mir) die ganze Schule durchgemacht, von lustvoller flüchtiger Neigung, bis zum wahnsinnigen Schmerz der Leidenschaft, und bis zur Idee wahrer geistlicher und leiblicher Ehe. Aber nie war ich so glücklich, da wo ich liebte, auch nur die leiseste Neigung, den leisesten Anteil zu erregen. Was Wunder, daß ich mir endlich sagte: Auf dieses höchste Erdenglück mußt du verzichten; du bist vermutlich nicht liebenswürdig, wenn du liebst; denn so oft du nicht liebst und anspruchslos bleibst, mögen dich sogar die Frauen. Bei allen dem fühlte ich die Sehnsucht und die Fähigkeit in mir, ein Weib durch Liebe zu beglücken. Was Wunder, daß ich, der ich zwischen diesen beiden Überzeugungen, von beiden überwältigt schwebte, regungslos, verhältnisunfähig erschien! – Jetzt bin ich zum ersten Male geliebt, geliebt von einem Weibe, dessen ganze Seele ich ausfülle: und in ganzer Fülle soll auch sie, ich verspreche es ihr, meine Jungfräulichkeit, mein unberührtes stets verschmähtes Herz besitzen und genießen.

Wie dieses nun auf meine Werke, nämlich anders, wie jedes innre Ereignis (z. B. der Durchbruch) Einfluß haben soll, oder was meinen Werken aus Mangel eines Verhältnisses fehlt, weiß ich so wenig, daß ich Dich bitten muß, mich schonungslos hierüber aufzuklären. – Daß Liebe nur Sie kennen lernen kann, habe ich so böse (so platt) nicht gemeint. Ich dachte nur, wie sollte sich die Gelegenheit dazu machen? und machte sie sich auch später, wie schüchtern würde sie sein und wie gar nicht ausdrücken können, was sie eigentlich ist. Eines Vorurteils werde ich Dich doch wohl unfähig glauben; es müßte denn das, gegen ihre Miene sein, die durch wirkliches Dasein freilich eine große Macht ausüben kann. Ich sehe diese nicht immer, aber immer die unendlichen Augen.

Was meine Freiheit, meine Zeit, meine innere und äußere Muße betrifft, so habe ich dieses so sehr bedacht, meine liebe Gute, daß ich schon längst und oft mit meiner Freundin mich darüber besprochen und ihr bestimmt vorhergesagt habe, daß der allergrößte Teil des Tages mein sein müsse, der Einsamkeit und der Arbeit gewidmet, daß nichts so sehr erkältet, als ein stetes Zusammenhucken, daß auch sie sich gewöhnen müsse, arbeitsam und fleißig und mit sich selbst allein zu sein; und daß ein Zusammenkommen zwischen uns immer ein Fest, nie eine Schuldigkeit sein müsse, und wenn wir auch das engste Band geschlossen hätten – Tagesarbeit, Abendgäste: saure Wochen, frohe Feste –

Sie sieht es ein und ist nicht minder als ich zu der beschränktesten Bürgerlichkeit entschlossen.

... Nun habe ich Deinen Brief beantwortet, und nur noch ein Wort, ein Bekenntnis aus innerster Seele, worüber ich um Dein Urteil bitte. – Wenn ich meine ganze Vernunft zusammennehme und mich befrage, ob ich in dem, was ich für meine Freundin tat und für sie tun in Willens bin, recht getan habe und recht tun werde, so erhalte ich ein deutliches und bestimmtes ‚Ja‘ zur Antwort. Ihr Bruder spricht und schreibt von meiner edlen Denkungsart und seltner Handlungsweise. Sie nennt mich ihren Erretter, ihren Schutzengel, dem sie ihre Seelenruhe und ihre Hoffnung auf Seligkeit verdankt. Herr von Dittmar, den ich für einen selten tugendhaften Menschen, für eine unberührte unverdorbene Seele halte und dem ich das ganze Ereignis mitgeteilt habe, sagte mir, daß er in meiner Stelle ganz eben so würde gehandelt haben, und daß er mich nun erst recht lieb habe. Ja, ich würde an der Vernunft dessen, der mir hier unrecht gäbe, zweifeln und ihn für vorurteilsvoll halten.

Aus ihrem eignen offenherzigen Geständnis weiß ich, daß sie fast schon fille war, daß ihr dazu nichts, als ein bestimmter Preis und die Klarheit des Leichtsinns fehlte, denn schon hatte sie sich aus Gewohnheit, Lust und Schwäche Männern hingegeben, die sie nichts weniger als liebte – Verzweiflung der Unklarheit, bei drängendem Liebesbedürfnis!! – Ich fand sie eigentlich in einem Bordell - denn dies war jene Bude, wo sie ausgestellt war; gleichviel ob da eine Wirtin war, die Mad. Bernhardt hieß; oder ob sie den Namen des Wirtes trug und dieser daher sein Recht ausübte, bei ihr zu schlafen, und aus Inkonsequenz zuweilen eifersüchtig zu werden. Das alles weiß ich und weiß, daß ich sie gerettet habe, das heißt: daß ich das Bessere, das in ihr schlummerte, erweckt und beseelt habe, den Menschen in ihr aufrüttelnd und zum Bewußtsein bringend durch Liebe und Strenge. Ich weiß auch, und sie hat es mir tausend Mal gestanden und auch ihr Bruder sagt es, *daß sie zu schwach sei allein zu stehen, daß sie, ihrem vorigen Verhältnis wiedergegeben, bald wieder die Alte sein, und unselig enden würde: entweder im Alter von ihrem rohen Manne verstoßen, oder früher körperlich durch böse Übel zerrüttet; oder von irgend einem Roué entführt (und auf diesem Punkt war sie schon oft) und im Elend verlassen. Noch gestern schrieb sie mir im Gefühl ihrer Schwäche: ‚Robert! Robert halte mich!‘*

Das alles weiß ich, und doch gibt es Augenblicke, wo mich der Gedanke ängstlich überfällt, einen Gewaltstreich verübt, eine Frau von ihrem Mann getrennt zu haben – denn das tat ich; und ohne mich wäre sie noch bei ihm. Ich lehrte sie, ihn hassen. – Was ist dieser Widerspruch zwischen Vernunft und Gefühl, der mich mein erstes Glück nicht rein genießen läßt? Ich frage Dich! – Ist es die Ungewohntheit, tätig in Welt und Leben einzugreifen? – Ist es Mitleid mit dem stupiden Unglücklichen, der dieses Weib nicht begriff, sie geistig mordete, und doch eine Neigung nach seiner Art für sie hat? – Ist es die mir eingefleischte Ehrfurcht vor jedem, auch dem lockersten Liebesverhältnis? – Ist es die Achtung vor Eigentum? – Ist es die Scheu vor dem Namen Ehe? Denn eine Ehe war es ja nie. Gewissen kann es doch nicht sein, denn Gewissen ist ja nicht unvernünftig! Was ist es aber, was mich bei aller Klarheit, bei dem festesten Willen zu vollführen, was ich begann, dennoch so oft so unvermutet packt? Was mir den Wunsch ablockt: Ach wäre sie frei! – ? Hier ist ein Punkt, wo ich mich selbst nicht begreife, und darum bitte ich Dich um Aufschluß.“

Nach dieser umfassenden, eindringlichen Befragung seiner selbst war Ludwig Robert auch bereit, das letzte Hindernis, das von seiner Seite einer zukünftigen Ehe mit Friederike noch im Wege stand, zu beseitigen. Im Frühjahr 1819 reiste er nach Frankfurt, um sich dort evangelisch taufen zu lassen. Es waren quälende Wochen und Monate für Friederike, Wochen des Wartens auf Lebens- und Liebeszeichen. Eines davon war

Ludwig Robert

ein fast übermütiges Gedicht Roberts gewesen, das sie heimlich, ohne sein Wissen, in den ersten von ihr herausgegebenen Band der *Rheinblüten* aufnahm.

Machen Sie mir ein Gedicht!
Deine Kleider
Kann der Schneider,
Hauben, Hüte, Bänder
Kann der Modehändler,
Und der Juwelier
Dein Geschmeide dir,
Und ein Andrer andre Sachen,
Die du wünschest, machen.
Aber ein Gedicht,
Nein, das m a c h t man nicht;
Das entstehet, das gestaltet
Im Gemüt sich, das Gemüte,
Wie am Frühlingslicht die Blüte
Sich erschließet und entfaltet. –
Wirf ein liebevolles Wort
Hoffnungsreich als Samen fort,
Leuchte dann mit süßen Blicken,
Und in wenig Augenblicken
Wird sogleich aus sel'gen Träumen
Mir ein Zauberlied entkeimen
Und voll Liebe und voll Leben,
Aus der Dichtung Heiligtume,
Eine würzig-bunte Blume
Dankbar dir entgegenschweben.

Es war einer jener seltenen Glücksmomente, die so viel aufwogen, als sie das schmale Bändchen das erste Mal in der Hand hielt, es wieder und wieder durchblätterte und immer wieder wie zufällig bei den beiden Gedichten Roberts Halt machte. Sie konnte sich nicht satt sehen an diesem jetzt auch gedruckten Liebesbekenntnis des geliebten Mannes. Und was allen anderen Lesern verborgen bleiben mußte, das wußte sie alleine: Die Frau, um die es da ging, das war sie. Belustigt betrachtete Gottlieb seine Schwester, wie sie – das Buch im Arm – herumtanzte: „Oh Rickele, man könnte meinen, es wäre das erste Buch, das du in der Hand hieltest!" Friederike streckte ihm die Zunge heraus: „Wenn du dich mal verliebst, wart nur, dann werde ich dich genauso foppen, du entkommst mir nicht!" Selbstbewußt und vergnügt war Friederike schöner denn je. Verschwunden war der bittere, mißvergnügte Zug um den Mund, die braunen Augen strahlten wieder, obgleich manchmal immer noch ein jähes Erschrecken über ihr Gesicht zog. Noch war die Scheidung nicht erreicht, doch sie brauchte wenigstens keine Angst mehr zu haben, daß plötzlich Primavesi vor der Tür stand, um sie in eine bereitstehende Kutsche zu zerren. Primavesi hatte grundsätzlich der Scheidung zugestimmt, nur könne er auf eine Frau wie Friederike nicht so einfach verzichten. Es brauchte schon ein „Pflästerchen", um ihn für diesen Verlust seines wertvollsten Besitzes zu entschädigen. Und dies Pflästerchen erwies sich als so gewaltiges Pflaster, daß bis jetzt noch keine Einigung darüber erzielt werden konnte. Aber das war Angelegenheit der Advokaten und des Bruders, Ludwig Robert vertraute hier der Geschäftstüchtigkeit und der Redlichkeit des Schwagers. Friederike war glücklich, denn auch bei Ludwig Robert stellten sich jetzt im Gefühl, sein Lebensglück zu begründen, berufliche Erfolge ein, von denen er früher nicht einmal zu träumen gewagt hätte.

Sein Lustspiel *Blind und Lahm* wurde nicht nur in Frankfurt, sondern auch in Mannheim aufgeführt. Wenig später griff auch das Hoftheater in Berlin zu. Zwölfmal wurde es dort gespielt, und Rahel Varnhagen genoß es, im theaterbesessenen Berlin die Schwester eines erfolgreichen Dramatikers zu sein. Doch damit nicht genug: *Blind und Lahm* wurde auch noch vom Dresdner Hoftheater übernommen, hier fand es auch den Beifall des Dresdner Hofkapellmeisters Carl Maria von Weber. Als er wenig später einen Text für ein Festspiel brauchte, wandte er sich daher an Ludwig Robert, von dem er schon einmal einen Text vertont hatte. Besondere Freude und Genugtuung bereitete es dem Dichter und auch Friederike, als das Stück *Der Paradiesvogel* für das Hoftheater in Karlsruhe angekauft wurde. Für Friederike, die unermüdlich die Werke Roberts abschrieb, um so immer wieder versandfertige Kopien zu haben, wurde ein Traum wahr: Zum ersten Mal konnte sie ein Stück des Geliebten auf der Bühne sehen. Vor Spannung konnte sie kaum stillsitzen, zärtlich drückte Robert ihre Hand. Als der Vorhang sich endlich hob, seufzte sie zum Mißfallen der vor ihnen Sitzenden: „I glaub, i schnapp numm!" Das schöne Bühnenbild, die Leistung der Schauspieler, Friederike konnte das alles nicht genug bewundern. In der Pause die freundlichen Menschen, die ihr die Hand küßten, der Großherzog, der Robert und ihr zunickte, die Prinzessinnen, und dann der Schlußapplaus, die Vorhänge, das begeisterte Klatschen, ihr Robert auf der Bühne zwischen den Schauspielern. Einen Stich gab es Friederike, als ihn die Hauptdarstellerin umarmte und küßte. „Daran werden Sie sich gewöhnen müssen, berühmte Männer hat man nie für sich alleine!" Spöttisch sah der neben ihr stehende Fremde ihr gerade ins Gesicht. „Ha!" schnaubte Friederike, ohne lange zu überlegen, „schöne Frauen ja wohl auch nicht!" Mit verblüffter Bewunderung sah der Fremde sie an, eben kehrte Ludwig Robert von der Bühne zurück. „Rieke, kennst du Dr. Börne schon? Er ist gekommen, das Stück für das Frankfurter Theater anzusehen!" Friederike lächelte ihr gewinnendstes Lächeln.

Der finanzielle Erfolg der letzten Zeit hatte Ludwig Robert in die Lage versetzt, das jetzt ausgehandelte Vergleichsangebot mit Primavesi annehmen zu können. In Karlsruhe hielt sich hartnäckig das Gerücht, der Großherzog selber hätte interveniert und Primavesi in seine Schranken verwiesen. Diese fast in aller Öffentlichkeit diskutierten Hintergründe und Details ihrer Scheidung machten Friederike noch einmal das Leben sauer. Aber dann war alles vorbei. Primavesi sah sie niemals wieder.

Kapitel 7

Nach Hosterwitz ins Paradies

Wieder einmal saß Friederike in einer Postkutsche, die sie neuen, bisher unbekannten Gegenden entgegenbringen sollte. Neben ihr saß ihr frischgebackener Ehemann Ludwig Robert. Fast fünf Jahre war es nun schon her, daß sie ihm ihr Jawort gegeben hatte. Doch erst vor wenigen Wochen, am 18. Juli 1822, hatten sie endlich Hochzeit halten können. Wo anders hätte das sein können als in ihrem geliebten Baden-Baden, dort hatten sie auch ihre Flitterwochen verbracht. „Fliegende Wochen" hatte Friederike sie genannt, weil sie so schnell dahingeflogen waren, wie sie es sich immer von den vergangenen, qualvollen Jahren gewünscht hätte. Endlose Spaziergänge, die Oos entlang und tief in den Schwarzwald hinein, hatten sie miteinader unternommen. Viel hatte er ihr dabei von seinen früheren Reisen, Studien und Erlebnissen erzählt, das hatte sie noch enger mit ihm verbunden. Sensibel hatte sie gespürt, daß viele seiner Erlebnisse ihn genauso belasteten wie sie ihre frühere Ehe. Mit der Zeit lernte sie, seine Temperamentsausbrüche mit leichter Hand zu zügeln und seinen bitteren Bemerkungen durch kluges Ausgleichen die Spitze zu nehmen. Viele seiner Freunde, die ihm schon aus dem Wege gegangen waren, fanden ihn jetzt verwandelt, witziger denn je und viel weniger verletzend. Diese Zusammentreffen mit Freunden und Bekannten, der anregende Gedankenaustausch, – jetzt erst merkte Friederike, wieviel ihr das bedeutete, und wie sehr sie die Aufmerksamkeiten der Menschen, die sie umgaben, genoß. Das Glücksgefühl, jetzt endlich am Ziel ihrer Wünsche zu sein, ließ sie aufblühen wie damals als Backfisch, sie sprühte vor Witz und Ideen. Sie schrieb kleine Possen und Lustspiele, die sie im geselligen Kreise vortrug, sie hörte aber genauso gerne bei anderen zu. Bald wurde sie zum Mittelpunkt der kleinen Gesellschaft in Baden-Baden, ihre Schönheit und Liebenswürdigkeit begeisterte jeden, der ihr begegnete. Und jetzt fuhren sie zusammen nach Dresden, und von dort aus – Friederike konnte nur mit Herzklopfen daran denken – nach Berlin.

Friederike schmiegte sich an Robert: „Ach, was werden sie sagen, wenn du mich mitbringst? Gerüchte haben schnelle Beine, alle werden wissen, was mal war!" Robert lachte: „Sie werden's sogar besser wissen als wir. Dann ist es an dir, sie schnell das Gewesene vergessen zu machen durch deine wahrhaft atemberaubende Gegenwart."

Friederike stand vor dem Spiegel im Gasthofzimmer. Sie hatte sich heute besonders sorgfältig frisiert, die Locken über den Ohren wollten nicht so sitzen, wie sie es dem Modekupfer nach hätten tun sollen. Das weiße Kleid hatte sie von Gottlieb zum Abschied bekommen und den hellblauen Schal, wie er jetzt so in Mode war, auch. Friederike konnte mit ihrem Spiegelbild zufrieden sein. Kokett legte sie den Kopf schief und zwinkerte sich zu. Eines hatte sie schon entdeckt, die Mode war hier ganz anders als in Karlsruhe. Dort trug man noch die Taille genau wo sie hingehörte, der Rock floß in weichen Linien bis zum Boden und unterstrich die Natürlichkeit der Figur. Hier aber – Friederike seufzte – waren die langen schmalen Ärmel, wie sie ihr Kleid hatte, ziemlich unmodern, in Dresden waren die Ärmel weit und gebauscht. „Man wird mich für eine Landpomeranze halten!" sagte sie laut und zog ihrem Spiegelbild eine Grimasse. „Unsinn!" Robert lachte, „und wenn, kann das deinem Streben nach einem tugendhaften Ruf doch nur entgegenkommen. Aber jetzt müssen wir wirklich gehen, ich möchte Carl Maria von Weber nicht allzu lange warten lassen!"

Weber probte Ludwig Roberts Festspiel *Den Sachsen Sohn vermählet heute* im Hoftheater. Bereits in wenigen Tagen sollte die Hochzeit des sächsischen

Prinzen Johann mit der Prinzessin Amalie von Bayern stattfinden. Neben einem glanzvollen Hofball war die feierliche Aufführung des Festspiels im Königlichen Hoftheater einer der Höhepunkte der Hochzeitsfeierlichkeiten. Die Probe hatte bereits begonnen. Gebannt standen Friederike und Ludwig Robert an eine Säule gelehnt und lauschten der Musik und den Chören. Weber hatte dem Text Roberts eine Ouvertüre vorangestellt, neben fünf Chören gehörte auch noch ein Orchesterstück zu dem Werk. Jetzt hatte Weber die Zuhörer bemerkt, er klopfte ab und eilte auf sie zu. Friederike gefiel das Orchesterstück am besten: „Ich finde, das ist ein schönes Phantasiestück, die sanfte Oboenmelodie mit ihren Echorufen und dem Thema, das wie Gesang klingt, – da fühlt man sich einfach in den Wald versetzt. Es ist, als sei eine der schönsten Landschaften des Sachsenlandes Musik geworden." Friederike hatte sich in Begeisterung geredet, Weber verzog den Mund ein wenig ironisch: „Wir werden auch diesen Prinzen seiner Stellung gemäß festlich verheiraten. Das ist gewiß. Es haben schon viele ihr Können, ihr Wissen und ihre Talente zu diesem hohen Ereignis beigesteuert, um nicht zu sagen, vergeudet!" Fragend fixierte er Robert – dann tippte er ihm leicht mit dem Taktstock auf den Arm: „Ich sehe, wir verstehen uns!" Robert nickte bitter: „Einen Ring wird es wert sein, und man kann froh sein, wenn er einem direkt überreicht wird, dann kann ihn nicht irgendein Lakai gegen einen schlechteren austauschen!"

Neugierig betrachtete Friederike den Taktstock: „Wozu dient das?" Weber hob den Stock: „Auch eine meiner viel gescholtenen Reformen. Bis ich ein Opernhaus übernahm, hatten die Dirigenten, nach italienischer Weise nur am Klavier sitzend, das Orchester geleitet. Nur bei schwierigen Stellen oder bei Einsätzen haben sie den Takt sichtbar markiert. So daß eigentlich das Orchester nicht geleitet wurde, das wurde dem ersten Geiger überlassen. Dadurch fiel jede feine Nuancierung nach den Intentionen des Capellmeisters, jede Führung des Orchesters durch ihn einfach weg. Für die italienische Oper mag das ja genügt haben, aber die deutsche Oper verlangt nach einem viel größeren seelischen Ausdruck. Sie braucht einen Dirigenten, der das Orchester wirklich führt, und mit dem Taktstock, den ich eingeführt habe, geht das eben viel besser, viel exakter." Weber machte eine Pause. „Aber glauben Sie nur nicht, daß ich mich mit dieser Verbesserung beliebt gemacht habe. Nein, die Orchestermitglieder haben mir vorgeworfen, daß ich sie zwinge, ihre Aufmerksamkeit ständig in unzumutbarer Weise zwischen den Noten und meinem Taktstock zu teilen. Aber mittlerweile hat sich das Murren gelegt." Lebhaft wandte er sich an Robert: „Sehen Sie, in meinem eigenen Hause, der Deutschen Oper, habe ich mich selbst beim Umbau im vergangenen Jahr um die Bühnentechnik bemüht. Die altmodischen Talglampen, die Sie hier noch sehen, gibt es bei mir nicht mehr. Ich habe eine moderne Beleuchtungsanlage installieren lassen. Aber diese Hoftheater hinken doch bei allem hinterher!" Robert pflichtete ihm bei: „Ich hoffe, daß ähnlich wie beim Musiktheater, wo doch Ihr „Freischütz" einen so großen, durch nichts wegzudiskutierenden Erfolg errungen hat, auch beim Sprechtheater bald das deutsche Volkstheater den ihm gebührenden Platz finden wird. Ein Theater, in dem Stücke junger deutscher Autoren gespielt werden. In Berlin wird in der Königstadt gerade ein solches Theater gebaut. Aber nach allem, was man so hört, scheint die Intendanz des Hoftheaters keine Mühe zu scheuen, den Fortschritt der Arbeiten zu behindern. Und das ärgert mich ganz gewaltig. Meine Frau und ich, wir reisen von hier aus nach Berlin weiter. Ich hoffe nämlich, dort an diesem neuen Theater mitarbeiten und so das geistige Klima unserer Zeit ein wenig bessern zu können!"

Robert hatte sich in Erregung geredet. Weber führte ihn in die Gegenwart zurück. Er ergriff Friederikes Arm: „Ich glaube, lieber Robert, ganz allein für diese liebenswürdige, bezaubernde Frau spielen und singen wir noch einmal den Huldigungschor!" Mit schwungvoller Grandezza führte er Friederikes Hand an die Lippen: „Meine Verehrteste, denken Sie daran, jeder einzelne von uns musiziert jetzt nur für Sie." Galant führte er sie zu einem Platz in der ersten Reihe, Robert setzte sich neben sie, zärtlich schob sie ihre Hand in die seine. Sie war glücklich, zufrieden mit der Aufnahme in Dresden, zufrieden auch, weil sie spürte, wie der Umgang mit Weber Ludwig Robert sichtlich guttat. Wie oft hatten sie in den wenigen Wochen ihrer Ehe Roberts selbstzweiflerische Grübeleien erschreckt und Schatten auf ihr Glück geworfen.

Sie begann zu begreifen, daß die von ihr so herbeigesehnte Ruhe von ihr selbst ausgehen müsse. Daß sie ihm Halt sein müsse, und nicht, wie alle Welt annahm, die Kraft von ihm ausgehen würde. Nur wenn ihr dies gelänge, könnte sie das Glück festhalten. Und das wollte sie, das hatte sie sich fest vorgenommen. Allen Unkenrufen zum Trotz mußte diese Ehe gelingen.

Nachdem die Musiker geendet hatten, klatschte Friederike Beifall. Strahlend verabschiedeten sie sich von Weber, der sie einlud, hinauszukommen nach Hosterwitz, ins Paradies, das er sich zusammen mit seiner Frau geschaffen hatte: „Kommen Sie nur, meine Frau wird sich freuen. Unser kleiner Sohn macht noch keine Reisen, wenn man ihn sehen will, dann muß man ihn besuchen!"

Schon wieder eine Einladung! Dazu das ganze Hochzeitstheater um das Prinzenpaar. Friederike schwirrte der Kopf, sie wußte nicht, was sie zuerst anpacken sollte. Robert bestimmte: „Heute abend gehen wir zu Tieck. Dort wirst du sicher die interessantesten Leute von ganz Dresden kennenlernen und sie dich!"

Vor Aufregung konnte Friederike kaum essen. Welches Kleid sollte sie anziehen, und welcher Hut war für einen solchen Auftritt passend? Sie hatte sich kaum für den rosa Spitzenhut mit der großen Feder entschieden, als Robert auch schon zum Aufbruch drängte. „Zum Gedichte schreiben komme ich gar nicht mehr", klagte sie, „ich möchte auch mal wieder etwas schreiben."

Lange standen sie nebeneinander auf der Elbbrücke, blickten dem behäbig dahinfließenden Strom nach und konnten sich nicht sattsehen an den Gärten und Weinhängen am Ufer der Elbe, an den sanften Hügelketten, die sich am Horizont aufzulösen schienen und mit den schnell dahinziehenden Wolken am Himmel verschwammen. Robert wies auf das Panorama der Stadt, im Glanz der untergehenden Sonne kamen die Umrisse der barocken Gebäude gestochen scharf zur Geltung: „Sieh nur, Rieke, das Elbflorenz. Heute kann ich dir nur das bieten, aber eines Tages kommen wir auch noch nach Florenz!" Als er ihr ins Gesicht blickte, beeilte er sich hinzuzufügen: „Aber du, du willst ja sowieso immer nur nach Baden-Baden." Leicht küßte er sie auf die Wange und drängte zum Weitergehen.

Seit der Dichter Ludwig Tieck vor einigen Jahren nach Dresden gezogen war, hatte sich sein Haus am Altmarkt zu einem Treffpunkt der geistigen Elite nicht nur Deutschlands, sondern auch Europas entwickelt. Hier traf sich alles, was Rang und Namen hatte. Ähnlich wie Goethes Haus am Weimarer Frauenplan kam auch dem Hause Tiecks eine zentrale Bedeutung zu. Hierher zog es Jean Paul und James F. Cooper, Franz Grillparzer, den Philosophen Friedrich Hegel, hier war der Bildhauer Berthel Thorwaldsen genauso zu Gast wie der Maler Peter Cornelius. Hier traf man den aus Schlesien stammenden Theaterdichter und Schauspieler Karl von Holtei ebenso wie die Dichter Willibald Alexis und Wilhelm Hauff, und hier verkehrte der aus Rom heimgekehrte Maler Carl Christian Vogel, dessen Malerei im Stile der Nazarener am sächsischen Königshof soviel Anklang gefunden hatte, daß ihn der König mit dem Ausmalen des großen

Speisesaales im riesigen Kuppelbau des Neuen Palais in Pillnitz betraut hatte.

Tieck, durch sein fortgeschrittenes Gelenkrheuma fast ganz an das Haus gebunden, genoß diese Besuche, brachten sie ihm doch die Welt ins Haus, ohne ihm beschwerliche Reisen aufzubürden. Diesem wohl berühmtesten gastfreundlichen Haus in der sächsischen Residenzstadt strebten Ludwig und Friederike Robert an diesem Herbstabend zu, und Robert dozierte: „Brentano hat einmal gesagt, Ludwig Tieck sei das größte mimische Talent, das jemals die Bühne nicht betreten habe. Achte auf ihn, höre ihm zu und bewahre dir den Eindruck, eine Gestalt wie ihn wirst du so schnell nicht wieder erleben."

Beide konnten nicht wissen, daß sie mit ihrem Eintreffen bei Tieck die ganze Gesellschaft vorerst um den Genuß einer Vorlesung aus Tiecks wohl anspruchsvollstem Werk dieser Jahre, dem *Aufruhr in den Cevennen* bringen sollten. Kaum hatte der Dichter von der Ankunft der Roberts erfahren, als er sich aus seinem Lehnstuhl erhob und den beiden einige Schritte entgegenging. Robert umarmte den wenige Jahre älteren Dichter freundschaftlich, dann schob er ihm Friederike zu: „Meine Frau", stellte er sie vor, „sie dichtet, schreibt Gedichte in der Mundart ihrer süddeutschen Heimat, im Verlag ihres Bruders in Karlsruhe gibt sie einen Almanach heraus." Freundlich reichte Tieck Friederike die Hand: „Willkommen bei mir!" Sie lächelte ihn so strahlend an, daß er ihre Hand länger als üblich festhielt, er sah Friederike ins Gesicht, so daß sie errötete, und lächelte dann Robert zu: „Donnerwetter, alter Schwerenöter, das Warten auf ein Wunder hat sich aber gelohnt. Soviel Schönheit ist selbst in Sachsen selten."

Die Anwesenden kamen aus dem Staunen nicht heraus, als Tieck Friederike selbst zu einem Stuhl führte und erst dann zu seinem Lehnstuhl zurückkehrte. Energisch klappte er sein Manuskript zu, eine ungeheuerliche Sache, denn Tieck ließ sich nur sehr ungern vom Vorlesen abhalten. Staunend hörten sie, wie dieser Ludwig Robert, schlank, dunkelhaarig, mit markanten Zügen und tiefliegenden, suchenden Augen von Ludwig Tieck in ein mehrere Stunden währendes Zwiegespräch verwickelt wurde. Willibald Alexis, einer der Zuhörer des Abends, kann sich noch Jahre später nicht genug darüber verwundern, daß davon weder die Sprechenden noch die Zuhörenden ermüdet wurden. Nie hatte er einen ähnlichen Redefluß, solchen Reichtum der Anschauungen, ein solches Feuerwerk von Gedanken in deutscher Konversation erlebt. Atemlos lauschten alle dem lebendigen, geistreich improvisierten Drama, in dem sich die beiden Agierenden wie zwei Ringer maßen und versuchten, den Gegner kunstgerecht und geübt zu überwinden. Wie immer in diesen leidenschaftlichen Diskussionen Roberts ging es um die Erneuerung des Theaters, die ihm so sehr am Herzen lag, und die doch so wenig Fortschritte zu machen schien. Noch bevor der Abend zu Ende ging, wurde ausgemacht, daß an einem der folgenden Abende dieser interessante Fremde aus seinem Lustspiel *„Phantasus und Cassius"* vorlesen sollte, um so seine Forderungen noch mehr untermauern zu können.

Während des ganzen Gesprächs hatte Friederike gebannt zugehört. Immer wieder wurde ihr bewußt, wie wenig sie eigentlich von dem Mann wußte, den sie liebte. Liebte sie ihn wirklich? Wieder und wieder hatte sie sich diese Frage gestellt, als sie die beiden Sprechenden beobachtet hatte. Wie angestrengt Louis versuchte, seinen Gegner zu überzeugen! Sie fühlte, daß er oft, wenn er zu einer Antwort ansetzte, ihren Blick suchte. Sie lächelte, – ja, sie hatte ihn gewollt, und so wie es gekommen war, war es gut.

Sie wurde aus ihren Gedanken gerissen, als sich ein schlanker, dunkelblonder Mann mit hellen, wachen Augen neben sie setzte. „Carl Christian Vogel", stellte er sich vor, „ich bin Maler. Seien Sie mir nicht böse, wenn ich gleich mit der Tür ins Haus falle. Ich wollte

Sie bitten, mir Modell zu sitzen, Madame Robert. Der König von Sachsen baut sein Schloß Pillnitz aus. Und ich habe den Auftrag bekommen, im Neuen Palais die Fresken für den Kuppelsaal zu malen. Sie würden mir eine außerordentliche Ehre erweisen, wenn Sie zustimmen würden." Friederike starrte Vogel fassungslos an: „Mich malen, ja geht denn das, ich bin doch keine Prinzessin?" Vogel lachte: „Keine Prinzessin, nein, Sie sind eine Königin. Sagen Sie ‚Ja', – darf ich Sie in meinem Atelier erwarten?"

„Sicher, das machst du!" stimmte Ludwig Robert zu, als ihm Friederike atemlos den Vorschlag Vogels unterbreitete; sorgfältig notierte er die Adresse und verabredete einen Termin für einen der kommenden Tage. Geschäftiges Treiben erfüllte die nächsten Tage, sie flogen im Nu dahin mit Gesprächen, Besuchen, mit Anproben beim Schneider, mit Theaterbesuchen und Vorleseabenden im Hause Tieck. Auf den Festball zur Hochzeit, einen der Glanzpunkte dieser ersten Wochen in Dresden, freute sich Friederike wie ein Kind. Sie trug ihr neues hellgrünes Kleid und sah darin so bezaubernd aus, daß sich schon auf der Straße die Leute nach ihr umdrehten. „Rasch, Robert, bringen Sie Ihre Frau in den Festsaal", feixte Carl Maria von Weber, „sonst gibt es auf der Straße ein solches Durcheinander der Droschken, weil niemand die Augen auf der Straße, sondern nur bei Ihrer Frau hat!" Carl Christian Vogel drohte ihr an, sie auf der Stelle in sein Atelier zu verschleppen und zu malen, weil es einfach ein Verbrechen gegen die Nachwelt sei, soviel Schönheit nicht im Bilde festzuhalten. Friederike wehrte lachend ab, sie wollte lieber erst einmal einer richtigen Königin beim Tanzen zusehen. Soviel Prunk, Glanz und höfische Prachtentfaltung hatte sie noch nie bei einem Hofball gesehen. Jeden Augenblick machte man sie auf eine andere Berühmtheit unter den Gästen aufmerksam. „Dort drüben, Madame Robert, der junge Mann mit den schwarzen Locken in der Husarenjacke, das ist der Kronprinz von Schweden!" Carl

Maria von Weber war zu ihnen getreten. „Prinz Oskar von Schweden – es ist wirklich ein Witz – ist ein Patenkind Napoleons. Sein Vater, Karl XIV. Johann von Schweden, ist ja der französische Marschall Jean Baptiste Bernadotte. Und Napoleon bestand bei der Geburt dieses Marschallkindes auf einem nordischen Namen, weil er damals gerade die Heldengesänge des Ossian las." Helmina von Chezy, Webers neue Textdichterin, kicherte: „Als Kronprinz von Schweden brachte ihm der Name natürlich gleich Pluspunkte ein bei seinen Untertanen." Ehe Friederike etwas sagen konnte, fuhr sie fort: „Jetzt holt er sich seine Braut aus München, Josephine von Leuchtenberg, damit die Dynastie der Bernadottes in Schweden bald auf sicheren Beinen stehe!" Der Kronprinz von Schweden tanzte mit der Königin von Sachsen und schwenkte sie im Kreis. Und die Mutter des Bräutigams wurde an der Seite ihres jugendlichen Tänzers wieder zum jungen Mädchen, das sich sorglos der Musik hingab.

Die Brautleute, Prinz Johann und Prinzessin Amalie, empfingen die Roberts in einer Privataudienz. Ludwig Robert las Gedichte aus seiner Sammlung *Kämpfe der Zeit*. Die jugendliche Prinzessin, die sichtlich unter Heimweh litt, trug Friederike Grüße an ihre in Berlin verheiratete Zwillingsschwester Elisabeth auf. Huldvoll waren die Hoheiten, am Ende der Audienz überreichte Prinz Johann Ludwig Robert einen Diamantring zur Erinnerung an den Tag ihrer Hochzeit und als königliches Dankeschön für das Festspiel, das der gesamten königlichen Familie sehr gut gefallen habe. Sein Vater habe sogar gesagt, noch niemals habe er ein so würdiges Festspiel gesehen.

Zurückgekehrt ins Gasthauszimmer, konnte Ludwig Robert nur schwer seine Enttäuschung verbergen. Mit großen Schritten durchmaß er das Zimmer, vom Bett zur Kommode und wieder zurück. Friederike hielt sich genervt den Kopf: „Hör bitte auf, so herumzurennen, ich bekomme Migräne." Sie sank auf das Bett zurück. „Alles umsonst", murmelte Robert, „da denkt man, jetzt folgt ein Auftrag, und dann bekommt man ein wertloses Stück und ist entlassen wie ein Lakai." Er ließ sich neben Friederike niederfallen, zärtlich nahm sie seinen Kopf zwischen ihre Hände und streichelte ihn. „Es ist so nutzlos, alle Anstrengung ist nutzlos, solange man abhängig von anderen ist. In Frankreich, ja, dort haben sich die Verhältnisse gewandelt. Da stehen die Theaterdirektoren Schlange vor den Häusern der Dichter. Aber hier", er lachte bitter, „da kannst du froh sein, wenn sie dir bei Aufführungen ein Honorar zahlen. Und nicht wie die Räuber das Stück einfach als Beute betrachten."

Friederike nahm ihn in die Arme: „Jetzt bin ich ja da – und das neue Theater in Berlin – da wird sich vieles ändern!" Mit dem Zeigefinger zeichnete sie seine Brauen nach: „Wir haben schon Schlimmeres überstanden..."

Am nächsten Morgen stand die Kutsche, die sie nach Hosterwitz bringen sollte, schon in aller Frühe vor der Tür. Nach einem hastigen Frühstück fuhren sie hinaus in den Morgen eines schönen, sonnigen Herbsttages. Bald lag die Stadt hinter ihnen, und das weite hügelige Land breitete sich vor ihnen aus. Sie fuhren durch kleine Dörfer mit stattlichen, schönen Anwesen. Bei Laubegast setzten sie über die Elbe und fuhren jetzt am Strom entlang durch die Weinberge. Friederike schmiegte sich an Robert: „Ach, Louis, hier ist es wie in Baden, nur die Luft riecht anders, spürst du das auch?" Er nickte lächelnd: „Und ob ich das spüre!" Sie genossen beide die Stille und die Schönheit der Landschaft um sich her.

In dem Dörfchen Hosterwitz angekommen, hatten sie das ehemalige Weinbauernanwesen, das jetzt Carl Maria von Weber und seiner Familie als Sommerwohnung diente, bald gefunden. Auch in diesem Jahr hätten Webers schon längst der Sommerfrische den Rücken gekehrt, wenn nicht Caroline Weber die Luft in Hosterwitz gesünder für ihren erst wenige Monate alten Sohn Max Maria gefunden hätte. Und dann natürlich der einmalig schöne Herbst dieses Jahres, der Weber, wie er nicht müde wurde zu erzählen, zu den schönsten musikalischen Einfällen inspirierte. Caroline lächelte: „Wenn Sie sich mucksmäuschenstill hinter einem Hügel verstecken, dann können Sie erleben, wie mein Mann auf seinen stundenlangen Spaziergängen kleine Zettel aus der Tasche zieht, sie wieder und wieder liest und dann im Selbstgespräch versunken weitergeht. Er lernt den Text seiner neuen Oper *Euryanthe* auswendig." Sie lächelte ihrem Mann zu. Weber griff den Ball auf: „Im Gegensatz zu den Weinbauern meinen Sie hoffentlich nicht, der Weber sei nun endgültig verrückt geworden. Wie soll man denn sonst fremde Worte zu seinen eigenen machen und sie in Musik verwandeln? Aber heute wird nicht gearbeitet, heute genießen wir den schönen Tag!"

Sie setzten sich in den Garten, Caroline ging ins Haus und holte den kleinen Max Maria, der vergnügt lachte und sich von Friederike auf den Arm nehmen ließ. Weber freute sich, daß sein Sohn sich als wahres Kind seines Vaters erwies: schon im zartesten Alter war der Knabe für weibliche Schönheit aufgeschlossen. Mittags wanderten sie hinüber zur Keppmühle und aßen bei den Müllersleuten. Weber war hier ein gern gesehener Gast, die Wirtsleute behandelten ihn mit respektvoller Herzlichkeit. Sie boten alles, was Küche und Keller hergaben, für die Gäste des Herrn Weber auf.

„Aber die gnädige Frau ist nicht von hier?" wandte sich die Müllerin an Weber und deutete auf Friederike. Robert kam ihr mit der Antwort zuvor: „Ein guter Sachse spricht immer schwäbisch, meine Frau ist aus Baden." – „Sprechen sie da schwäbisch?" wunderte sich Weber. „Nicht ganz, aber zum Ärger der Badener und der Schwaben merkt da kaum einer einen Unterschied, der mehr als hundert Kilometer nordwärts wohnt!" Friederike wehrte sich: „Ich bin in Württemberg geboren, in Böblingen, aufgewachsen bin ich in Knittlingen, das ist schon ganz nahe an der badischen

Grenze, und jetzt habe ich immer Heimweh nach Baden... so einfach ist das!" Weber sprang auf: „Ich will euch noch etwas zeigen. Den Zuckerhut!" Er führte seine Gäste einen schmalen Bergpfad hinauf und faßte Friederike an der Hand, damit sie nicht stolperte. „Das hier ist der Zuckerhut!" sagte er und wies auf eine Felsgruppe. „Wenn ihr euch umdreht, dann werdet ihr sehen, daß sich die Anstrengung gelohnt hat." Wie ein silbernes Band schlängelte sich der breite Elbstrom zwischen den Hängen auf beiden Seiten hindurch. In der Ferne sahen sie die Fähre von Laubegast gemächlich den Strom überqueren. „Dort hinten liegt Pillnitz, das Lustschloß des Königs, dort läßt er gerade ein neues Palais anbauen!" Friederike nickte: „Und Carl Christian Vogel führt die Malereien aus, ich weiß, wir haben ihn kennengelernt." Noch stundenlang hätte Friederike hier oben stehen und die weite Landschaft betrachten können. Es war, als würde sie jedes Detail in sich aufnehmen wollen, jeden Baum, jeden Weinberg, jede Windung der Elbe. Endlich kehrten sie zur Keppmühle zurück. Nun ging es zusammen mit Caroline und Max Maria durch den kühlen, schattigen Keppwald zurück nach Hosterwitz. „Dies war der schönste Tag auf der ganzen Reise", stieß Friederike hervor, als sie abends todmüde in ihr Bett im Gasthof sank.

Endlich war der Tag gekommen, dem Friederike schon so lange entgegenfieberte. Heute würde sie zu ihrer ersten Sitzung ins Atelier des Malers Carl Christian Vogel gehen. Sie besah sich besonders kritisch im Spiegel, fand sich aber nicht anders aussehend als sonst. Sie zog eine Grimasse: „Die schöne Friederike willst du sein, wer's glaubt, wird selig!" Noch einmal zupfte sie die Stirnlocken zurecht und legte den Schal um. Robert tauchte hinter ihr im Spiegel auf, zog den Schal ein Stück zurück und küßte ihren Nacken. Dann brachte er das Tuch wieder in Ordnung. „Ziemlich umständlich!" meinte Friederike. „Du bist noch schöner geworden", flüsterte er hingerissen, „wenn das überhaupt möglich ist, und erstaunlicherweise siehst du auch sehr glücklich aus!" Sie lächelte: „Wieso erstaunlicherweise?" – „Weil du mit mir verheiratet bist!" – „Das dauert wohl noch eine Weile, bis sich das auswirkt!"

Vogel erwartete sie in seinem lichten, hohen Atelier direkt in der Dresdener Akademie. Während Ludwig Robert Zeichnungen und Skizzenbücher Vogels durchsah, führte der Maler Friederike zu einem breiten Sessel. Jedesmal, wenn ihre Neugierde sie dazu brachte, den Kopf zu drehen, sprang Vogel herbei und brachte sie unbarmherzig wieder in die alte Position. Friederike stöhnte, nicht einmal das war erlaubt. Vogel erzählte von seinem Aufenthalt in Rom, vom Leben der deutschen Maler dort, von der Kunst der Nazarener, deren überzeugter Anhänger er geworden war. Mit Overbeck und Cornelius befreundet, hatte er in Rom auch an der Ausmalung der Casa Bartholdy mit den berühmten Fresken teilgehabt. Sobald Friederike etwas sagen wollte, legte er die Finger an die Lippen: „Nur ja den Mund nicht verziehen!" Nach einer Weile empfahl sich Robert, ungeachtet der hilfesuchenden Blicke seiner Frau. Das „Grüne Gewölbe" mit seinen Schätzen übte doch eine ungleich größere Anziehungskraft auf ihn aus als seine zum Stillsitzen verurteilte Frau und ein redseliger Maler, der die Verwirklichung seiner künstlerischen Ideale im vollständigen Verschmelzen klassizistischer Architektur mit nazarenischer Malerei sah.

„Er wird mich als Sinnbild für die Bildhauerei malen, ich bin dann auf einem der Fresken im Speisesaal mit der großen Kuppel im Neuen Palais zu sehen. Aber du brauchst keine Angst zu haben, nicht jeder wird mich erkennen, das Bild wird ja idealisiert, weil es doch antik aussehen soll!" Aufgeregt erklärte Friederike ihrem Mann das Vorhaben Vogels, als sie sich am Nachmittag beim Essen wiedertrafen. „Noch zweimal muß ich sitzen, die Skizzen werde ich bekommen, wenn Vogel ein Bild von ihnen malt." Sie trank einen Schluck Wein: „Ich habe nicht geglaubt, wie langweilig das ist, für ein Bild zu sitzen, mach ich auch so schnell nicht wieder. Aber du, es ist mir wirklich ähnlich, das hätte ich nicht gedacht! Zuerst bin ich ganz erschrocken, als ich mich selber angesehen habe." Robert sah ihr zu: „Rieke, wenn du wüßtest, was für ein Schatz du bist, du würdest es nicht glauben! Die ganze Stadt spricht von der ‚schönen Friederike', der ‚schönen Schwäbin', du hast die Klatschereien besiegt, und nach den Besuchen bei Tieck und Weber steht uns jedes gastliche Haus in der Stadt offen, auch die Häuser derjenigen, die erst nicht so ganz von uns überzeugt waren!"

Viel zu schnell gingen diese Dresdener Monate vorbei, schon war es Winter geworden. Längst war Caroline Weber mit dem kleinen Max Maria aus Hosterwitz in die Dresdener Stadtwohnung zurückgekehrt. Noch immer liebte Friederike die Vorleseabende bei Tieck über alles. Und auch Tieck freute sich sichtlich, wenn er Friederike und Ludwig Robert unter seinen Gästen wußte. Sie brachte es eines Abends sogar fertig, statt des unbeliebten *König Lear* eine weitere Lesung aus den *Cevennen* durchzusetzen. Aber so oft Tieck sie auch bat, vorlesen oder zeigen wollte sie ihm ihre Gedichte nicht, sie fürchtete, den Ansprüchen des Dichters nicht zu genügen.

„Wer weiß, vielleicht schicke ich sie Ihnen aus Berlin", versprach sie kokett. Als sie am Tag ihrer Abreise zum letzten Male zu Tieck gingen, konnte Friederike die Tränen nicht zurückhalten. Auch Tieck war bewegt. Er küßte sie auf die Stirn und umarmte Robert: „Grüßen Sie Rahel, und Varnhagen, und natürlich Heine, und überhaupt, grüßen Sie mir ganz Berlin!"

Es war ein kalter Dezembermorgen kurz vor Weihnachten, als Friederike und Ludwig Robert aus Dresden abreisten. Friederike hatte zwei Mäntel übereinandergezogen und sich dick in Tücher gehüllt, aber es half nichts, sie fror immer noch ganz erbärmlich. An der Station der Schnellpost nach Berlin waren einige Männer mit eingestiegen, von denen zwei gewaltige Tabaksbeutel um den Hals hängen hatten, aus den Manteltaschen ragten die Pfeifen. Und während die kalte Fahrt sie von dem liebgewordenen Dresden fortführte, zündeten die Männer ihre Pfeifen an. Die Kälte und der Rauch, das war mehr, als Friederike ertragen konnte. Sie riß die Tasche mit dem Reiseproviant an sich und begann, die kleinen Lebkuchen, Pfefferminzplätzchen und andere Köstlichkeiten wahllos in sich hineinzustopfen, um den Tabaksgeruch zu vertreiben. Um Zeit zu sparen, fuhren sie auch die Nächte durch. Und obwohl sie schon um sechs Uhr des Morgens abgefahren waren, brauchten sie in der Kälte und bei den widrigen Straßenverhältnissen bis Berlin drei volle Tage. Unterwegs setzte ihnen die Kälte so zu, daß Friederike sich in der Herberge ein Deckbett ausleihen mußte. „Wir hätten den Winter noch in Dresden bleiben sollen", jammerte sie, doch Robert schüttelte den Kopf: „Unser Quartier ist bestellt, und wenn wir erst da sind, dann haben wir die Schrecken der Fahrt schnell vergessen!"

Rahel Varnhagen von Ense

Kapitel 8

Im Berlin des Biedermeier

Friederike erschien die Fahrt endlos. Die Kälte und die Müdigkeit hingen wie Blei in ihren Gliedern. Das Rütteln der Kutsche verschärfte die Müdigkeit, ließ sie aber jedesmal, wenn sie gerade am Einschlafen war, wieder auffahren. Den Mitreisenden ging es nicht anders. Friederike kamen die in leichtem Schlummer Dasitzenden, deren Köpfe im Rhythmus der Fahrbewegung hin- und herpendelten, wie die Kürbislaternen vor, die sie einst, vor unendlich langer Zeit, zusammen mit den Geschwistern im Herbst zurechtgeschnitten hatte. Wie lange das schon her war, die Kinderheimat schien ihr so unwirklich wie diese Reise durch eine nicht endenwollende Nacht. Wieviele Tage und Nächte hatte sie schon in Kutschen verbracht, erwartungsfroh und manchmal auch voller Angst. Was mochte sie in der preußischen Hauptstadt erwarten, wie würden Louis' Geschwister sie aufnehmen? Manchmal wünschte sie sich, daß die Kutsche weiter und weiter durch die Nacht fahren und erst im heimatlichen Baden zum Stehen kommen würde.

Endlich mußte sie doch noch in einen tiefen Schlummer gesunken sein, denn sie erwachte nur mühsam, als Robert sie in die Arme nahm und vorsichtig aufzuwecken versuchte: „Schau hinaus – das ist schon die Friedrichstraße, jetzt dauert es nicht mehr lange, und wir sind am Ziel!“ Die Friedrichstraße erschien ihr lang, dunkel und eng. „Gleich biegen wir in die Französische Straße ein..., schau, hier war ich schon als Kind zu Hause!“ Die Kutsche hielt, der Postillion versuchte, mit einer Laterne die Hausnummern auszumachen. Er hatte sich nicht geirrt: Das stockfinstere Gebäude war die Nummer 53. Hier hatte ihnen Rahel Varnhagen im zweiten Stock eine Wohnung gemietet,

„chambres garnies" nannten die Berliner diese in der Stadt so beliebten Unterkünfte für Fremde. Der Postillion klopfte an der Haustür, rief und blies endlich auch in sein Horn. Nichts regte sich in der eiskalten Nacht. Erneutes Rufen, Klopfen und Blasen – wieder nichts. Robert schüttelte den Kopf, der Postillion schimpfte vor sich hin: „Die Madame und die Rösser tun sich noch den Tod holen!" Noch einmal versuchte er es, jetzt endlich öffnete sich im ersten Stock ein Fenster, ein Licht wurde herausgehalten, hinter dem die schattenhaften Umrisse eines Kopfes sichtbar wurden. „Ah, die Schnellpost aus Dresden", wurde halblaut gemurmelt, dann klappte das Fenster wieder zu. Es dauerte eine Weile, bis die Haustür umständlich aufgeschlossen wurde und eine freundliche, ältere Frau im schnell übergeworfenen Morgenmantel die Ankömmlinge ins Haus hineinließ. Der Postillion hatte sich bereit erklärt, die Koffer hinaufzutragen, allerdings nur dem „allerliebsten Madameken" zuliebe. Dann waren Friederike und Ludwig Robert in ihrer Berliner Behausung alleine.

Das Licht auf dem Tisch erhellte das Zimmer nur wenig und ließ eine äußerst spärliche Möblierung sichtbar werden. Das Feuer im Ofen war heruntergebrannt, aber Friederike kam es wie ein lieber Gruß von fürsorglichen Menschen vor. Sie rieb ihre erstarrten Füße und drehte sich auf der Stelle vor dem Ofen im Kreise, damit nur ja der Rücken auch etwas von der wohligen Wärme abbekäme. „Nichts essen, nichts trinken, nur schlafen", murmelte sie und war wirklich bereits wenige Minuten später auf einem der Betten in einen tiefen, traumlosen Schlummer gesunken.

Ruckartig setzte sie sich am anderen Morgen auf. Ludwig Robert war schon angekleidet, der Kaffee dampfte auf dem Tisch. Mit einem Satz sprang Friederike aus dem Bett, sie rannte zum Fenster und guckte hinaus. Fast hätte sie den Tisch umgestoßen. Robert sah ihr amüsiert zu: „Also weißt du, Rieke – ‚Guten Morgen' sagt der Bauer, wenn er in die Stadt kommt!"

Friederike war kaum zum Frühstücken zu bringen, gleich, jetzt gleich wollte sie Berlin kennenlernen. Sie konnte es kaum erwarten hinauszukommen, die Prachtstraßen und Paläste der Hauptstadt Preußens zu sehen, aber auch die Stätten, an denen ihr Mann seine Kindheit verbracht hatte.

Das Berlin, dem die schöne Friederike so ungeduldig entgegenfieberte, hatte fast 200000 Einwohner. Ein rüstiger Fußgänger konnte die Stadt in knapp vier Stunden umrunden. Die preußische Hauptstadt war die sechstgrößte Stadt Europas. Berlin war sicher nicht so schön wie Dresden oder die alte Kaiserstadt Wien, es war nicht so imponierend wie London oder Paris, aber es hatte einen ganz eigenständigen, nur ihm eigenen Charme, dem auch viele der von auswärts kommenden Gäste bald erlagen. Noch war die Stadt klein und überschaubar, aber in den Jahren nach den Befreiungskriegen hatte sie sich doch so ausgedehnt, daß der alte Schadow klagte, man wohne jetzt so weit entfernt voneinander, als lebe man in zwei Städten.

Auf den Straßen der Innenstadt herrschte lebhaftes Treiben, in eleganten Geschäften drängten sich die Kunden, kauften Kleider und Galanteriewaren der neuesten Mode, – Eleganz war Trumpf in diesen Jahren des aufstrebenden Bürgertums. Auch damals waren die „Linden" schon die Prachtstraße Berlins, hier drängten sich zwischen den Palästen des Adels jetzt auch die neuen Häuser reich gewordener Bürger, hier residierten die vornehmsten Familien und konnten ihren Bedarf auch gleich in den mit reichem Prunk aufwartenden Geschäften decken.

Am alten Rathaus ging es noch mittelalterlich zu. Hier stand der Pranger mit drohend aufgesperrtem Halseisen, bereit, betrügerische Bankrotteure in die Zange zu nehmen. Immer noch übten die Turner auf dem alten Turnplatz in der Hasenheide, argwöhnisch beobachtet von einer immer reaktionärer werdenden Obrigkeit. Licht und Luft hatten nach dem Abriß der

Stadtmauer wie nie zuvor Eingang in die früher so düsteren Mauern gefunden.

Noch quakten die Frösche im Stadtgraben, noch gab es auch mitten in der Großstadt Milchwirtschaften und Gärtnereien. Auf der Spree schaukelten die langen Kähne der Transportschiffer, an deren Deck Windeln und Wäsche im Fahrtwind flatterten und aus deren Kajüten Torfrauch aufstieg.

Aller Glanz konnte nicht darüber hinwegtäuschen, daß die Straßen furchtbar schmutzig waren, in den Rinnsteinen schwamm der Unrat. Bei heißem Wetter verwandelten sich die ungepflasterten Gehsteige in wahre Sandwüsten, um bei Regen einem schlammigen Morast zu gleichen.

Über den Straßen baumelten an Stricken schwankende Öllämpchen, die während der Winterzeit die belebteren Straßen auch nachts notdürftig erhellten. Abends waren Spaziergänger und heimwärtsstrebende Geschäftsleute gut beraten, wenn sie ein Licht bei sich hatten. Man konnte dort in der Dunkelheit von der vornehmen Stocklaterne, mit der ein Diener in Livree seinem hochadeligen Herrn heimleuchtete, über die Alltagslaternen einkaufender Hausfrauen und Mägde jede Art von Lichtquellen bewundern. Schleiermacher, der fast jeden Abend aus der Wohnung der schönen Henriette Herz der eigenen Behausung zustrebte, erkannte man an seiner stadtbekannten, aus einem Knopfloch herniederbaumelnden Laterne.

Vom 1. Mai bis 1. September aber brannten in Berlin überhaupt keine Straßenlaternen. Man verließ sich auf den Mondschein oder die Findigkeit der Einwohner. Selbst als auf der vornehmen Wilhelmstraße bei der abendlichen Finsternis ein Geschäftsmann in eine nicht eingezäunte Baugrube fiel und am anderen Morgen nur noch tot geborgen werden konnte, ließ der Rat die Lampen nicht wieder anzünden. Daran konnte auch die schon im Biedermeier florierende Spottlust der Berliner nichts ändern: „Hier in Berlin am 1. Mai, dem Wonnemond der Liebe, sorgt unsere Straßenpolizei für abendliche Triebe…"

Es bedeutete einen großen Fortschritt, als Friedrich Wilhelm III. alle Straßen pflastern und ausnahmslos mit Namen benennen ließ. Einer Sensation kam es gleich, als die berühmten Weinhändler Lutter und Wegner den Bürgersteig vor ihrem Haus an der Ecke Französische und Charlottenstraße mit Granitplatten belegen ließen. Dies Vorgehen wurde von allerhöchster Stelle sehr lobend beurteilt und zur Nachahmung empfohlen.

Der Berliner ertrug gewisse Unzulänglichkeiten seiner Stadt mit Gleichmut; dagegen konnte ihn die Premiere einer Oper – wie der nie wieder erreichte Siegeszug des *Freischütz* zeigte –, eine neue Komödie im Schauspielhaus, die Schönheit einer neu engagierten Schauspielerin, eine originelle Geschichte oder ein pikantes Histörchen tagelang beschäftigen. Das liebe, alte Berlin der Biedermeierzeit war auch ein brodelnder Hexenkessel, in dem die Gerüchteküche nicht nur durch einen Roman von Walter Scott oder neueste Mimili-Geschichte von Clauren angefacht werden konnte.

„Louis", Friederike berührte Roberts Arm, „Louis, Liebling, du träumst ja! Seit einer Ewigkeit hältst du die Tasse in der Hand und trinkst doch nicht." Aufgeschreckt fuhr sich Robert mit der Hand an die Stirn: „Wirklich, so lange war ich doch gar nicht fort, und es kommt mir doch wie eine Ewigkeit vor. Das Französische Gymnasium und die Universität, die unvergeßlichen Vorlesungen von Fichte. Und wie Varnhagen, Chamisso, Koreff und ich den Nordsternbund gegründet und unseren grünen Almanach herausgegeben haben. Wieviel Hoffnung hatten wir in das Buch gesetzt, – arme Teufel, die wir damals waren –, und dann hagelte es vernichtende Kritiken, und der Almanach, der uns wenigstens hätte bekanntmachen sollen, ließ sich kaum verkaufen. Ach Rieke, es ist schon so lange her, daß E. T. A. Hoffmann die Serapionsbrüder zum Geschichtenerzählen einlud und wir voller Begeisterung nächtelang fabulierten." Unvermittelt stellte er die Kaffeetasse auf den Tisch: „Also komm, laß uns zu Rahel hinüberspazieren!" Doch dann zögerte er: „Warte, mein Schatz, ich habe noch etwas für dich!" Er sprang auf und schob sie in die Mitte des Zimmers vor den Spiegel. „Und jetzt mach die Augen zu, bis ich sage, du kannst sie wieder öffnen!" Erwartungsvoll stand Friederike da, drohte ihm mit dem Finger und meinte: „Louis, du willst mich doch nicht erschießen? Und dann mit einer Elevin vom Opernballett durchbrennen?" Robert lachte: „Ganz so schlimm wird es nicht werden." Vorsichtig nahm er eine Perlenkette aus einem Kästchen und legte sie Friederike um den Hals, dann drückte er ihr ein Zettelchen in die Hand und flüsterte: „Jetzt die Augen auf!" Sprachlos starrte Friederike auf ihr Spiegelbild und las das Zettelchen: *„Eh' dich der Himmel mir gegeben, wie war's, wie konnt' ich leben? Ich weiß es nicht, und sollt' uns je der Himmel trennen, wie werd' ich leben können?"* Langsam trat sie näher an den Spiegel heran, hielt das Gedicht an die Kette und lächelte ihm verschmitzt zu: „Am liebsten würde ich das Gedicht an der Kette festmachen, damit es alle, alle sehen können!" Lachend nahm Robert seiner Frau das Blatt aus der Hand und schob es in ein Buch: „Und da bleibt es jetzt, du Kindskopf!"

Kalt und unwirtlich war die Straße, fröstelnd zog Rieke den Umhang dichter zusammen. Robert nahm ihren Arm und drückte ihn fest, innig verbunden gingen sie die Straße hinunter. Friederike war jetzt fast ein bißchen enttäuscht, wie Paläste sahen die Häuser nun wirklich nicht aus, heute schienen sie ihr nur wie große, graue Kästen. Doch das Leben und Treiben um sie herum beeindruckte Friederike stark. So viele Kutschen, so viele geschäftig einem Ziel zustrebende Passanten, aber auch viele Kinder liefen durcheinander, manchmal schleiften die langen Röcke der Damen fast auf dem Boden. Friederike nahm sich vor, sehr darauf zu achten, daß ihre Röcke Saumesbreite über der Fußsohle enden würden.

„Rieke, wir sind da, da ist sie schon, die Nummer 20!" Unwillkürlich blieb Friederike stehen und schaute zum Haus hinauf, aber Robert zog sie ungestüm mit sich fort, ins Haus hinein. Mit großen Schritten stürmte er die Treppe hinauf. Und dann standen sie im Vorzimmer der Varnhagenschen Wohnung. Friederike überließ Dore, Rahels langjährigem Mädchen, ihren Umhang. Ihr Herz pochte heftig vor Aufregung, sie meinte, ihr Blut in den Ohren brausen zu hören. Dann ging sie hinüber in die Visitenstube, die groß und überraschend hübsch möbliert war, beruhigend faßte Robert Friederikes Hand. Doch ehe er etwas sagen konnte, kam Rahel ins Zimmer und umarmte Friederike so herzlich, daß Ludwig Robert die Hand seiner Frau wieder losließ. Über Friederikes Schulter hinweg hatte Rahel seine Geste bemerkt, verstehend lächelte sie jetzt ihrem Bruder zu, ihre Augen trafen sich. Rahel führte Bruder und Schwägerin ins Wohnzimmer, in der ihr eigenen, lebhaften Art erkundigte sie sich nach den Freunden in Dresden und ob die Fahrt nicht gar zu strapaziös gewesen sei, berichtigte sich aber gleich selber: „Eigentlich kann sie es nicht gewesen sein, denn Sie sehen überhaupt nicht angegriffen aus, Rieke, und überhaupt, Sie sind noch schöner geworden als damals in Karlsruhe!" Sie musterte die Schwägerin aufmerksam durch ihr Augenglas und richtete es zwischendurch auf den Bruder: „Auch du siehst gut aus, wenn auch ein bißchen blaß, aber das ist ja auch kein Wunder, nach der Anstrengung. Heute mittag eßt ihr bei uns, Varnhagen und ich, wir freuen uns schon so lange auf diesen Tag!" Sie machte eine Pause: „Ich dachte schon, ich würde euch überhaupt nicht wiedersehen, und hier gibt es doch so viele, die Sie kennenlernen wollen. Besonders unser junger Spötter, der Harry Heine ist so begierig, die Rieke zu sehen!" Rahel lächelte: „Sein Witz erinnert manchmal ganz stark an dich, Louis!"

Friederike kam es vor, als ob sie die Schwägerin zum ersten Mal sähe. Rahel war nicht gerne nach Berlin zurückgekehrt. Immer wieder hatte sie in Briefen an ihre zahlreichen Freunde, aber auch an ihren Bruder durchblicken lassen, wie schlimm sie es fand, lauter veraltete Figuren zu sehen, verjährte Gesinnungen, abgetragene Meinungen, verpacktes Wissen und verstockten Stolz anzutreffen. Manche ihrer alten Bekannten, die sie hochhielt, enttäuschten sie tief. Menschen, die einmal intime Freunde waren, traten ihr jetzt fremd gegenüber. Besonders hatte es sie getroffen, daß sie hier in Berlin, nur wenige Minuten von der Stätte ihres ersten Salons in der Jägerstraße, gegenüber der legendären Seehandlung, wo sie seit ihrer Jugend jedes Haus, jeden Menschen und jede Ecke zu kennen glaubte, jetzt auf Fremde traf, denn die Freunde von einst hatte größtenteils der Krieg verweht.

Rahel hatte sich nur mit Mühe wieder in ihrer Heimatstadt eingelebt, die lange Besatzungszeit während der Napoleonischen Kriege hatte zuviele Veränderungen bewirkt. Das, was noch übrig war von dem, was sie einst kannte, erschien ihr alt, abgetragen und verkrüppelt. Neues war und blieb ihr fremd. Wo waren die unbefangenen Besuche und Treffen früherer Zeiten geblieben? Diners und Assembléen hatten sie abgelöst, in den Rez-de-Chaussée-Wohnungen hatten sich Läden und Bierstuben breitgemacht. Auch er, Louis, werde schon sehen, daß von seiner Heimatstadt, so wie er sie einstmals gekannt habe, nicht mehr viel übrig geblieben sei.

Allmählich verlor Friederike ihre Scheu vor der Schwägerin. Sie begann von der Fahrt zu erzählen, den seltsamen Reisegenossen mit den riesigen Pfeifen, die ihr den ersten Teil der Fahrt zur Qual gemacht hatten. Sie erzählte von Tieck, dessen Vorlesestunden ihr unvergeßlich waren, und von der bezaubernden Häuslichkeit der Webers drüben im Weindorf Hosterwitz direkt an der Elbe. Rahel erschien ihr jetzt kleiner, als sie sie von Karlsruhe her in Erinnerung hatte. Es schien, als hätte sie jetzt überhaupt keine Taille mehr. Das graue Kleid, das wie ein Sack um ihre Gestalt hing, wurde lose von einer Gürtelschnur zusammengehalten. Ihre dunklen Haare hatte sie nur flüchtig hinten zusammengesteckt und mit einem Kamm festgehalten. Krause Löckchen umrahmten die schöne Stirn, die markanten Gesichtszüge hatten um Mund und Nase viel Ähnlichkeit mit denen des Bruders, schienen Friederike aber viel gröber. Auch die intensiv blauen Augen Rahels, von dunklen Wimpern umrahmt, schienen denen Ludwig Roberts zu entsprechen, nur waren seine sehr dunkel, fast schwarz.

Rahel legte jetzt Tiecks Brief beiseite, den Rieke ihr gegeben hatte, und nahm die Hand der Schwägerin: „Vier volle Jahre haben wir uns nicht gesehen, jetzt werden wir einander hoffentlich viel besser kennenlernen können!" Sie wandte sich an den Bruder: „Hier hatte sich alles so stark verändert. Aber es gibt wieder einige sehr schöne, offene Häuser, bei denen es dir gefallen wird. Bei Staatsrat Staegemann zum Beispiel, bei Savignys, bei Beers, dort hat man schon nach euch gefragt." Sie lächelte Rieke zu: „Und natürlich bei Lea und Abraham Mendelssohn und ihren bezaubernden Kindern Felix und Fanny..." Sie lauschte hinaus und stand auf: „Jetzt kommt August, Kinder kommt, denn wir sollten Dore nicht länger mit dem Essen warten lassen!"

Es gab ein herzliches Wiedersehen mit Varnhagen, der in den vergangenen Jahren seit seiner Abberufung vom Karlsruher Posten hier in Berlin um sein Ansehen und vor allem auch um sein vorgezogenes Ruhegehalt hatte kämpfen müssen. Und noch immer waren seine Ansprüche rechtlich nicht abgesichert. Er hatte den Posten eines preußischen Ministerresidenten in den Vereinigten Staaten abgelehnt, eine Berufung, die er seinem Liberalismus zu verdanken hatte und die dennoch mit einer Verbannung gleichzusetzen war. Schon wegen seiner Frau Rahel, deren angegriffene Gesundheit eine so weite Reise nie zugelassen hätte, hatte Varnhagen den ungeliebten Posten ablehnen müssen.

Nach dem Essen zog sich Rahel zurück, während Varnhagen Schwager und Schwägerin zu einem Spaziergang durch die Stadt einlud. Sie kehrten in der Stehelyschen Konditorei am Gendarmenmarkt ein. Direkt gegenüber dem Schauspielhaus gelegen, gingen in ihr die Künstler, Literaten und Schauspieler ein und aus. Hier hatte E.T.A. Hoffmann viele seiner Geschichten niedergeschrieben und zum Gaudium der anderen Gäste Spuk und Zauberei betrieben. Er hatte die Teelöffel tanzen lassen und die Kaffeekanne zum Entsetzen der Serviermamsellen das Vaterunser beten lassen. Hier saßen die Theaterrezensenten und tauschten ihre Meinung aus, und hier hatte auch ein unscheinbarer, schmächtiger Jüngling mit blassem, bartlosem Gesicht und spöttischem Mund eine Heimstatt gefunden. Zuweilen machte er sich über Möchtegernpoeten und andere Großsprecher, wie er sie nannte, lustig, manchmal starrte er still und versonnen vor sich hin, während er genußvoll seine Baisers zerkleinerte und den Kaffee in kleinen Schlucken dazu trank.

Langsam trat Varnhagen mit seiner Begleitung an den Tisch: „Voilà Harry Heine, beachtenswerter Schöpfer wunderbarster Gedichte." Heine erhob sich mit vollendeter Grandezza und betrachtete die Ankömmlinge neugierig. „Mein Schwager Ludwig Robert und seine Frau Friederike!" Die Augen Heines hingen am Gesicht Friederikes, verschwunden war der mokante Zug um seinen Mund, herzlich lächelte er sie an: „Madame, Sie sind die schönste aller Frauen!" Friederike warf den Kopf in den Nacken: „Ich will hoffen, Sie werden noch ein paar schönere kennenlernen." – „Madame", sagte Heine ernsthaft, „das ist schlechterdings unmöglich!" Friederike nippte nur an ihrem Portwein, während die Herren Kaffee tranken, dazu gab es auch noch einen der berühmten Baisers, nicht so weiß, wie sie sonst üblicherweise in den

Konditoreien zu finden sind, sondern leicht gelblich und innen nicht trocken, sondern von zarter Klebrigkeit.

Abends führte Ludwig Robert Friederike zum ersten Mal in die Berliner Oper. Gasparo Spontini, allmächtiger Generalmusikdirektor, dirigierte sein jüngstes Werk selbst. „Ritter E-Dur" nannten die spottlustigen Berliner ihn, den seine überragende Stellung am Hofe Friedrich Wilhelms III. nicht vor dem Publikumswitz bewahren konnte. Seine Oper „Alcidor" hatten sie in „Allzudoll" umbenannt, was Spontini zwar schmerzte, aber nicht am Komponieren hindern konnte. Der oft zu Recht angegriffene Italiener bewies selber Humor, als er eines Tages von einem Droschkenkutscher gebeten wurde, doch einmal zu ihm nach Hause zu kommen, um sein Geigenspiel anzuhören. Auch ein so feierlicher Mann wie Spontini war manchmal nur Mensch, und er sagte spontan zu. Zu seiner grenzenlosen Überraschung sah er sich nicht einem einzelnen Geiger, sondern einem Streichquartett gegenüber. Der Genuß hielt sich in Grenzen, und so schloß Spontini seinen einem Bekannten auf der Straße erstatteten Bericht mit dem heiteren Stoßseufzer: „Wenn er wenigstens alleine gespielt hätte, aber er hatte noch drei Komplizen!" Ludwig Robert lachte schallend, als ihm Friederike diese eben im Vorübergehen aufgeschnappte Anekdote brühwarm erzählte.

Kalt schlug ihnen die Nachtluft entgegen, als sie das Opernhaus verließen. Obwohl es nicht geschneit hatte, war das Gehen auf den gefrorenen Gehsteigen beschwerlich. Fest in ihr Cape gewickelt, fror Friederike immer noch, daran konnte auch der lange blaue Schal nichts ändern. Bei Varnhagens wurden sie schon erwartet, es gab heißen Punsch, der die Kälte aus den Gliedern trieb. Friederike spürte, wie die Augen aller Gäste auf ihr ruhten, schutzsuchend griff sie nach Roberts Hand. Auch Rahel hatte feinfühlig die leichte Unsicherheit der Schwägerin bemerkt und sagte rasch und mit erhobener Stimme: „Das ist sie also, die lang

Karl August Varnhagen von Ense

Erwartete, die schöne Friederike, meine Schwägerin. Ein beredtes Bild, das keiner Erklärung bedarf, ein schönes Bild, das auch für die eleganten Salons Berlins eine Bereicherung sein wird. Louis hat sie aus Süddeutschland mitgebracht, und ich kann Ihnen versichern, sie schreibt auch Gedichte, und nicht die schlechtesten."

Rahel führte Friederike zu Heine, der ihr ganz besonderer Schützling zu sein schien: „Sie kennen sich ja schon, ich vertraue Ihnen meine Schwägerin an, denn bei Ihnen wird ihr kein Leid geschehen!" Heine lächelte: „Sehen Sie, Madame, schon naht Frau von Grotthus, Goethes treue Freundin und Briefpartnerin. Was haben Sie denn angestellt, daß man bereits auf Sie aufmerksam geworden ist?" Friederike lachte: „Das herauszufinden, überlasse ich ganz alleine Ihnen!" Heine nahm sie beim Arm: „Dem Geraune, Getuschel und Gesäusel nach, kann es nur ein Gewaltverbrechen sein, Madame. Hat es vielleicht etwas mit der Liebe zu tun?" Ironisch verzog er das Gesicht: „Nichts freut die Leute mehr als ein Skandal, aber Sie können aufatmen, fürs erste hat man Sie vergessen – jetzt ist die gute Madame Stich an der Reihe!"

Auguste Stich war eine der bekanntesten Schauspielerinnen des königlichen Schauspielhauses. Der große Iffland, ihr Entdecker, hatte einst von der blutjungen Elevin behauptet, sie sei der seltenste Fund seines Lebens. Auguste Stich war der Liebling der Berliner als Iphigenie, Antigone und auch als Lady Macbeth. Seit ihrer Hochzeit mit dem Hofschauspieler Wilhelm Stich hielt sich indessen hartnäckig das Gerücht, daß die schöne Auguste ihrem Wilhelm des öfteren Hörner aufsetze. Ganz Berlin nahm Anteil, als der eifersüchtige Ehemann beim Nachhausekommen auf der Treppe zu seiner Wohnung dem Leutnant von Blücher vom 1. Husarenregiment begegnete, ausgerechnet auch noch in Zivil. Stich stellte den vermeintlichen Liebhaber seiner Frau heftig zur Rede, der Leutnant, der sich den Weg freimachen wollte, zog sein Messer.

In seiner panischen Angst vor einem Skandal verletzte er Wilhelm Stich so erheblich, daß dieser seit vielen Monaten nicht mehr auftreten konnte.

Der fesche Leutnant wurde zu drei Jahren Festungshaft verurteilt, der König selbst hatte sich in das Verfahren eingeschaltet, er hatte auch der sonst von ihm sehr verehrten Schauspielerin einige Monate Bühnenverbot aufgebrummt. „Das galt bis gestern", grinste Heine, „sie dachte, der Sturm wäre vorbei, aber das Publikum hat ihr gezeigt, wie hoch Anstand und Moral hier in der Stadt gehalten werden."

Varnhagen klatschte in die Hände und zeigte auf ein silbernes Tablett, auf dem ein großer, roter Marzipanapfel lag: „Dieser Apfel ist der Preis für denjenigen, der heute abend noch das beste Gedicht zum Thema: ‚Begrüßung der Madame Stich zu ihrem Wiederauftreten nach einem Skandal' verfaßt!"

„Louis", Heine bat um Papier und Feder, „damit kann er nur uns meinen!" Es dauerte nicht lange, und beide kehrten aus dem Nebenzimmer zurück und trugen ihre Gedichte vor. Sie wurden beide reich beklatscht und gebührend gefeiert. „Rieke gibt den Preis aus!" hatte Varnhagen entschieden und Friederike das Tablett mit dem Apfel gereicht.

Sie stand am Tisch und blickte nachdenklich von einem zum anderen. Wem sie auch den Preis überreichte, gleich würden sich die Anwesenden die Mäuler zerfetzen. Da kam ihr die rettende Idee. Schalkhaft musterte sie zuerst ihren Mann, dann Heine, – dann bat sie um ein Messer. „Nicht schon wieder!" murrte Heine, „ein Stich genügt!" Mit einem raschen Schnitt zerteilte Friederike den Apfel in zwei gleiche Hälften und reichte jedem der Dichter einen halben Apfel. Als persönlichen Dank bekamen beide noch einen zusätzlichen Kuß auf die Wange. Alle klatschten Beifall und umringten Rieke, plötzlich war sie der strahlende Mittelpunkt. Nachdenklich betrachtete Rahel die Schwägerin. Das war jetzt eine sehr gute Entscheidung gewesen, vielleicht hatte Ludwig doch richtig gehandelt. Er schien ihr auch viel gelassener als noch vor einiger Zeit. Er wirkte ruhiger und selbstsicherer als je, und Friederike schien eigentlich nur Augen für ihren Mann zu haben.

„Madame", stichelte Heine, „mir scheint, Ihr Ehemann hat die bessere Hälfte gewonnen!" Wieder gab es Beifall. Rieke sah zu ihrem Mann hinüber, doch an dem schien der Scherz abzuprallen, als einziger nahm er nicht an der Unterhaltung teil. „Ich glaube, wir sollten gehen", drängte er. „Ich habe Frau von Grotthus versprochen, Rieke mein Stück *Die Überbildeten* für Goethe abschreiben zu lassen, damit sie es nach Weimar senden kann, außerdem sind wir doch noch ein bißchen angeschlagen von der Reise!"

Friederike bemühte sich, ihren Ärger nicht zu zeigen, sie verabschiedete sich freundlich von allen. Heine grinste: „Madame, Sie sollten ein Tagebuch führen, sonst halten Sie zu einem späteren Zeitpunkt Ihres Lebens dies alles nicht für wahr!"

Ludwig Robert hatte Friederikes Arm genommen und hielt ihn so fest, daß es sie schmerzte. „Du tust mir weh!" flüsterte sie und versuchte sich loszumachen. Die stockfinstere Straße wurde nur von der Laterne, die sie trug, erhellt. „Louis, du bist ja eifersüchtig!" Wie ein Blitzschlag traf sie die Erkenntnis. „Hätte ich Heine den ganzen Apfel geben sollen? Alle hätten genickt und ‚wie wahr, wie wahr' gemurmelt, ‚die Geschichte von Bürgers Schwabenmädchen wiederholt sich!' Hätt' ich dir den ganzen Apfel gegeben, dann hätte Heine gar nichts gehabt, und das, mein Schatz, wäre auch ziemlich ungerecht; außerdem liebe ich dich!"

Das Licht in Friederikes Laterne begann bedenklich zu schwanken, um endlich ganz zu verlöschen, sie schlang den freien Arm um Roberts Hals und küßte ihn. Er preßte sie so fest an sich, als fürchte er, sie könne ihm mitten auf der Französischen Straße in Berlin abhanden kommen. „Louis", flüsterte sie, als

sie endlich wieder Luft bekam, „aber für einen Ehemann, und dann noch den eigenen, küßt du ganz
phantastisch!" Er legte den Arm um ihre Schultern.
„Ich möchte nur wissen, wo du deine losen Erfahrungen gesammelt hast. Jetzt müssen wir im Stockfinstern
nach Hause schleichen, aber das ist ja wohl die
gerechte Strafe für soviel Zügellosigkeit!" Er lachte
laut, plötzlich schlug er erschrocken eine Hand vor
den Mund, denn im ersten Stock des Hauses, in dessen
Portal sie lehnten, ging ein Fenster auf: „Unerhört,
Randalierer, Ruhestörer, vor dem Krieg hat es sowas
nicht gegeben!" Robert nahm Rieke bei der Hand und
pflichtete dem im Schlaf gestörten Bürger bei: „Früher
hat es sowas nicht gegeben, auch bei mir nicht!" Und
vor den Augen des immer noch Schimpfenden zog er
Friederike noch einmal in die Arme. Das Fenster
schloß sich mit einem Knall. „Louis, du bist toll",
jammerte Friederike, „was soll der nun von uns
denken!"

Es folgten Wochen, in denen Friederike kaum zur
Besinnung kam. Sie schrieb Roberts frühe Molière-
Bearbeitung *Die Überbildeten* für Goethe ab, eine
Arbeit, die lange Zeit in Anspruch nahm. Die mehr als
dürftige Möblierung der Wohnung mußte ergänzt und
für die vielen Besuche, die sich jetzt bei ihnen ansag-
ten, hergerichtet werden. Bereits in den ersten Tagen
ihres Aufenthalts in Berlin hatte Friederike zusammen
mit Varnhagens Abraham und Lea Mendelssohn nach
einem Konzert kennengelernt. Einen Augenblick lang
glaubte Friederike wieder einmal zu spüren, wie das
Getuschel und Geraune über ihr zusammenschlug. Ihr
früheres Leben würde sie immer verfolgen, niemals
würde der Druck weichen, so glaubte sie an manchen
Tagen. Dann wieder hatte sie Primavesi und die Jahre,
die sie unter so drückenden Verhältnissen verbracht
hatte, fast vergessen. So war es auch jetzt. Nach einer
Zeit, die besonders Friederike endlos vorkam, streckte
ihr Lea die Hand entgegen: „Besuchen Sie uns, Sie
werden Freunde finden."

Wahre Wunderdinge erzählte Rahel von Fanny und Felix, den beiden älteren Kindern der Mendelssohns, die achtzehnjährige Fanny war eine glänzende Klavierspielerin. Schon von dem Säugling hatte die stolze Mutter behauptet, das Baby habe „Bachsche Fugenfinger", und der Mutterblick hatte sich nicht getäuscht. Fanny wurde auf dem Klavier nur von ihrem jetzt vierzehnjährigen Bruder Felix übertroffen. Beide Kinder hatten früh zu komponieren begonnen. Bereits der zwölfjährige Felix hatte bei einer Reise nach Weimar, die er zusammen mit Karl Friedrich Zelter unternehmen durfte, die Liebe und Bewunderung Goethes erringen können. Zelter, Direktor der Berliner Singakademie, war für Goethe jahrzehntelang sein musikalisches Gewissen. Der aus kleinem Handwerkerstand – Zelter war gelernter Maurer – zu so hohen Ehren gekommene Komponist galt sogar unter Bayern als „sacksiedegrober Kerl aus dem Norden", seine Witzworte waren berüchtigt, seine Kritiken oft so schneidend, daß seine Schüler in Tränen ausbrachen.

Aber Fanny und Felix Mendelssohn, das war etwas ganz Besonderes, auch unter den Schülern Karl Friedrich Zelters. Fassungslos notierte Friederike nach dem ersten Hören der beiden Geschwister in ihr Tagebuch, das sie nun doch, auf Anraten Heines, zu führen begonnen hatte: *„Das unvergleichliche Geschwisterpaar Felix und Fanny Mendelssohn auf dem Klavier zu hören – jedes allein oder zusammen zu hören – ist einer der schönsten Genüsse."*

Sie begeisterte sich für sein Bachspiel und für seine herrlichen, schmelzenden, tragischen und doch so kindlichen eigenen Phantasien, die sie als das Schönste empfand, was sie je gehört hatte, und sie mochte sein schönes, liebes Kindergesicht, das Vertrauen und Vergnügen ausstrahlte. Auch Felix Mendelssohn war seiner glühenden neuen Bewunderin sehr zugetan. Bei Festen und Familienfeiern in seinem Elternhaus wirbelte er jetzt am liebsten mit Friederike am Arm dahin. „Er tanzt wie ein gebildeter Sturmwind", flüsterte

Rahel bei diesen Gelegenheiten ihrem Bruder zu. „Und die Rieke macht sich sehr erfrischend!"

Immer öfter wurde Friederike jetzt aufgefordert, ihre eigenen Gedichte vorzutragen, voller Freude las sie auch aus den jetzt gerade im Verlag Gottliebs in Karlsruhe erschienenen *Alemannischen Gedichten* von Johann Peter Hebel vor. Besonders Heine konnte sich nicht satthören an den Tönen dieser ihm fremden Sprache. „Madame, wenn ich Ihnen einst ein Liedchen sende, wird es dann auch so gut bei Ihnen aufgehoben sein?" Friederike legte die Hand aufs Herz: „Versprochen", und Heine antwortete ebenfalls mit der Hand auf dem Herzen: „Versprochen". Bald darauf kehrte er Berlin den Rücken, er fuhr nach Lüneburg zu seinen Eltern, dann weiter nach Hamburg. Ludwig und Friederike Robert begleiteten ihn am Abend seiner Abreise zur Schnellpoststation.

Gerade als Heine sich endgültig verabschiedet hatte und seinen Platz auf dem Rücksitz der Kutsche einnehmen wollte, rief Friederike ihn noch einmal zurück. Wortlos umarmte sie ihn, die Tränen liefen ihr die Wangen herunter. „Aber, aber", lächelte er, „Sie kriegen ja Ihr Gedicht, – nicht daß Sie denken, jetzt ist der Nichtsnutz entflohen und mit ihm das Gedicht! Ach Rieke!" Er drückte sie fest an sich, dann schob er sie Robert zu: „Trösten Sie die schönste Frau Berlins über meine Abwesenheit hinweg, – aber ich fürchte, es wird Ihnen kaum gelingen!" Robert hielt den Arm um seine Frau gelegt, gemeinsam winkten sie der langsam entschwindenden Kutsche nach.

Stürmisch trat Friederike in das schöne Musikzimmer bei Mendelssohns ein. „Felix, Felix!" rief sie schon von weitem, „ich habe heute einen Auftrag für Sie!" Felix Mendelssohn verbeugte sich. Seine Schwester Fanny studierte gerade mit der jungen Sängerin Therese Devrient ein Liedchen ein. Friederike schwenkte aufgeregt ein Blatt Papier: „Ich habe ein Frühlingsliedchen gedichtet, das müssen Sie komponieren, gelt?" Sie strahlte ihn an. „Aber ich habe auch gleich die Instrumente dazu bestimmt." – „Oho", sagte Felix, „darf ich es sehen?" Sie reichte ihm das Blatt. Er sah hinein, lachte laut auf und rief: „Nee, das geht nicht!" Von seinem Staunen angelockt, eilte Fanny herbei, guckte über die Schulter des Bruders auf das Papier. Sie lachte auch und sagte: „Das ist wirklich sehr komisch!" Sie las laut: „Eine Flöte, eine Klarinette, zwei Hörner und ein Cello!" Alle lachten jetzt, riefen durcheinander, Fanny umschmeichelte den Bruder: „Felix, au ja, – das mußt du komponieren! Du mußt, du mußt!" Einen Augenblick blieb sie stehen und dachte nach: „Ja, und zur nächsten Sonntagsmusik muß es fertig sein, und Therese singt es dann!" Felix begann die ungewöhnliche Aufgabe zu reizen, und er gab schließlich den Bitten nach. Er komponierte das Liedchen tatsächlich.

Sogar den Wünschen der schönen Dichterin nach der Instrumentierung kam er nach. Schon am nächsten Sonntag war es soweit: Die Uraufführung stand bevor. Therese Devrient hatte das kleine Lied einstudiert, im Publikum saßen neben den Eltern des Komponisten, der gleichzeitig auch Dirigent dieser Sonntagskonzertmatineen war, auch Roberts und Varnhagens. Kaum hatte Therese Devrient ihren Vortrag, begleitet vom Vogelgezwitscher der Flöte, begonnen, da ließ sich eine aufgeregte Stimme vernehmen: „I! – I bring mei Schätzerl! heißts, – net Ich bring mei Schätzerl!" Das Frühlingsjauchzen des „Orchesters" verstummte, die schöne Dichterin hatte sich von ihrem Platz erhoben und deutete aufgeregt auf die etwas verwirrte Sängerin, die schließlich murmelte: „Verzeihen Sie, ich habe nur auf die Noten geachtet." Felix Mendelssohn preßte sein Taktstöckchen auf die Lippen, um sein Lachen zu verbergen. Immer noch lächelnd, gebot er mit einem Blick Ruhe und hob den Taktstock, und das Vogelgezwitscher der Flöte leitete erneut das Frühlingsliedchen ein. Friederike war rot geworden, schutzsuchend hatte sie ihre Hand in die Roberts geschoben, er drückte sie beruhigend und nickte ihr zu, während einige der anwesenden Herren vielsagende Blicke miteinander tauschten.

Verstohlen sah sich Friederike im großen Musiksaal um, sie konnte sich nicht erinnern, schon einmal soviele Leute an einem Sonntagmorgen hier gesehen zu haben. Die Diener hatten sämtliche Stühle aus dem ganzen Haus zusammenholen müssen, und noch immer standen die Zuhörer bis hinaus in den Salon, dessen Flügeltüren weit geöffnet waren. Alle lauschten jetzt dem Vortrag des Frühlingsliedchens, von dem jedermann sprach. Man sah der jungen Sängerin ihre Aufregung an, aber das unbeschwerte Liedchen machte ihr Spaß, nur so ganz hatte sie Friederike den Aufschrei beim ersten Vortrag nicht vergessen: Sie betonte das „I" ein wenig mehr, als es nottat, und blinzelte Fanny dabei zu.

Mit Staunen nahm sie wahr, daß dies kleine Lied ihr an diesem Sonntagvormittag mehr Beifall einbrachte als sonst eine ganze Oper, das Publikum wollte sich nicht mehr beruhigen, rief „da capo", und der Wunsch nach Abschriften wurde immer lauter. Felix Mendelssohn machte ein unwilliges Gesicht und schüttelte den Kopf. Je stärker der Beifall wurde, desto fragender sah er die Augen der Sängerin und auch der Musiker auf sich gerichtet, endlich bat auch Fanny für das Liedchen, und er fügte sich, aber so ganz recht war ihm die Bevorzugung der kleinen Melodie nicht.

Selbst der gestrenge Zelter, Lehrmeister der Therese Devrient, war begeistert von der Leistung seiner Schülerin: „Wenn Sie so fortfahren, kann was Ordentliches aus Ihnen werden!" Noch stolzer freilich war Friederike auf dies allererste ihrer Gedichte, zu dem Felix Mendelssohn die Musik geschrieben hatte. Nicht genug damit: es hatte auch vor den Ohren einer riesigen, illustren Gesellschaft bestanden und war mit soviel Beifall bedacht worden, daß ihr fast bange wurde.

Friederike genoß es, mitzureden bei all den Konzerten und Theateraufführungen, die sie in Berlin zu sehen bekam. Ludwig Robert ermunterte sie zu persönlichen Urteilen und er freute sich, wenn sie mit ihren oft überraschend zugespitzten Formulierungen Gesprächen eine neue Richtung gab, oder ganze Gesellschaften hellauf lachen machte. Sie vertraute ihre Urteile stichwortartig auch ihrem Tagebuch an: „*Das Ballett ist sozusagen schlecht. Die Solotänzer und Tänzerinnen ohne Grazie, wenig Kunst, wundern sich selbst, wenn ihnen etwas gelingt und denken, andere Leute sollen es ebenso wunderbar finden. Die kleine, schlecht und als Figurantin bezahlte Solotänzerin Nangorni ist die einzige, die über die Schule, die sie studiert hat, hinweg ist. Sie scheint glücklicherweise auch gerne auf einem Fuß zu tanzen, was die anderen so sehr lieben. So daß man mit dem einen ordentlich aufgehobenen Bein ein tiefes Gespräch haben kann, so lang sich das andere im Kreise dreht. Schnell stehen sie dann mit verschränkten Beinen still. Wie die Meilenzeiger ragen beide Arme hervor, und hat der Meilenzeiger eine angehängte Inschrift, die vom Wind in die Höhe getrieben wird, so kann man ihn wieder mit dem vergleichen, da gewöhnlich der Rock so weit in die Höhe geschleudert wird, daß man ohne Brille lesen kann, was dahinter geschrieben steht.*"

Kapitel 9

Triumphe in Rahels Salon

Friederike empfand diese ersten Wochen und Monate in Berlin wie ein Kind, das verwundert, aber mit zunehmendem Selbstvertrauen eine neue Welt in sich aufnimmt. Sie ist sich der Wirkung ihrer spontanen Äußerungen bald bewußt. So, wie sich früher die Knittlinger Nachbarinnen den Mund darüber zerrissen, was für patzige Antworten Präzeptors Friederike sich einfallen ließ, so staunte jetzt auch die Berliner Gesellschaft nicht schlecht, wenn Friederike Robert erklärte, den schönen Kopf kokett schräggeneigt, die berühmte und viel bewunderte Pianistin Chimanowska spiele eigentlich nur, um eine verliebte Gesellschaft alter und junger Toren ums Geld zu bringen. Noch schlechter kam die Schwester der Pianistin weg, eine auch sonst beim Publikum nicht eben beliebte Sängerin, von der Friederike lakonisch feststellte, sie habe wohl aus einer alten Orgel die „Vox humana" gestohlen und behaupte nun, sie sänge polnisch. So sehr Friederike es auch genoß, mit solchen leicht dahingetupften Worten Aufmerksamkeit und Erfolge zu erringen, sie mußte schnell erfahren, daß die Äußerungen auch an die Betroffenen weitergetragen wurden. An mancher bösen Reaktion bekam sie die Wirkung ihrer Worte zu spüren. Robert lachte, als sie sich schrecklich darüber aufregte: „Tja, wer sich eine eigene Meinung leistet, bekommt sie leicht um die Ohren geschlagen, und wenn man dann auch noch als die schönste Schwäbin überhaupt gilt, dann ruft das zudem noch Neider auf den Plan, Frau Robert", neckte er sie, „Mundhalten schafft manchmal viel mehr Freunde!"

Bei einem Abendessen im Hause Mendelssohn hatte Friederike einen Tischnachbarn, der ihr bald fast unheimlich wurde. Nicht nur, daß er ihr den Teller vollud, er zupfte auch ihren Rock zurecht und ordnete ungefragt – mitten im Gespräch – den Schal neu, der ihr von den Schultern zu rutschen drohte.

Sobald wie möglich wandte sie sich unauffällig an Felix Mendelssohn, um ihn empört zu fragen, wer denn dieser unmögliche Mensch sei. Felix verbiß sich das Lachen, bevor er antwortete: „Das, liebe Rieke, ist Ihr berühmter Landsmann, der Philosoph Georg Wilhelm Friedrich Hegel!"

Hegel, der seit 1818 den Lehrstuhl Fichtes an der Berliner Universität inne hatte, war in Berlin sichtlich zum Lebemann geworden. Bekannte, die ihn hier nach langer Zeit wiedersahen, wunderten sich nicht wenig darüber, wie gerne er ins Theater ging und wie sehr er schönen Frauen und vor allem Schauspielerinnen den Hof machte. Namentlich die von allen geliebte Madame Milder sollte seinem Herzen angeblich gefährlich nahestehen. Die Berliner bewunderten ihn, kam ihnen doch sein Satz: *„Was vernünftig ist, ist wirklich, und was wirklich ist, ist vernünftig!"* wie ein konzentrierter Extrakt der Urberliner Denkungsart vor.

Hegel ging in Berlin jeden Tag spazieren. Für seine Begleiter allerdings waren diese Spaziergänge eine einzige Qual, und sie versuchten, sich ihnen zu entziehen. Hegel blieb stehen, debattierte, lachte und wurde nicht müde, nach dem neuesten Klatsch und den allerbanalsten Nichtigkeiten des täglichen Lebens zu fragen. Es machte ihm sichtlich mehr Spaß, bei Ausflügen und Lustfahrten vergnügliche Gespräche zu führen, als in weitschweifige Debatten verwickelt zu werden.

Er hatte sich seine heimatliche Mundart bewahrt, und als er entdeckte, wie gut er sich mit Friederike auf Schwäbisch unterhalten konnte, suchte er öfter ihre Nähe. Gutmütig verwies er ihr die Fehler, die sich aus dem Badischen in das Schwäbisch ihrer Kinderjahre eingeschlichen hatten. Verweise, die Friederike sehr schwer nahm und auf die sie heftig reagierte.

Was den großen Mann nicht davon abhalten konnte, ihr aus der Nachbarloge im Theater Pralinen zu senden, die sie huldvoll entgegennahm. Allerdings hätte ihn ihr Kommentar wenig gefreut: „Weißt, Louis, der Professor Hegel spricht halt's Stuttgarter Schwäbisch, und das ist nicht das beste!" So beliebt Hegel bei den Einwohnern der preußischen Hauptstadt war, so unbeliebt hatte er sich bei seinen Kollegen gemacht. Er liebte es, sie zu kränken, und es bedeutete ihm höchste Befriedigung, wenn sie von seinen Kränkungen auch erfuhren. Über Ursachen und Wirkungen, die bei der Verschiedenartigkeit der Menschen durchaus unterschiedlich ausfielen, konnte er die verblüffendsten Theorien entwickeln. Ludwig Robert, der einst als junger Student begeistert den Vorlesungen Fichtes gelauscht hatte, fühlte sich immer noch zur Philosophie hingezogen. Er freute sich, als der junge Schopenhauer nach Berlin kam. Elegant, anspruchsvoll und voller hochfliegender Pläne, legte er seine Vorlesung als Privatdozent selbstbewußt genau auf dieselbe Zeit, in der Hegel sein Hauptkolleg über Logik und Metaphysik hielt. Befremdet nahm das gebildete Berlin wahr, daß er diese Zeit jedes Jahr aufs Neue ins Vorlesungsverzeichnis eintragen ließ, obwohl seine Vorlesungen im ersten Jahr vor leeren Bänken stattfinden hatten müssen; doch ließ er unter der Zeitangabe einrücken: Nach Rückkehr von der Reise.

Die Feindschaft zwischen Hegel und Schopenhauer war ein unerschöpfliches Thema in den Berliner Salons. Friederike, für die Hegel bei allem gelegentlichen Ärger ein Stück Heimat bedeutete, hatte sofort für ihn Stellung bezogen, und sie behielt diese Vorliebe bei, egal, wie sich das Schlachtenglück zwischen den beiden in den folgenden Jahren auch wenden mochte.

Trotz all ihrer gesellschaftlichen Erfolge blieb Berlin für sie eine fremde Welt. Immer öfter hatte sie Migräneanfälle, auch schrieb sie in den Briefen an ihre Familie daheim immer häufiger über Schwindelanfälle, ein Übel, unter dem sie noch niemals zuvor zu leiden gehabt hatte.

Sie sehnte sich heim nach Baden, die Straßenschluchten bereiteten ihr Angst, manchmal kam es ihr vor, als würde ihr mitten auf der Straße der Hals zugeschnürt und sie bekäme keine Luft mehr. Sie litt auch unter dem milden, aber stets spürbaren Tadel Rahels, die bei aller Liebe an der Frau ihres Lieblingsbruders einiges auszusetzen hatte. So, wenn Friederike vergaß, einen verabredeten Besuch zu machen, und stattdessen in Ludwig Roberts Abwesenheit einfach mit dem jungen Botschaftssekretär Montigny im Tiergarten spazierenging. So schnell hatte Rahel davon erfahren, daß Friederike den Brief, der sich mit ihrer „Verfehlung" auseinandersetzte, schon in ihrer Wohnung vorfand, als sie am Abend nach Hause kam. Sie biß die Zähne zusammen und zeigte den Brief Robert. Der zuckte nur die Achseln: „Liebling, große Schwestern sind so, sie hat mich aufgezogen und über mein Fortkommen gewacht. Einmal, ich war sehr krank, hat sie mich sogar gesundgepflegt. Ach Rieke, komm, leg den Brief beiseite und laß mich meinen Artikel schreiben, damit ich ihn morgen auf die Post geben kann!" Friederike schwieg, die Tränen traten ihr in die Augen. Wie sie sich nach Hause sehnte, in den Schwarzwald mit seinen dunklen Tannen, das konnte sie niemandem sagen.

„Übrigens", Ludwig Robert ließ die Feder sinken, „ich habe für übermorgen einen Ausflug verabredet, alles was Beine hat und irgendwie abkömmlich ist, fährt mit hinaus nach Pichelswerder. Rieke, das gibt eine richtige Landpartie." Er streichelte ihre Hände: „Ich glaube, das ist endlich mal eine Nachricht, die dich freut!" Erschrocken sah er sie an: „Du weinst ja immer noch?" Schluchzend schlug sie die Hände vors Gesicht: „Ich möchte so gerne heim, bitte Louis, laß uns nach Baden fahren!" Robert erschrak über ihren Ausbruch, er konnte ihn ja verstehen, so recht fühlte er sich selber nicht mehr heimisch in Berlin, aber versuchen wollte er es jetzt wenigstens, für sich und Friederike in seiner Vaterstadt eine dauerhafte Bleibe zu finden. Deshalb sagte er beruhigend: „Du weißt doch, warum wir nicht fortkönnen!" Friederike nickte, versuchte zu lächeln: „Ich stelle mir halt nur immer vor, wie schön es dort wäre..."

Es war ein sonniger Sommertag, als sich Roberts mit Varnhagens, einigen Freunden und dem jungen Botschaftssekretär Montigny vor dem Brandenburger Tor trafen. Dort standen die Wagen, mit denen Ausflügler in die Havellandschaft hinausfahren konnten, schon bereit. Charlottenburg galt als eines der beliebtesten Ausflugsziele, Friederike war dort schon öfter gewesen. Heute aber sollte es weiter hinausgehen in den Grunewald. Es war eine herrliche Fahrt mitten durch den Wald, Friederike sog den frischen Duft der Bäume ein und lehnte sich zufrieden an Robert. Endlich konnte sie wieder richtig befreit durchatmen. Wie die Vögel sangen, wie das Licht zwischen den Bäumen spielte! Es war eine fröhliche Gesellschaft, die da, in mehreren Kutschen hintereinander fahrend, den schönen Tag genoß.

Schon lichteten sich die Bäume und die Kutschen fuhren in elegantem Schwung an einer Bootsanlegestelle vor. Staunend sah Friederike in die Runde. „He, Rieke, steig erstmal aus, die Landschaft läuft dir nicht weg!" Gutmütig half Ludwig Robert seiner Frau aus der Kutsche. Varnhagen lachte ihr zu und führte sie hinunter an die Havel, die sich wie ein breites, silbernes Band vor ihren Augen ausbreitete. Sie stürmten das Gasthaus, um ein spätes Frühstück einzunehmen. Dazu floß reichlich Berliner Weißbier, aber auch einige fremde, von auswärts eingeführte neue Biersorten wurden kredenzt. Die deftige Kost schmeckte gut nach der Fahrt durch den Wald in der würzigen Luft. Schon bliesen die Kutscher am Nebentisch dicke Rauchwolken aus ihren Tabakspfeifen in die Luft. Vom Bier ging die Gesellschaft bald zu Portwein und

Kaffee über. Allein war Friederike nochmals hinunter an die Anlegestelle gegangen.

Selbstvergessen warf sie Steinchen auf Steinchen ins Wasser und sah den sich ausbreitenden Kreisen zu, die sich auf dem Wasserspiegel bildeten. Manchmal überschnitten sich die Kreise und behinderten sich gegenseitig. Robert war ihr gefolgt, plötzlich spürte sie seinen Arm auf ihren Schultern: „Schön ist es hier, nicht wahr, Rieke?" Sie nickte ihm zu, so ein schöner Tag. Es kam ihr vor, als hätte sie in Berlin nie einen schöneren erlebt.

Später stiegen sie in die Boote, die leise schaukelnd am Ufer darauf warteten, sie hinüber auf die Havelinsel Pichelswerder zu bringen. Von hier aus hatten sie eine wunderbare Aussicht auf die dicht mit Bäumen bestandenen Havelufer, auf die Inseln und Landzungen. Im flirrenden Licht der Mittagssonne ließen sie sich hinüber rudern nach Schildhörn. Rahel zeigte Friederike eine steinerne Säule, die an den letzten Fürsten der Wenden, Jeczko von Köpenick, erinnern sollte. Der Sage nach hatte er auf der Flucht vor seinen Feinden die Havel durchschwommen und war dann hier von den Deutschen gestellt worden.

Ein nahegelegenes Gasthaus lud zum Kaffeetrinken ein. Friederike knabberte an einem Baiser, er war so ganz nach ihrem Geschmack: außen fast sandartig hart, im Kern aber noch eine zähe, klebrige Masse. Lustvoll leckte sie an ihren Lieblingsbaisers, die auch Heinrich Heine so schmeckten. Im nächsten Brief mußte sie ihm das unbedingt schreiben, nahm sie sich fest vor.

Mit großem Hallo wurden Freunde aus Berlin begrüßt, die mit dem Boot eine Havelpartie unternommen hatten und jetzt ebenfalls im Krug einkehrten. Sie schlossen sich der Ausflugsgesellschaft an, die schon bald ihre Rückfahrt nach Pichelswerder antrat. Es war schön, auf dem ruhigen Fluß dahinzugleiten. Nur selten kamen ihnen Ausflugsboote entgegen, oftmals winkten ihnen Spaziergänger von den Uferwegen zu.

„Da ist Hegel!" rief Friederike und deutete aufgeregt ans Ufer. Sie winkte mit beiden Armen und war schon im Begriff aufzuspringen. Doch Robert konnte sie gerade noch auf der Bank festhalten, das Boot geriet gefährlich ins Schlingern. Im Zwielicht der Dämmerung langten sie wieder an der Anlegestelle an. Es war kühl geworden und Friederike wickelte sich in ihren Schal. Nach einem kurzen Spaziergang erreichten sie schon den Platz, an dem die Kutschen auf sie warteten. Robert setzte sich neben sie, glücklich kuschelte sie sich an ihn: „So ein schöner Tag!" In wohliger Müdigkeit schloß sie die Augen und spürte seine Lippen auf ihrem Haar. Einmal, als sie die Augen öffnete, begegnete sie denen Montignys. Er betrachtete sie mit so unverhüllter Zuneigung, daß Friederike fast unmerklich den Kopf schüttelte und „nein" flüsterte. Robert, der das stumme Zwiegespräch bemerkt hatte, zog sie fester an sich, und als Friederike nach einer Weile die Augen wieder öffnete, schien Montigny fest zu schlafen. So müde, aber auch so glücklich war Friederike schon seit ihrer Ankunft in Berlin nicht mehr gewesen.

Noch im Einschlafen kam ihr die Idee zu einem Schäferspiel. Im heimatlichen Württemberg sollte es spielen, sie würde versuchen, die Landschaft ihrer Kindheit einzufangen, sie sah die jungen Schäfer und Schäferinnen vor sich, wie sie mit aufgekrempelten Hosen und die Röcke gerafft, atemlos mit bloßen Füßen über die Stoppelfelder rannten, angefeuert von den Dorfbewohnern und den Besuchern aus der Stadt, die sich dieses alljährlich stattfindende Ereignis nicht entgehen ließen. Bereits am nächsten Morgen begann sie ihre Idee in die Tat umzusetzen. Während Ludwig Robert in fieberhafter Eile noch einige dramaturgische Änderungen im 1. Akt der neuesten Spontini-Oper vornahm, begann Friederike mit der Niederschrift.

Der Schäferlauf –
Eine schwäbische Idylle

Unter Jubelgesängen und unter fröhlichen
Tänzen,
Hatten die emsigen Schnitter und Schnitterinnen
des Landes
Ihre Felder geleert, und ihre Scheunen gefüllet;
Laue Lüftchen, die erst noch schwellende Ähren
durchwühlten,
Zischten jetzt über die Stoppel dahin; auch hatte
die Sichel
Deines Schmucks dich beraubt, Markgröningens
fetteste Kornflur.
Seit Jahrhunderten schon geweiht zum eifernden
Wettlauf
Für die behendesten Schäfer und Schäferinnen
des Landes,
Am gefeierten Tage des heiligen Bartholomäus.
Lieblich wie ihn die Jünglinge, wie ihn die
Mädchen erflehten,
War erschienen der festliche Tag! Es blickte die
Sonne
Auf die Erde so freundlich vom reinen, lazurenen
Himmel!
Schon durchwimmelt die Straßen ein buntes
Menschengewürche
In sonntäglicher Pracht! Es rasseln durch
Gröningens Straßen
Stäubende Wagen daher, gefüllt mit modischen
Stutzern,
Advokaten und Schreibern, und Mars
friedfertigen Söhnen,
Schmäureliebenden Dienern der Kirche, und
ernsten Archonten,
Je ein Weiblein zum Manne gesellt, ein Mädchen
zum Jüngling,
Alle gierig zu schaun des Wettlaufs ländliches
Schauspiel.

Manches lüftige Herrchen auf hageren gemieteten Klepper
Folget der Schar, und freut mit der Selbstgenügsamkeit Lächeln
Sich des Heldenbemühens, sein Pferd zur Parade zu spornen.
Seht! Da eilen sie schon, mit dem dichten Geleite des Volkes
Unter dem lieblichtönenden Laut der Schalmeien und Flöten,
Die behendesten Schäfer und Schäferinnen des Landes
Nach dem Platze des Festes, der jüngst gemäheten Kornflur;
Alle schmücket ein leichtes Gewand von rötlicher Farbe,
Bläuliche Bänder umgürten die niedlichen Trachten, und flattern
Von den Schäferhüten herab um die bräunlichen Locken!
Blumen so blühend, so selten als je der zärtliche Schäfer
Sie zu erhaschen vermocht, umdüften der Schäferin Busen;
Manches Silbergeschmeid, und manches Patengeschenke
Glänzte neben den Blumen am schöngebildeten Halse.
Allen rollt in den Adern, den bräunlichen glühenden Wangen,
Volle Gesundheit und Kraft! Auch strahlet unter den Schäfern
Mancher junge Adon in herrlicher männlicher Schöne,
Den zum umarmen, so heiß die Städterinnen gelüstet.
Manche ländliche Schwester der Charitinnen, so manchem
Herrchen ein stärk'rer Magnet, als sein alternder

städtischer Engel,
Welcher sich schmiegt an ihn mit mählich
welkendem Busen,
Übertünchtem Gesicht, und unbezahletem
Kopfputz.
Jetzt, da sie mit dem fettesten Hammel auf
Gröningens Triften,
Glänzend und schwer von weißlicher Woll' und
mit Bändern geschmücket,
Welcher zum Preise gebührt dem behendesten
unter den Schäfern,
Und dem silbernen Miedergürtel, mit seidenem
Halstuch,
Welche gebühren zum Preis der behendesten
unter den Dirnen,
Nun die Bühne des Kampfes, die Stoppelreiche
erreicht;
Siehe! Da pflanzte zuerst der Führer des
Schäferchores,
Ein ehrwürdiger Alter, mit weiß umlocktem
Gesichte,
Zu bezeichnen das Ziel, in den lockern Boden die
Stange,
Bänderumflattert, und oben geschmückt, dem
weiblichen Kampfpreis,
Und dicht neben sich stellt' er den schneeweiß
wollichten Hammel;
Aber so ferne vom Ziel, als die Länge des Ackers
sich dehnet,
Stunden am obern Ziele des Kampfs in
symmetrischer Reihe
Schon die Läufer, entfesselt das Knie, und
entblößet die Füße;
Brennend von Gier nach der Ehre des Siegs, sich
untereinander
Selbst entflammend, erwarten mit hingeheftetem
Blicke
Sie das hohe Signal des Oberamtmanns zum
Wettlauf.

Dieser saß im Feiergewande, edel von Ansehn,
Auf dem wiehernden Schimmel mit
stolzhinwallender Mähne,
Silberblinkendem Zügel, und goldumgürteter
Wallrapp;
Neben ihm saßen auf schäumenden Zeltern, ihre
geborgten
Haare nicht sparsam mit Mehle bestreut, drei
Richter des Kampfes,
Senatoren zugleich, und weise Väter des Volkes;
Jetzo gab mit Einmal der Oberamtmann des
Städtchens
Erst mit geschwungenem Hut und dann der
Büttel des Städtchens
Mit dem Wirbelschlage der Trommel das Zeichen
zum Kampfe:
Ha! wie rafften die Jünglinge die Kräfte der
Schenkel
Mutig zusammen! Wie schwebten, als wären sie
flügelgewaffnet,
Ihre Füße, nicht achtend der Pein verwundender
Stoppel,
Über das Blachfeld dahin! Wie stürzten sie Einer
dem andern
Vor mit gigantischem Schritt und übergewaltigen
Sprüngen!

Aufatmend setzte sie sich zurück und begutachtete ihr Werk. Wie immer, wenn sie nicht abgelenkt wurde, fiel ihr das Schreiben leicht. Sie schrieb, wie sie erzählte, spontan und ungekünstelt. Manches, was sie schon vergessen glaubte, tauchte jetzt vor ihrem geistigen Auge wieder auf. Knittlingen mit den engen Gassen, von der Kirche so beschützend überragt, das Steinhaus mit dem Storchennest, die Ecken und Winkel, in denen sie einst gespielt hatte. Der Streit um den Misthaufen des Nachbarn, die Mühen der Ernte und die Beschwernisse des Winters, in dem die Vorräte zu Ende gingen und das Heizmaterial knapp wurde, die

Sorgen der Mutter um warme Kleidung für die vielen Kinder – das alles schob Friederike weit weg. Für sie, eine der gefeiertsten Schönheiten Berlins, geboren in dem kleinen württembergischen Amtsstädtchen Böblingen, aufgewachsen im noch kleineren Knittlingen, hatten sich die einst so vertrauten Sorgen und Mühen des Landlebens ganz einfach aufgelöst. Übriggeblieben waren die Freuden des Sommers, die Feiertage weiteten sich zu immerwährenden Festen aus.

Doch schon bald wurde sie wieder aus ihrer Schreiblaune herausgerissen. Gottlieb mahnte in einem Brief ungeduldig die Beiträge für den neuen Band der *Rheinblüten* an. Man könne nicht einfach ein Jahr aussetzen und dann wieder von vorne beginnen. Der Sinn eines Jahrbuches sei, daß es regelmäßig jährlich erscheine. Friederike verstand die Kritik, sie hatte ihre Pflichten vernachlässigt. Hatte ihr Bruder nicht recht? Sie begann hastig ihre Unterlagen durchzusehen. Da war ein Fragment Roberts: *Aus einer Geschichte des Kaisers Julianus Apostata*, das er für die *Rheinblüten* vorgesehen hatte, sie mußte es nur noch abschreiben. Und auch eine Reihe kleinerer Gedichte und Aphorismen, die zusammengefaßt den Titel *Die Gaben der flüchtigen Muse* tragen sollten, hatte er schon für den Almanach bestimmt. Auch diese Beiträge mußte Friederike nur noch abschreiben. Von sich selber wollte sie das kleine Gedicht *Das Schifflein* einsenden. Und dann, – sie mußte einmal in ihren Papieren kramen, – sicher fand sich noch das eine oder andere Gedicht, damit der Bruder fürs erste zufrieden war.

Gerade als sie sich wieder an ihrem Schreibplatz eingerichtet hatte und mit der Abschrift beginnen wollte, trat Rahel ins Zimmer. Kurzatmig wie immer schwenkte sie einen Brief: „Rieke, ich habe etwas für Sie, Heine hat an Varnhagen geschrieben, es ist auch ein Gruß für Louis und Sie dabei!" Sie setzte sich auf den Sessel, dem kleinen Sekretär gegenüber, und las: *„Grüßen Sie Robert und seine Frau und sagen Sie, daß ich ihn so sehr liebe, wie seine Frau, d.h. wie ich seine*

Heinrich Heine

Frau liebe. Man kann sich doch im Deutschen gar nicht ausdrücken, und ich besonders kann mir in dieser Sprache nicht gut helfen und muß, wie in diesem Brief geschieht, meine mächtigsten Gefühle unterdrücken!"

Verstohlen wischte sich Friederike die Augen, Heine und sein zuweilen bissiger Spott fehlten ihr mehr, als sie zugegeben hätte. Manchmal hatte sie das Gefühl, daß Robert sich noch mehr als sie selber nach dem Freund sehnte, der ihm mit seinem Humor und auch in der Verletzlichkeit seiner Gefühle so ähnlich war.

Rahel reichte ihr ein Blatt: „Ein Gedicht für Sie von unserem Liebling, Sie haben ihn wirklich sehr beeindruckt!" Das Blut schoß Friederike in die Wangen, während sie zuerst leise für sich las:

„Auf Flügeln des Gesanges,
Herzliebchen trag' ich dich fort,
Fort nach den Fluren des Ganges,
Dort weiß ich den schönsten Ort.

Dort liegt ein rotblühender Garten
Im stillen Mondenschein;
Die Lotusblumen erwarten
Ihr trautes Schwesterlein.

Die Veilchen riechen und kosen
Und schauen nach den Sternen empor;
Heimlich erzählen die Rosen
Sich duftende Märchen ins Ohr.

Es hüpfen herbei und lauschen
Die frommen, klugen Gazelln;
Und in der Ferne rauschen
Des heiligen Stromes Well'n.

Dort wollen wir niedersinken
Unter dem Palmenbaum;
Und Lieb' und Ruhe trinken
Und träumen seligen Traum."

„Und träumen seligen Traum…" Gedankenverloren wiederholte Friederike die letzte Zeile des Gedichtes. Es war, als kehrte sie von weit her zurück in die Wirklichkeit. „Ich werde Ihnen das Gedicht abschreiben für Varnhagen, es gehört in seine Sammlung." Friederike schwieg und biß sich auf die Lippen: „Ich mache mir Sorgen um Louis. Seine Stücke gefallen zwar, wenn er sie liest, in den Salons und Zirkeln, aber sie werden so selten aufgeführt, und dann werden sie abgesetzt nach zwei-, dreimaliger Aufführung. Er ändert, er macht Besuche, er antichambriert…" Hilflos sah sie Rahel an: „Seine Feuilletons und seine Berichte im *„Cottaschen Morgenblatt"* sind gefragt. Aber ihm ist diese journalistische Tätigkeit eine einzige Qual. Die Feilscherei um Abdruck und Honorar ist ihm halt arg zuwider." Sie zögerte: „Ich fürchte, er wird mir noch krank werden, und ich weiß nicht, wie ich ihm helfen soll!" Rahel stand auf und ging langsam im Zimmer umher: „So war er immer – niemals mit dem zufrieden, was er erreicht hatte, immer auf der Suche nach etwas Neuem, Besserem. Unzufrieden mit sich, zerfallen mit den eigenen Fähigkeiten!" Sie machte eine Pause und richtete ihren Blick voll auf Friederike. Mit einem Mal verstand Friederike die Faszination, die Rahel auf ihre Mitmenschen ausübte. „Glücklich war er wohl nur einmal, damals als er Sie fand und Sie sich zu ihm bekannten!" Schweigend umarmte sie Friederike, dabei gingen ihr einige Sätze Heinrich Heines durch den Kopf, die dieser einmal über ihren Bruder gesagt hatte:

„Dem Manne der Madame Robert muß es wohl sauer werden, ein Trauerspiel zu schreiben, der arme Glückliche! Kaum hat er wütend die Stirn zusammengezogen zum tragischen Ernst, so wird ihm dieser freundlich fortgelächelt von der schönen Frau, und ärgerlich greift er nach dem Strickstrumpf statt nach Melpomenes Dolch!"

Sie erhob sich. „Rieke, ich muß jetzt gehen, ich kann nicht gut atmen bei dieser trüben Witterung, da machen mir die Treppen, selbst wenn es nur eine ist wie zu Ihnen herauf, schon zu schaffen!" Friederike brachte die Schwägerin an die Tür und sah ihr gedankenverloren nach. Es dauerte eine Weile, bis sie sich wieder aufs Schreiben besinnen konnte. Wahrscheinlich hatte Rahel recht, sie verdrängte die belastenden Gedanken und wandte sich jetzt energisch der Abschrift der *„Geschichte des Kaisers Julianus Apostata"* zu. Sie haßte diese Abschrebereien und fand sich auch nicht gut geeignet dafür, denn sie ertappte sich allzu oft beim Träumen. Aber es war eine Arbeit, die gemacht werden mußte. Und Gottlieb wartete auf die Beiträge, und die *„Rheinblüten"* waren etwas, was sie mit Karlsruhe und Baden verband.

„Rieke, Rieke, wir gehen zum Stralauer Fischzug, kommt ihr auch mit?" Fanny Mendelssohn war ganz aus dem Häuschen und wirkte mit ihrer Begeisterung ansteckend auf ihre kleinen Geschwister Rebekka und Paul, der von seinem Vater seines stillen Phlegmas wegen meistens „Faul" genannt wurde. So verabredeten sich Roberts, Varnhagens, Mendelssohns, die jungen Beers und Montigny, am Morgen des 24. August hinauszufahren zum Höhepunkt des Vergnügens im biedermeierlichen Berlin: dem Stralauer Fischzug. Zwar versuchten die Behörden und die Staatsgewalt immer wieder, diesen Ausbruch bürgerlicher Festesfreude zu unterbinden, aber es gelang nie so ganz.

Mendelssohns brachten Wilhelm Hensel, einen jungen Maler, mit zum Treffpunkt. Trotz seiner Jugend hatte er sich schon als Porträtmaler einen Namen gemacht, schon existierten zahlreiche Zeichnungen und Skizzen des Mendelssohnschen Kreises, von Hensel mit leichter Hand bei den Sonntagsmusiken oder bei Festlichkeiten festgehalten. Auch von Friederike hatte er schon einige Skizzen angefertigt.

Friederike freute sich auf das Erlebnis, einmal wieder Marktluft schnuppern zu dürfen. Wieder spürte sie die seltsame Anziehungskraft, die die Welt der Buden und Marktstände auf sie ausübte. Neben den Mietkutschen und Droschken her zog das einfache Volk schon am frühen Morgen aus der grauen Stadt dem Fischerdorf Stralau zu. Drei wirkliche Fischzüge, von denen jeder einer anderen Behörde gewidmet war, fanden unter dem jubelnden Geschrei der Anwesenden statt. Kein Wunder, daß Weißbier und Branntwein schon am frühen Morgen in Strömen flossen.

Mit den ersten Besuchern wälzte sich ein buntes Volk von Marketendern mit Hundewagen, vollbeladen mit Schrippen, Knoblauchwürsten und Riesenkannen Weißbier, hinaus auf den Festplatz. Das Weißbier schmeckte jetzt im Sommer wäßrig und sauer, man brachte es eigentlich nur mit einem zusätzlichen Schuß Branntwein die immer trockene Kehle hinunter. War das Wetter heiß und trocken wie heute, dann glich Stralau einer Sandwüste, durch die sich das Heer der Schaulustigen nur mühsam einen Weg bahnen konnte.

Auf einem großen Wiesenstück schwelten die Torffeuer, auf denen die Knoblauchwürste gebraten wurden. Daneben standen Schaubuden mit den neuesten Automaten; Schießbuden, Karusselle und Würfelbuden wechselten einander ab. Und da – Friederike erstarrte fast das Blut in den Adern – hatte ein italienischer Schmuckhändler sein Geschäft aufgebaut. „Rieke!" Robert hatte ihr Entsetzen bemerkt und war mit einem schnellen Schritt an ihrer Seite, – aber ihre Furcht löste sich in einem hellen Lachen auf, der vermeintliche dunkelhaarige Italiener drehte sich zu ihnen herum und entpuppte sich als hübsches Mädchen mit kurzen, dunklen Locken. Trotzdem wich die merkwürdige Spannung, in der sich Friederike befand, nicht.

Varnhagens hatten Montigny mitgebracht. Seit der Begegnung in der Kutsche bei der Heimfahrt aus Pichelswerder hatte es Friederike vermieden, mit ihm allein zu sein. Sogar die Französischstunden, die er ihr gab, hatte sie nur noch zusammen mit einer Freundin besucht. Jetzt spürte sie wieder seinen Blick auf sich ruhen, sie wandte sich schnell Felix Mendelssohn zu. Erhitzt vom eiligen Lauf schwenkte Felix seine Mütze ausgelassen wie ein Schusterbub und rief immer wieder:

Kennst du das Land, wo die Kartoffeln blühn?
Berliner lagern auf dem Wiesengrün,
In jeder Hand die Kümmelpulle blitzt?
Und rechts und links die Knoblauchbrühe
spritzt?
Kennst du das Land? Dahin, dahin, dahin laßt
uns ziehn!"

Hensel lachte Fanny Mendelssohn zu: „Was sagt denn der alte Herr in Weimar dazu, wenn sein Ein und Alles, der Wunderknabe Felix, so dreiste Verse verbreitet?" Fanny zuckte die Achseln und lachte schallend: „Weiß nicht, noch hat es ihm ja keiner berichtet, und seine Hofberichterstatterin Frau von Grotthus hört's ja nicht!"

Friederike blieb stehen und sah sich um. Selbst auf den Gräbern des Stralauer Friedhofs saßen ganze Familien und ließen sich den Inhalt ihrer riesigen Picknickkörbe schmecken. Denn für die Handwerker und Arbeiter waren die Preise an den Marktständen doch viel zu hoch. Dort drüben teilte die Mutter ein Viertelpfund Leberwurst zu fünf Dreiern sorgfältig unter ihren Lieben auf. Der Familie reichte eine einzige saure Weiße, mehr konnte man sich beim besten Willen nicht leisten. Vater hatte, diese Schwierigkeiten vorhersehend, einen gewaltigen Branntweinvorrat mitgebracht. Verstohlen stieß Wilhelm Hensel Friederike an, er hatte sein Skizzenbuch hervorgezogen und war eifrig damit beschäftigt, all die vergnüglichen Szenen, die sich seinem Auge darboten, mit dem Zeichenstift festzuhalten.

„Saure Jurken, meine Herren!" riefen die ledergeschürzten Gurkenhändler der vorüberhastenden Menschenmenge zu. Sie rührten in ihren hölzernen Fässern und hoben von Zeit zu Zeit ein besonders dickes,

wohlgelungenes Gurkenexemplar mit der hellen Holz-
zange aus dem Bottich und schrien dazu mit lauter
Stimme: „Saure Herren, meine Jurken!" und freuten
sich diebisch, welches Gelächter der abgedroschene
Scherz jedesmal aufs Neue hervorrief.

Varnhagen hatte jetzt endlich einen Platz für die
Gesellschaft in einem der Gasthäuser erkämpft und
Rahel als erste an den Tisch geführt. Bei ihrer angegrif-
fenen Gesundheit bedeuteten diese Fahrten nicht nur
Erholung für sie. Doch Friederike genoß neugierig das
Menschengewimmel zwischen den Buden und Stän-
den, sie hatte sich bis zum Ufer der Spree vorgewagt
und blickte jetzt hinüber nach Treptow, dort herrschte
die gleiche Betriebsamkeit. Die vielen, mit bunten
Fähnchen und Wimpeln geschmückten Gondeln und
Kähne, die unablässig zwischen den Fischerdörfern
Stralau und Treptow hin- und herruderten und deren
Fahrgäste ebenso schnell im Menschengewimmel verschwanden, waren innerhalb weniger Augenblicke
wieder vollbesetzt und strebten dem gegenüberliegenden Ufer zu.

Belustigt hörte Friederike dem Dialog eines jungen
Paares zu, das sich nicht einig werden konnte, ob es
jetzt schon nach Treptow hinüberrudern oder sich erst
hier auf der Festwiese amüsieren sollte. Während die
Herzallerliebste ihren Freund in Richtung Gondel
zog, sträubte sich der Bursche, versuchte sich loszumachen und brüllte: „Alleweile noch nich, alleweil
wird erst nach de jrüne Wiese jejangen, und dann wird
sich hinjelajert und jedrunken, bis ick den Himmel
fürn Dudelsack ansehe! Komm Karlinchen!" – „Ach
nee" , antwortete das Mädchen, „des tu mir nu nich
an, Willem, ick will dir alles möglich zuliebe tun,
Willem, aber vernünftig mußde bleiben!" Friederike
versuchte, den Dialekt nachzuahmen, aber es gelang
ihr nicht. Sie wandte sich von den beiden ab und
schaute wieder über die Spree. Unwillkürlich war sie
näher an die Anlegestelle herangetreten, fast hätte ein
Passagier, der aufgeregt zwischen den Bootsstegen

auf- und abrannte, sie umgestoßen. In der einen Hand schwenkte er nervös einen Pompadour, in der anderen hielt er einen Regenschirm. Er drehte sich ständig um die eigene Achse und brachte dadurch die nachstürmenden Passagiere in Gefahr, von seinem Regenschirm aufgespießt zu werden.

„Oh je, ick habe meine Frau verloren, Herrje, isse det nich? Nee, det isse och nich! Warten Se mal, da, ne det isse wieder nich! Det is wirklich merkwürdig, nu kann ick hier janz mir selbst überlassen, ohne Frau rumloofen. Se jab mir noch den Pompadour zu halten, wie wir aus dem Treptower Kahn uf des Brett an Land stiegen. Weil ihr mein Freund, der Feldwebel, an die eene Hand hatte und sie sich mit die andere den Rock aufheben mußte. Un ick nehme den Pompadour un häng'n noch erst über'n Schirm uf'n Ochenblick, weil ick die Börse aus die Tasche ziehen mußte, un wie ick mir da so umsehe an Land, da is meine Frau verloren!"

Noch einer hatte seine Frau vermißt und sie gerade in diesem Augenblick an der Anlegestelle entdeckt. Jetzt schob sich ein gewichtiger Maurergeselle vor die Gestalt Friederikes. Der Maurer konnte sich nicht halten vor Lachen über die Litanei des alleingelassenen Ehemannes: „Nu sieh mal einer kiek! Dat is de Jeschichte von de verlorene Frau und dem aufjedauten Feldwebel. Hier hat einer seine Frau verloren. Mir passiert sowat nich. Wenn ick jewußt hätte, det ick so'n Jlück hätte haben können, dann hätt' ick meine Frau schnurstracks rausgebracht nach Stralau. Aber so laß mir man eener morjen früh nach Hause kommen. Da sitzt se jewißlich wie een Proppen im Bett un fährt mir an, warum ick so lange ausbleiben tu!"

Friederike hatte jetzt ihren Sonnenschirm aufgeklappt und sah kopfschüttelnd dem immer noch jammernden Ehemann nach, ob er dort drüben im dicksten Getümmel seine Eheliebste wiederfinden würde. Sie hätte es viel vernüftiger gefunden, wenn er wie angewurzelt an der Anlegestelle stehengeblieben wäre. Ludwig Robert hatte sich im Gewoge der Menschen ein Stück näher an seine Frau herangeschoben, gerade wollte er den Arm ausstrecken und ihr die Hand auf die Schulter legen, als er Montigny auf sie zutreten sah. Wie erstarrt mußte er zusehen, wie der seine Rieke bei der Hand nahm und versuchte, den Arm um ihre Schulter zu legen. „Das sind Szenen aus dem Berliner Volksleben, wie man sie nicht allzu oft geboten bekommt", bemerkte er, während er versuchte, Friederike näher an sich zu ziehen. Sie machte eine rasche Drehung und befreite sich mit einer anmutigen Bewegung aus der Umarmung. „Madame Rieke...", stammelte Montigny und ergriff ihre beiden Hände: „Sie sind so bezaubernd und so wunderbar schön, ich liebe Sie unendlich!" Nicht unfreundlich, eher überlegen blickte sie ihn an: die lieben, bittenden Augen, den noch kindlichen Mund, darüber der männliche Schnurrbart, das schmale Gesicht. So sahen sicher jetzt auch ihre kleinen Brüder aus, die sie noch als halbe Kinder in Erinnerung hatte. Nachdenklich sah sie ihn an: „O ja, Sie glauben mich zu lieben, aber das ist keine Liebe, das ist ein kleines bißchen Verliebtheit. Das gibt sich schnell, wenn eine andere kommt!" Sie drückte seine Hände und küßte ihn auf die Wange. „Was glauben Sie, was die Jahre zählen, die ich Robert liebe, und er mich. Er ist mein Leben, und Sie sind ein besonders lieber Freund." Sie klappte ihren Sonnenschirm zusammen und nahm seinen Arm: „Kommen Sie, wir gehen Robert suchen, er sorgt sich sonst um mich!"

Ludwig Robert erwachte aus seiner Erstarrung, mit drei Schritten war er an ihrer Seite, die empörten Rufe derjenigen nicht achtend, die er ziemlich rücksichtslos aus seinem Weg gedrängt hatte. Er legte Friederike die Hand auf die Schulter. So, als hätte sie seine Nähe die ganze Zeit gespürt, drückte sie leicht ihre Wange dagegen. „Kommt, die anderen warten im Gasthaus auf uns, wir dachten schon, ihr hättet es Fanny und Felix Mendelssohn nachgemacht, die zusammen mit Hensel hinüber nach Treptow gefahren sind."

Es dauerte eine ganze Weile, bis sie im Gasthaus zusammengepfercht an einem Tisch eine Mahlzeit einnehmen konnten. Die Bedienung war nervös und schnippisch, an so einem Tag wollte eigentlich jeder feiern, und wer arbeiten mußte, ließ es die Gäste fühlen, meinte Robert mit gerunzelten Brauen. Friederike lächelte und prostete ihm mit Weißbier zu: „Heute würde ich auch nicht gerne arbeiten!" Rahel schüttelte den Kopf: „Es ist jedes Jahr das gleiche: der Stralauer Fischzug ist eine einzige Strapaze, aber missen möchte man das Vergnügen auch nicht."

Der Aufbruch der vielen Menschen wieder zurück nach Berlin verlief noch hektischer und ungeordneter als die morgendliche Ankunft. Jetzt wollte jeder der erste sein, alle wollten zum gleichen Zeitpunkt heim. Kutschen, Fiaker und kleine Wägelchen verstopften die einzige Straße. Die Fußgänger, die eng am Rande des Fahrweges, fast schon im Gebüsch im Gänsemarsch gehen mußten, damit sie nicht von den Wagen gestreift wurden, hoben oftmals drohend die Fäuste und schimpften hinter den Kutschern her. Am liebsten allerdings rein pantomimisch mit geschlossenem Mund, denn der Staub, der in der Luft lag und durch jede Ritze drang, machte die Kehlen so trocken, daß auch das allersauerste Weißbier noch ein Genuß gewesen wäre. Flaschen fielen aus den Händen der müden Wanderer, Kinder heulten und schrien vor Müdigkeit, Hunde kläfften und manch ein Familienvater versuchte verzweifelt, die auseinanderstrebende Familie beisammen zu halten.

Bis in den späten Abend wälzte sich der Zug von Stralau nach Berlin, wo sich allmählich jede Kneipe mit fröhlichen Menschen füllte, die bis in den Morgen hinein weiterfeierten. Kaum waren die Roberts, die in der Kutsche der Mendelssohns mitfuhren, zu Hause angekommen, fiel Friederike müde ins Bett. Ihre Füße brannten wie Feuer und das ungewohnte Weißbier war ihr in den Kopf gestiegen. Jetzt schlief sie ruhig und mit einem zufriedenen Lächeln auf den Lippen. Ludwig Robert, wieder mit Spontinis neuer Oper beschäftigt, hatte sich vorgenommen, noch etwas zu arbeiten. Doch konnte er seinen Blick kaum von der Schlafenden lösen. Friederike hatte recht, die Jahre, die sie umeinander kämpfen mußten, hatten sie eng zusammengeschmiedet. Plötzlich spürte auch er keine Lust mehr zur Arbeit, er kleidete sich aus und löschte das Licht.

Besonders jetzt im Hochsommer hatte Friederike starkes Heimweh nach Baden-Baden und dem Schwarzwald. Viele der Freunde und Bekannten waren ins Bad gereist, hatten sich in der Sommerfrische eingerichtet. Friederike maulte: „Alle fahren weg, nur wir bleiben träge wie die Maulwürfe in unseren vier Wänden!" Aber Roberts Bleiben in Berlin hatte auch finanzielle Gründe. Seine *Promenaden eines Berliners durch seine Heimatstadt* waren eine sehr beliebte Artikelfolge in Cottas *Morgenblatt*. Zwar zankte er sich fast ständig mit der streitbaren Redakteurin Therese Huber, aber die *Promenaden* hatten sogar Gnade vor ihren Augen gefunden. Vor einiger Zeit hatte Cotta selbst die Redaktion übernommen, und seitdem machte Robert das Schreiben auch mehr Spaß. Friederike tröstete sich darüber, daß sie den Sommer in der Großstadt verbringen mußte, mit Fahrten nach Charlottenburg und Pankow und mit langen Spaziergängen mit Fanny Mendelssohn durch den Tiergarten.

In ihren kleinen Gedichten, die sie meist achtlos auf Papierfetzen und ausgebrauchte Briefumschläge niederschrieb, spielte das Heimweh eine immer größere Rolle. Eines davon hatte Fanny Mendelssohn so sehr gefallen, daß sie es innerhalb weniger Minuten in Noten setzte und es auch gleich sang, von Felix auf dem Klavier begleitet. Damit nicht genug, beide Geschwister hatten es in die Mappe gelegt, in der sie ihre Lieblingskompositionen verwahrten, die sie später einmal drucken lassen wollten.

Friederike wußte um den geheimen Kummer Fannys. Ihre Eltern erlaubten ihr nicht, zu komponieren und als Klaviervirtuosin ihren Weg zu gehen. Der Ruhm des Komponisten sollte Felix vorbehalten bleiben. Selbst er, der seiner Schwester innerhalb der Familie am nächsten stand, konnte nicht begreifen, warum sie es sich so sehr wünschte, Musikerin zu werden. Und dann war da noch etwas. Schon lange hatte sich Fanny in Wilhelm Hensel verliebt, die beiden waren ein so hübsches Paar. Eigentlich hätte auch gar nichts einer Verbindung im Wege gestanden, aber die Eltern wollten einer Ehe mit einem dem Katholizismus zugeneigten Maler nicht zustimmen. Endlich hatte sich der Vater nach langen Bitten Fannys bereit gefunden, eine Warte- und Prüfungszeit für die beiden Liebenden festzusetzen. Wilhelm Hensel sollte nach Italien gehen und dort bei den deutschen Malern in Rom seine Studien fortsetzen. Er freute sich darauf, trotz der bevorstehenden Trennung, und konnte den Tag der Abreise kaum erwarten. Fanny jedoch war traurig und deprimiert, sie, die sonst ausgelassen heiter den ganzen Tag herumwirbelte, saß jetzt oft ganze Nachmittage im elterlichen Garten und tat nichts. Da war es dann gut, wenn Friederike sie zu einem Bummel durch die Straßen Berlins oder zu einem Spaziergang in den Tiergarten abholte.

Eine sehr gelungene Zeichnung Wilhelm Hensels, die allen gut gefiel, ermunterte Friederike jetzt auch wieder, einem Maler Modell zu sitzen. Der berühmte und gesuchte Hofmaler Eduard Magnus hatte sie darum gebeten, es sollte also bald ein Gemälde von ihr entstehen. Daß gerade Magnus an sie herangetreten war, darüber freute sie sich besonders, denn seine Porträts waren in der feinen Gesellschaft ungeheuer gesucht, und er konnte sich vor Aufträgen kaum retten. Wenn er also jemanden darum bat, ihn malen zu dürfen, dann war das schon etwas Besonderes.

Die Bäume begannen sich herbstlich zu färben, als sie endlich zu den ersten Sitzungen in sein geräumiges Atelier gehen konnte. Sie trug ein enganliegendes blaues Samtkleid mit gebauschten weißen Ärmeln,

Roberts Lieblingskleid. Eigentlich fand Friederike das Modellsitzen grauenvoll, stundenlang durfte man sich kaum bewegen und war dem Gerede des Malers ausgesetzt. Manchmal versuchte sie sich ein wenig anders hinzusetzen, schon erhob Magnus Einspruch und bat sie, die Position doch ja nicht zu verändern. Sie spürte, wie die Migräne wieder in ihren Schädel kroch, und manchmal hatte sie das Gefühl, ihre Schläfen würden mit Schraubstöcken zusammengepreßt. Der Arzt – es war der gleiche, den auch Rahel konsultierte – schüttelte bedauernd den Kopf, nachdem er sich ihre Schilderungen angehört hatte. Er verschrieb eine Mixtur aus der Apotheke, die übel roch und nach Friederikes Meinung das Leiden eher noch verstärkte.

Die Beiträge für die *Rheinblüten* waren längst bei Gottlieb in Karlsruhe angelangt und die Freunde der Roberts aus der Sommerfrische zurückgekehrt. Friederike unterhielt einen umfangreichen Briefwechsel mit ihrer Familie in Karlsruhe, aber auch mit Heinrich Heine und Ludwig Tieck. Ihre Briefe waren spontan und einfallsreich. Von allen Schreiben an berühmte Zeitgenossen – hierhin gehörte auch ein Briefwechsel mit Goethes Schwiegertochter Ottilie, die versprochen hatte, einige Gedichte Friederikes in ihrem Almanach *Chaos* zu veröffentlichen – hatte Karl August Varnhagen sich Abschriften für sein Archiv ausbedungen. Es machte ihr Freude, all diesen Pflichten nachzukommen und noch dazu strahlender Mittelpunkt vieler Gesellschaften zu sein. Die Zeichnung von der Hand Wilhelm Hensels war in Kupfer gestochen worden und konnte jetzt, hübsch gerahmt, auch von Friederikes Verehrern gekauft werden. Binnen kurzer Zeit hatte sich das Bildchen zu einem Verkaufsschlager entwickelt. Natürlich hatte Hensel auch Ludwig Robert gezeichnet. Auch er war in Kupfer gestochen in den Kunsthandlungen zu haben. Aber Friederikes bald stadtbekanntes Bild stach ihn aus, Ludwig Robert konnte bestenfalls als Ehemann seiner schönen Frau gelten.

Friederike Robert

„Mir geht es wie Abraham Mendelssohn", bespöttelte er sich selbst in komischer Verzweiflung, „der hat einmal gesagt, er stehe als Gedankenstrich zwischen seinem berühmten Vater, dem Philosophen Moses Mendelssohn, und seinem schon in so jungen Jahren berühmten Sohn Felix!" Robert gewöhnte sich an, auf seine Bilder zu schreiben: „Meine Frau ist schöner." Die meisten Empfänger lachten darüber und lobten seinen Humor. Friederike sah tiefer. Und hier wußte sie sich einig mit ihrer Schwägerin Rahel: Ludwig Robert fühlte sich doppelt eingeengt von den überragenden geistigen Fähigkeiten seiner Schwester und der gefeierten Schönheit seiner Frau. Besonders lähmend wirkte auf seine Schaffenskraft, daß er die unschuldigen Verursacherinnen seines Mißbehagens über alles liebte. Friederike und Rahel – das waren die beiden einzigen Menschen, die er wirklich liebte und denen er nahestand, so lange er lebte.

Friederike machte es Freude, der bewunderte Liebling der Berliner Gesellschaft zu sein. Sogar der König, Friedrich Wilhelm III., hatte beeindruckt von ihrer Schönheit nach ihrem Namen gefragt, als er die „schöne Friederike" bei einem Spazierritt mit der Fürstin Liegnitz im Tiergarten gesehen hatte. Es hatte sich herumgesprochen, daß Friederike nicht nur ihre eigenen Gedichte in ihrer heimatlichen Mundart vortrug, sondern auch die *Alemannischen Gedichte* Hebels so vorlas, daß sie auch der eingefleischteste Berliner noch mit Genuß aufnehmen konnte.

Trat Friederike zur Tür herein, so konnte man fast sicher sein, daß zunächst einmal alle Gespräche verstummten. Aller Augen wandten sich ihr zu, und erst, wenn sie das Wort an einen der Anwesenden richtete, kam auch die allgemeine Unterhaltung allmählich wieder in Fluß. Wie schon als Kind, hatte sie auch jetzt noch Spaß daran, Bänder und Schleifen in ihre Haare zu flechten. Als sie wieder einmal so eine „Spielfrisur", wie sie es nannte, spazierentrug, fragte eine Dame in Rahels Salon ganz indigniert: „Sind wir denn hier bei den Türken?" Friederike verzog den Mund und schüttelte lachend ihren mit weißen Bändern durchflochtenen Kopfputz: „Nein, das nicht, aber bei polnischen Juden!" Worauf die Dame erst einmal hilflos verstummte, und Rahel den Baron von Gentz zur Wiedergutmachung einsetzen mußte, der wegen seines Charmes allseits beliebt war. Friederike begann die gesellschaftlichen Zusammenhänge und auch Zwänge zu durchschauen. Ihre von Mutterwitz und unverbildeter Natürlichkeit geprägten Antworten entzückten zwar ihre Bewunderer, aber sie riefen auch Kritiker auf den Plan, die mit bedeutungsvollen Blicken diese nicht überraschenden Ausbrüche begleiteten und hinter vorgehaltener Hand mit der doch recht zweifelhaften Vergangenheit der schönen Friederike zu erklären suchten.

Kapitel 10

Theater um das Theater

Ludwig Robert war mit Recht über den Spielplan des Königlich Preußischen Schauspielhauses enttäuscht, obwohl er die Schwierigkeiten des Intendanten Graf Brühl nicht verkannte; denn er hatte die fast unmögliche Aufgabe zu lösen, Theater für die breite Masse, den Hof und das gebildete Publikum zu machen. Mit Vorliebe griff er zu Stücken Calderon de la Barcas und William Shakespeares. Daneben konnte man Werke Kotzebues sehen, dessen *Hermann und Dorothea* Brühl feierlich aufführen ließ, als der Dichter in Mannheim dem Dolchstoß eines Mörders zum Opfer gefallen war. Graf Brühl war ein großartiger Verwalter, und die Verwaltung der Königlichen Bühnen funktionierte dann auch vortrefflich. Neu eingehende Stücke wurden einem sorgfältig und pünktlich arbeitenden Ausschuß zur Begutachtung vorgelegt. Der Generalintendant hatte es ebenfalls verstanden, sich gegen eine allgegenwärtige Kritik zu wappnen: Rezensionen eines Stückes waren erst nach dreimaliger Aufführung gestattet. Brühl nahm an, dann hätte sich die Meinung des Publikums gefestigt, oder was ihm noch lieber war, die Meinung des Hofes hätte sich herumgesprochen, so daß jedermann wüßte, was von dem neuen Stück zu halten sei. Mißgriffe bei der Rollenbesetzung durften von den Journalisten unter keinen Umständen getadelt werden. Brühl hatte das beamtete Schauspielertum eingerichtet, und viele Theaterbesessene, unter ihnen Ludwig Robert, schüttelten den Kopf und gaben zu verstehen, daß einem Schauspieler solche Verbürgerlichung nicht gut bekommen könne.

Immer lauter wurde der Ruf nach einem Volkstheater. Selbst der König wollte lieber Stücke sehen, bei denen er sich unterhalten konnte und lachen. Eine Bühne sollte es sein, die den Untertan weder moralisch noch politisch formen wollte, sondern sie sollte ihm einfach das Gefühl verschaffen, daß er auf das angenehmste unterhalten wurde. Der Plan, ein Volkstheater zu gründen, wurde deshalb auch vom König unterstützt, allein der Generalintendant Graf Brühl stand auf der Seite der Gegner. Er fürchtete um die vollen Kassen der Königlichen Bühnen und schlug vor, anstelle des neuen, unabhängigen Theaters in einer der beiden Vorstädte ein Theater auf Aktienbasis zu gründen, dessen Profite dann dem königlichen Schauspiel zugute kommen sollten.

Mitten hinein in diese Auseinandersetzungen platzte die Nachricht, daß der jüdische Kommissionsrat Friedrich Cerf – einstmals hatte er Hirsch geheißen – eine Konzession zur Errichtung eines Theaters erhalten habe. Niemand konnte sich so recht erklären warum, und schon wenig später kursierten in Berlin die wunderlichsten Gerüchte. Einige meinten, der König sei der illegitime Vater von Cerfs Sohn Rudolf, wieder andere glaubten zu wissen, Cerf habe dem König während der Befreiungskriege große Dienste erwiesen und die Erteilung der Konzession sei jetzt die Begleichung der Rechnung.

Hinter vorgehaltener Hand flüsterte man sich genüßlich zu, Friedrich Cerf, der weder lesen noch schreiben konnte, hielte seinem Sekretär die Ohren zu, wenn dieser ihm seine Geschäftspapiere vorlas. So glaubte er verhindern zu können, daß der Sekretär hinter seine Geschäftsgeheimnisse kommen könne. Gleich nach der Erteilung der Konzession hatte Cerf in aller Eile damit begonnen, einen Gebäudekomplex am Alexanderplatz zu einem Theater umbauen zu lassen. Mit Sorge beobachtete Graf Brühl den neuen Konkurrenten um die Gunst des Publikums. Um Ludwig Robert nicht zu verlieren, sagte Graf Brühl die Aufführung des neuesten Robert-Lustspiels *Es wird zur Hochzeit gebeten, oder die Nichtigen* zu.

Eine junge Gräfin verliebt sich Hals über Kopf in einen ihrer Verehrer, solange sie glaubt, einen verkappten Grafen vor sich zu haben. Aber ihre Liebe erkaltet schnell, als sie entdeckt, daß sich hinter dem vermeintlichen Grafen ein gewöhnlicher Herr Schulz versteckt. Robert wollte mit diesem Stück weniger die Herzenskälte der höfischen Gesellschaft, und hier besonders der ganz feinen, aufs Korn nehmen, denn sein Galan ist weder als Graf noch als Herr Schulz das Idealbild eines Liebhabers. Vielmehr wollte er aufzeigen, wie erdrückend immer und überall das Nichtige in das menschliche Leben hineinspielt und hochfliegende Idealpläne schon im Ansatz zerstört. Die Premiere im Königlichen Hoftheater war ernüchternd genug. Das Stück wurde im Parterre ausgepfiffen, nur die Hofgesellschaft in den Logen klatschte Beifall. Bleich und verbittert mußte Robert erleben, daß dem Stück nicht einmal eine zweite Aufführung zuteil wurde. Die Berliner witzelten auf der Straße, es fehle diesem Lustspiel vor allem an Lustigkeit.

Adalbert von Chamisso versuchte den Jugendfreund zu trösten. Aber Robert, verletzt und aufgebracht, reagierte so heftig, daß sich Chamisso auf Jahre zurückzog. Daran konnte auch Friederikes ausgleichende Art nichts ändern. Sie gab sich redlich Mühe, Roberts labilen Gemütszustand wieder ins rechte Lot zu bringen und ihm Lust auf neue Aufgaben zu machen. Auch die sonst so ermunternden Briefe von Heinrich Heine aus Hamburg blieben aus, auch er erlebt Wochen voll düsterer Stimmungen, und als er endlich schreibt, da ist auch sein Brief alles andere als eine Ermutigung.

Zum Abdruck in den nächsten *Rheinblüten* schickt er zwar das Gedicht *Donna Anna* mit, – unter dem Namen *Die Tochter des Alcalden* soll es im nächsten Almanach erscheinen –, aber der dem Gedicht beiliegende Begleitbrief klang mehr als traurig, wenn er darin schreibt: „*Vielleicht erleben Sie es noch, meine Bekenntnisse zu lesen und zu sehen, wie ich meine Zeit*

und Zeitgenossen betrachte, und wie mein ganzes trü-
bes, drangvolles Leben in das uneigennützigste, in die
Idee übergeht..."

Festlich gedeckt war der Tisch an Friederikes
Geburtstag, dem 29. April. Die ersten Frühlingsboten
aus dem eigenen Garten hatte Fanny Mendelssohn zu
einem Kranz gebunden und auf den Tisch legen lassen.
Daneben lag ein zauberhafter neuer Perlenbeutel und
ein Kinderpüppchen mit Porzellankopf in einem niedlichen Seidenkleidchen. Die Hände waren aus Leder,
und sogar ein Strumpfband trug das Püppchen, wie
Friederike bei einem verstohlenen Blick unter den
Rock gleich bemerkt hatte. Dazwischen standen die
Blumensträuße von Varnhagen und der Familie, klein
und geduckt lugte ein Veilchensträußchen, das Montigny geschickt hatte, zwischen den größeren Gebinden
hervor. Leise war Robert hinter sie getreten: „Freund,
Geliebte, Frau und Kind zugleich" war ihm Friederike
– so hatte er es in seinem Geburtstagsgedicht in Worte
gefaßt. Jetzt brachte er ihr einen Riesenbusch eben
erblühter Rosen und legte eine kleine Börse auf den
Tisch, „damit die schöne Schwäbin so schön bleibt wie
bisher." Selig hatte sich Friederike an ihn gedrückt:
„Dafür kaufe ich mir das rosa Kleid mit dem reizenden
Spitzenbesatz! Und vielleicht auch noch den süßen
Hut aus dem Geschäft Unter den Linden..." Robert
lachte: „Wenn meine Frau keine Hüte mehr kaufen
will, dann ist sie ernsthaft krank, und ich muß nach
dem Doktor schicken!" Er zog behutsam an einem
blauen Band, das noch unter Montignys Veilchen her-
vorsah, und reichte es Friederike: „Es ist von Holtei!"

An der kunstvollen Schleife hing ein vielfach ver-
schlossenes Papierröllchen. Vorsichtig löste Friederike
die Bänder und las:

„Wie soll ich doch vereinen, was ich
von dir empfinde?
Man wird dir gegenüber, man weiß nicht wie,
zum Kinde.

151

Du selber bist so kindlich, – und hast
kein Kind dabei,
Du bist ein doppelt Wesen und täglich
scheinst du neu.
Doch bleibst du stets die Alte, das heißt
die alte Junge
Und schwatzest wunderlieblich in deiner
Schwabenzunge;
Zählst noch nicht vierzig (hoff' ich) und ach,
wie klug bist du,
Oh Schwäbin, böse Schwäbin, oh sag',
wie geht das zu? …"

Friederike lehnte sich zurück, bis sie Ludwig Roberts Atem im Nacken spürte: „Karl von Holtei – ach, ist das der junge Dichter aus Schlesien, der mitmacht beim Königstädter Theater?" – Robert zog sie an sich: „Du hast einen neuen Verehrer, ziemlich aufgeregt, oh du böse Schwäbin, du! Wie wütest du nur unter den Dichtern des neuen Theaters, schon zwei hast du völlig verrückt gemacht!" Friederike lachte: „Aber er hat ein Dankgedicht verdient, und zum Ball heute abend bei Beers lade ich ihn auch ein! Ob er wohl kommt?"

Und ob er kam! Karl von Holtei, Theaterdichter, Schauspieler und Vagabund, war erst kürzlich von Dresden nach Berlin übergesiedelt. Seine Frau Louise, eine dunkle Schönheit, hatte ein Engagement am Königlichen Schauspielhaus bekommen. Holtei, weitgereist, hatte an Berlin und den Berlinern allerhand auszusetzen. Wie alle Neuankömmlinge hatte er mit fast schlafwandlerischer Sicherheit herausgefunden, wo man geistvolle Unterhaltung und Beziehungen, die für einen Dichter und Schauspieler wichtig waren, anknüpfen konnte. Im Hause des Bankiers Beer und auch bei den Mendelssohns gehörte er mit seiner schönen Frau schon bald zu den gern gesehenen Gästen. Holtei hatte rasch herausgefunden, daß die schöne Frau Ludwig Roberts sich von den anderen Damen der

Salons unterschied. Ihm schien sie manchmal wie umhüllt von den Schatten einer düsteren Vergangenheit. Einer Vergangenheit, die sich ihm in geflüsterten Andeutungen in Nebensätzen erschloß. So sehr er sich auch bemühte, dem Geheimnis der von allen so Angebeteten auf die Spur zu kommen, er griff ins Leere.

Mit Ludwig Robert verband ihn schnell eine Freundschaft, die sich aus den gemeinsamen Interessen ergab. Robert fand Gefallen an dem weitgereisten Schlesier, dessen Stücke vital und von ursprünglicher Natürlichkeit waren und einen beziehungsreichen Witz offenbarten. Beide besprachen ihre neuen Projekte, die Zusammenarbeit tat beiden gut. Für Robert aber bedeutete sie auch die Wiederkehr der Arbeitslust, die er schon fast verloren geglaubt hatte. Bald war Karl von Holtei fast täglich in der Französischen Straße zu Gast. Auch für Friederike war es frappierend, wie sehr die beiden sich ergänzten, wie die leichte, schwungvolle Heiterkeit Holteis ihre Entsprechung in Roberts feierlichem, getragenen Ernst fand. Mit wahrer Besessenheit arbeiteten beide an Theaterstücken für das neue Theater in der Königstadt, denn daran mangelte es nach wie vor.

Graf Brühl hatte aus Angst um seine Einnahmen beim König durchgesetzt, daß in der Vorstadt weder Opern noch Ballette und keine großen Schauspiele aufgeführt werden durften. Aber auch die verbleibenden Sparten – Lustspiele, Melodramen und komische Opern – durften nur dann aufgeführt werden, wenn das Hoftheater zwei Jahre lang nicht auf diese Stücke zurückgegriffen hatte. Und die Intendanz des Hoftheaters hütete sich, lukrative, publikumswirksame Stücke verfallen zu lassen und damit der Konkurrenz in der Vorstadt zum Erfolg zu verhelfen.

Für Holtei und für Robert lag die Lösung auf der Hand: Nur ganz neue, brandaktuelle Stücke konnten die übermächtige Konkurrenz des Hoftheaters zurückdrängen und dem neuen Theater zu dem Erfolg verhelfen, den es zum Überleben so dringend brauchte. Unterdessen stieg die Spannung und die Vorfreude in der Bevölkerung, denn das, was über die Vorbereitungen der Bühne durchsickerte, war dazu geeignet, das Publikum einer geradezu theaterbesessenen Stadt in Atem zu halten.

Mit der Organisation und dem Auswählen des Ensembles war Heinrich Eduard Bethmann betraut, ein guter Freund Varnhagens. Bethmann hatte sich nach dem Tode seiner von den Berlinern vergötterten Frau, der Schauspielerin Friederike Bethmann-Unzelmann, von der Bühne zurückgezogen. Für Rahel war sie die Schauspielerin schlechthin gewesen, die Größe, an der sich alle anderen messen lassen mußten.

Aus Karlsruhe holte sich Bethmann Karoline Bauer, einen der aufgehenden Sterne am dortigen Hoftheater, jung und lebenslustig machte sie sich daran, das Berliner Theaterleben zu erobern. Aber wie fast alle anderen Künstler, die Bethmann mit Sachverstand und Sorgfalt an den deutschen Bühnen engagierte, mußte sie die Entdeckung machen, daß am Königstädter Theater wenige Monate vor der ins Auge gefaßten Eröffnung ein solches Durcheinander herrschte, wie sie es noch an keiner anderen Bühne erlebt hatte.

Karoline Bauer staunte nicht schlecht, als man ihr, die mit ihrer Mutter und ihrem kleinen Hündchen eben in Berlin angekommen war, eröffnete, just am Tage ihrer Ankunft habe Bethmann entnervt die Leitung des neuen Theaters abgegeben und sei mit unbekanntem Ziel abgereist. Vollends in Verwirrung stürzte die junge Schauspielerin die Bekanntschaft mit dem Justizrat Kanowsky – „Hauptstütze, Geschäftsführer und geistiger Dirigent des neuen Instituts" –, wie er sich ihr stolz vorstellte. Kanowsky sprühte vor Tatendrang: „Unser Theater wird bald das Königliche überflügeln! Wir haben junge Kräfte, immense Talente! – Bei den Hofschauspielern ist die Glanzperiode doch bei den meisten vorbei, – besonders die Damen könnte man ins Antiquitäten-Kabinett stellen..."

„Madame Stich ist aber doch zu den jugendlichen Künstlern zu zählen? Und die vielgepriesene Louise von Holtei? – Kaum in den Zwanzigern…" Hören und sehen verging dem Neuankömmling aus Karlsruhe jedoch, als offenbar wurde, daß an der neuen Bühne nicht nur zwei erste Liebhaberinnen um die Gunst des Publikums ringen sollten, wie sie es von ihrem früheren Engagement her gewohnt war, sondern deren sieben.

Einer der ersten Besuche Karoline Bauers in Berlin galt Rahel Varnhagen. Neugierig sah sich Karoline in der Wohnung um, sie fand alles ein wenig düster und war auch befangen, denn als Kind hatte sie in Karlsruhe Rahel als Frau des preußischen Ministerresidenten oft gesehen. Noch etwas anderes nahm Karolines Aufmerksamkeit in Anspruch: Sie konnte den Blick nicht von der schönen Frau wenden, die sich angeregt mit Karl von Holtei unterhielt. Endlich fiel auch Rahel die Sprachlosigkeit ihrer Besucherin auf: „Warum sagt denn die Jugend kein Wörtchen?" Ein wenig abgelenkt erwiderte Karoline: „Ich höre mit Entzücken zu, aber sagen Sie mir, wer ist die schöne Frau dort drüben am Tisch?" Rahel war ihren Blicken gefolgt, sie lächelte: „Das ist meine Schwägerin, die Frau meines Bruders Louis, besser bekannt als ‚die schöne Schwäbin'". Nachdenklich sah Karoline Rahel an: „Einmal in Karlsruhe habe ich Ihre schöne Schwägerin auf meinem Heimweg getroffen. Mein Gott, habe ich sie angestaunt, so etwas Schönes hatte ich noch nie gesehen. Ich dachte, sie sei eine Fee aus meinem Märchenbuch, die sich verirrt hatte und nun merkwürdigerweise zu einem Aufenthalt in Karlsruhe gezwungen wurde!" Sie dachte nach, bevor sie fortfuhr: „Sie ist mir so erschienen wie eine hohe Gestalt, die traurig an mir vorüberschwebte. Wie glücklich war ich, als sie meinen ehrerbietigen Knicks wahrhaft feengleich mit den Worten: ‚Wie geht es, liebes, freundliches Kind?' belohnte."

„Wie hübsch sich das anhört", sagte Rahel, „ja, der

Kinderblick! – Wie richtig fühlen oft diese kleinen Menschen heraus, ob Kummer unser Gemüt bedrückt! Meine Schwägerin hatte damals manch harte Prüfung zu bestehen!" Friederike war jetzt zu ihnen getreten und glaubte sich an das kleine Mädchen von einst erinnern zu können. Sie lachte: „Wissen Sie, meine Mutter erzählte mir damals, daß Ihre Familie gegen Ihren Hang zur Schauspielerin sei." Und lachend fügte sie hinzu: „Es ging die Geschichte um, daß Sie einstmals – geladen, vor der Markgräfin Amalie Ihr Talent zu beweisen –, zu dieser gesagt hätten, Schauspielerin vertrüge sich nicht mit guter Erziehung, und zum Entsetzen Ihrer Mutter auch nicht auf das liebevollste Zureden der Markgräfin zu einem noch so kleinen Zugeständnis bereit waren." Karoline jammerte: „Wird mir denn diese Geschichte überall hin folgen, ich war doch damals erst sechs. Ach, wäre ich doch in Karlsruhe geblieben!" Friederike sah sie ernst an: „Sehen Sie, genau das ist es, was ich auch manchmal stöhne...", sie legte bittend ihre Hand auf die Rahels, „auch wenn man es mir vielleicht als Undankbarkeit auslegen könnte. Aber ich habe oft Heimweh, nicht nur nach meiner Mutter und den Geschwistern, sondern nach dem Wald, nach den Bergen, und sogar nach einzelnen Bäumen. Ich glaube manchmal, sogar die Sterne funkeln dort anders!" Sie versuchte ein Lächeln: „Aber lassen Sie uns lieber wieder zum Theater zurückkehren!" Rahel nickte: „Das Theater braucht Vielfalt, eine Stadt ohne Theater ist für mich wie ein Mensch mit zugedrückten Augen, ein Ort ohne Luftzug, ohne Cours!"

In dem Maße, wie das neue Theater und seine Konzeption Formen annahm, war für Ludwig Robert ablesbar, daß es hier für ihn keinen dauerhaften Platz geben würde. Immer öfter klagte er darüber, wie fremd ihm seine einstmals so vertraute Heimatstadt geworden war. Rahel bemerkte mit Sorge, daß der Bruder insgeheim mit einer Abreise nach Süddeutschland liebäugelte, und es nur noch eine Frage der Zeit sein konnte, bis er die von Friederike immer wieder mit Ungeduld vorgetragene Bitte in die Tat umsetzte. Hinter jedem Mißerfolg sah er jetzt eine Intrige, allein darauf gerichtet, ihn und sein Werk herabzusetzen und lächerlich zu machen. Im Gegensatz zu seiner Schwester, die es mehr als unklug fand, gerade jetzt, vor der Eröffnung des neuen Theaters im August, die Stadt zu verlassen, liebäugelte er immer mehr mit einem Sommeraufenthalt in Baden-Baden, dem Ort, an dem sie ihre Flitterwochen verbracht hatten und der ihnen beiden so sehr gefallen hatte.

Wenn Roberts dann doch nicht abreisten, wie sie bereits angekündigt hatten, so lag das eigentlich nur daran, daß Heinrich Heine seinen überraschenden Besuch in Berlin ankündigte. Heine, den sein Studium in Göttingen nicht befriedigte und der zudem seit einiger Zeit unter so lästigem Kopfweh litt, daß ihm auch das Schreiben schwerfiel, hatte sich Hals über Kopf zu einer Ferienreise durch den Harz entschlossen. Aber auch hier fand er kaum Entspannung, er schlief schlecht und seine Laune besserte sich kaum. So wurde seine Sehnsucht nach den Berliner Freunden übermächtig und er bat Moses Moser, ihm in Berlin auf einige Wochen ein Zimmer zu besorgen, *„nicht zu teuer, aber auch nicht zu schlecht. Bei keinem Juden, wegen..., und nirgends wo in der Nähe ein Schlosser und überhaupt ein klopfender Handwerker wohnt; auch siehe, daß das Zimmer an kein anderes grenzt, worin laut gesprochen wird."*

Kaum in Berlin angekommen, suchte er Roberts auf, und das alte herzliche, vertraute Verhältnis war sofort wiederhergestellt. Schon nach wenigen Augenblicken war es so, als wäre er niemals fortgewesen. In Rahels Salon rissen sich die Besucher um ihn, der Abdruck seiner Gedichte im *Gesellschafter* hatte ihn sehr berühmt gemacht. Zusammen mit Roberts und Varnhagens machte er Ausflüge in die Umgebung, zum Grab der Königin Luise nach Charlottenburg und nach Potsdam. Heine beklagte sich über die unbequemen Berliner Droschken, die nur zu dem einen nützlich zu sein schienen, nämlich die Passagiere übereinanderpurzeln zu lassen, was ihm im Fall einer Nachbarschaft mit Friederike sehr willkommen gewesen wäre. Er zwinkerte Robert freundschaftlich zu. Am liebsten hätte Heine sowieso jeden Nachmittag mit Friederike in einer anderen Konditorei verbracht. „Nicht", wie er Robert versicherte, „um der schönen Frau den Kopf zu verdrehen, sondern einzig und allein um festzustellen, welchen Baisers in welchem Café der Vorzug zu geben sei." Der Umgang mit den vertrauten Freunden besserte Heines Gesundheitszustand fast über Nacht. Verflogen waren die Kopfschmerzen und auch die ständige schlechte Laune. Schon nach vier Wochen fühlte er sich gekräftigt genug, ins ungeliebte Göttingen abzureisen und sein Studium wieder aufzunehmen. Mit Bangen hatte Friederike Heines Abreise entgegengesehen. Auch Robert war in seiner Gegenwart aufgelebt, hatte wieder Mut gefaßt, war fast wieder zum Kämpfer geworden.

Rührend war der Abschied Heines, als er Friederike eine sehr kleine, sehr niedliche Stockrose in einem Topf überreichte und dazu ganz ohne allen Spott murmelte: „Die Menschen, die ich lieb habe, die kann man fast an den Fingern abzählen. Wollen Sie wissen, wer's ist?" Friederike traten die Tränen in die Augen, während sie nervös an der Rose herumzupfte, sie nickte und trat zu Heine. „Also, meine Schöne", Heine hob die Arme, streifte die Manschetten zurück und spreizte die Finger: „Rahel und Karl August Varnhagen, meine Mutter, meine Schwester, Karl Immermann, Christiani, Moses Moser, Lehmann, mein lieber Onkel Henri, Ludwig Robert...", jetzt waren ihm die Finger ausgegangen. Er legte lachend die Hände zusammen, daß sie einen Hohlraum bildeten, und sagte nach einer Pause: „...und Friederike Robert!" Robert lachte und Friederike packte Heine ungestüm am Arm: „Sie sind unmöglich, ich sage, Sie sind und bleiben unmöglich; aber ich hoffe doch, daß

Sie bald wiederkommen!" Sie küßte ihn stürmisch, anerkennend blinzelte Heine Robert zu: „Meinen Glückwunsch, mein Herr!"

Heines Abreise hinterließ eine schmerzliche Lücke, eine Lücke, die sich auch durch einen intensiven Briefwechsel nicht schließen ließ. Bedrückend für Friederike war, daß sich ihr Mann jetzt wieder stärker in sich selbst zurückzog, so daß sie immer mehr zu seiner einzigen Verbindung mit der Außenwelt wurde. In Heinrich Heine hatte er einen Gegenpart für seinen Witz und Spott gefunden, einen Freund, der mit sicherem Gespür die Bälle, die er ihm zuwarf, auffing und ebenso elegant zurückgab.

Aber auch Heinrich Heine, der so schnell es ging nach Göttingen zurückgekehrt war, konnte Friederike nicht so einfach vergessen. Schon in den allerersten Tagen nach seiner Rückkehr verfaßte er einen artigen Sonettenkranz, den er ihr kurze Zeit später durch seinen Freund Moses Moser überbringen ließ. *„Ich hatte versprochen"*, so schrieb er ihm, *„der schönen Frau ein Gedicht zu machen und für ein solches aufgegebenes Gelegenheitsgedicht, wo die Konvenienz (Die Macht der Verhältnisse) den wirklichen Ernst teils heischte, teils verbot, dafür ist das Gedicht noch immer gut genug, und es wird der schönen Frau gefallen und sie erfreuen, und könnte dem Überbringer, wenn er nicht zu blöde wäre, ein zärtliches Trinkgeld eintragen. Etwas wenigstens wirst du bekommen, vielleicht auch ein extra-ordinaires Lächeln!"*

So sehr Heinrich Heine den Wert seiner Sonette herabzusetzen suchte, so sehr gefielen sie Friederike. Moses Moser, der Überbringer, war jedenfalls nicht zu blöde, die Heine zugedachte Dankadresse selbst in Empfang zu nehmen. Wieder und wieder las Friederike diese Gedichte, es war ihr, als könne sie Heine hinter jeder Zeile spüren.

„Verlaß Berlin mit seinem dicken Sande
Und dünnem Tee und überwitz'gen Leuten,

Die Gott und Welt, und was sie selbst bedeuten,
Begriffen selbst mit Hegelschem Verstande.

Komm' mit nach Indien, nach dem Sonnenlande,
Wo Ambrablüten ihren Duft verbreiten,
Die Pilgerscharen nach dem Ganges schreiten,
Andächtig und im weißen Festgewande.

Dort, wo die Palmen wehn, die Wellen blinken,
Am heil'gen Ufer Lotosblumen ragen
Empor zu Indra's Burg, der ewig blauen,

Dort will ich gläubig vor dir niedersinken
Und deine Füße drücken und dir sagen:
Madame, Sie sind die schönste aller Frauen."

Indien, das Sehnsuchtsland – wie oft hatten sie sich
darüber unterhalten: Indien, das war das Land, in dem
man aus seiner öden Gegenwart in exotische Gefilde
entfliehen konnte. Außerdem war Heine, als er noch
in Berlin studierte, nur gar zu gerne seinen juristischen
Vorlesungen ferngeblieben und hatte stattdessen die
für ihn viel spannenderen Vorlesungen von Professor
Franz Bopp über indische Dichtung besucht. Sie las
weiter:

„Der Ganges rauscht, mit klugen Augen schauen
Die Antilopen aus dem Laub, sie springen
Herbei mutwillig; ihre bunten Schwingen
Entfaltend wandeln stolzgespreizte Pfauen.

Tief aus dem Herzen der bestrahlten Auen
Blumengeschlechter, viele neue, dringen,
Sehnsuchtsberauscht ertönt Kokilas Singen –
Ja du bist schön, die schönste aller Frauen!

Gott Kama lauscht aus allen deinen Zügen,
Er wohnt in deines Busens weißen Zelten,
Und haucht aus dir die lieblichsten Gesänge;

Ich sah Wassant auf deinen Lippen liegen,
In deinem Aug' entdeck' ich neue Welten,
Und in der eignen Welt wird mir's zu enge.

Der Ganges rauscht, der große Ganges schwillt,
Der Himalaya strahlt im Abendscheine,
Und aus der Nacht der Bananenhaine
Die Elefantenherde stürzt und brüllt.

Ein Bild! ein Bild! Mein Pferd für'n gutes Bild!
Womit ich dich vergleiche, Schöne, Feine,
Dich Unvergleichliche, dich Gute, Reine,
Die mir das Herz mit heitrer Lust erfüllt!

Vergebens siehst du mich nach Bildern schweifen,
Und siehst mich mit Gefühl und Reimen ringen –
Und ach, du lächelst gar ob meiner Qual!

Doch lächle nur! Denn wenn du lächelst, greifen
Gandarven nach der Zither und sie singen
Dort oben in dem goldnen Sommersaal."

Nachdenklich legte Robert die Sonette aus der Hand und sah Friederike an: „Merkwürdig, auch Heine hat schon bemerkt, wie sehr du dich von hier wegsehnst, mit jeder Faser deines Herzens. Ach Rieke, vielleicht war es doch kein so großes Glück für dich, so einen Vagabunden und Herumtreiber wie mich zu heiraten. Ein ordentlicher Kaufmann mit einer gepflegten Häuslichkeit, das würde dir viel besser passen!"

Schelmisch blickte sie zu ihm hin: „Wie wahr, wie wahr, das wäre nicht zu verachten, besonders jetzt, da mir der eigene Mann schon lange keine Gedichte mehr schreibt und nur über die der anderen unkt. Der Herr von Holtei ist sogar noch ein bißchen fleißiger als Heine. Aber, wie dem auch sei, ich habe dir Stoff für neue Hemden gekauft und werde sie jetzt zuschneiden."

„Das heißt, du willst mich hier vom Tisch vertreiben. Aber hör mal, was man mir gestern bei der Frau von Hohenhausen Unter den Linden zugeflüstert hat: Die schöne Schwäbin, Friederike Robert, hat mir mein Informant gesagt, werde sehr von Heinrich Heine bewundert, was sie sich auch gerne gefallen ließe, aber noch lieber würde sie die Huldigungen des Herrn von Holtei hinnehmen."

Mit Schwung hatte Friederike gerade den Hemdenstoff auf dem Tisch ausbreiten wollen, jäh ließ sie ihn wieder sinken. Sie sah Robert an, und er bemerkte, wie sie über und über rot wurde. Diese Reaktion hatte er nicht erwartet, wie oft hatten sie schon über Friederikes Bewunderer ihre Scherze gemacht, jetzt schüttelte sie unwillig den Kopf: „Die Leute sollen vor ihrer eigenen Tür kehren, und sich nicht über so lächerliche Dinge den Kopf zerbrechen." Energisch holte sie Schere und Nadeln aus der Kommode. Robert ging hinüber an seinen Sekretär und vertiefte sich nachdenklich in seine Papiere.

Jetzt, nach Heines Abreise, kam Holtei wieder jeden Tag, häufig aß er auch bei Roberts zu Mittag; besonders wenn es Makkaroni gab, war er kaum aus dem Haus zu bringen. Gewöhnlich gingen sie dann zusammen ein wenig spazieren oder brachten Robert zur Königlichen Oper, wo er häufig in Spontinis Auftrag dramaturgische Änderungen an den Texten vornahm. Niemals hatte er dabei darüber nachgedacht, was Holtei und Friederike unternahmen, wenn sie ihn am Künstlereingang des Opernhauses verabschiedet hatten. Friederike würde ihm schon erzählen, wie sie den Tag verbracht hatte. Wenn sie jetzt aber von einsamen Spaziergängen durch das Kastanienwäldchen berichtete, das sie so sehr liebte, weil es sie an Hosterwitz erinnerte, dann spürte er einen kaum merklichen Stich im Herzen und ein Mißtrauen, das es nie zuvor zwischen ihnen gegeben hatte.

Kapitel 11

Von Eifersucht und Ehekrise

Friederike saß wieder einmal Modell, der Maler Herbig hatte sie einfach auf der Straße angesprochen. Seine Skizzen waren für ein großes Ölgemälde bestimmt, und wenn er das fertig habe, dann sollte Friederike die Skizzen bekommen. Sie freute sich schon wie ein Kind darauf, das wäre ein Geschenk für Louis, endlich einmal eins, das er nicht schon vorher erraten würde. Aber, sie gestand es sich ein, vermutlich würde sie ihm schon alles verraten, bevor er nur die leiseste Frage stellte. Es war zu dumm, aber sie konnte einfach ihren Mund nicht halten.

Immer, wenn sie Post aus Karlsruhe bekam, war es für Friederike ein ganz besonderes Ereignis, aber als sie diesmal Gottliebs Brief öffnete, ärgerte sie sich fast „die Pusteln an den Hals". Gottlieb hatte ihr die Abschrift eines Briefes geschickt, den ihm irgendjemand geschickt hatte: *„Man mag diese Frau",* las sie Robert mit sich vor Empörung überschlagender Stimme vor, „das bin i – diese Frau –, aber hier weiter: *leiden können oder nicht. Schön finden muß man sie, sie ist es in höchstem Grade, sie strahlt so hell, daß die anderen Gesichter neben ihr im Schatten zu sein scheinen, eine Wirkung, die nur nicht von Dauer ist, denn allmählich sucht der Blick doch wieder den Ausdruck des Geistes, der Klugheit, der Güte, der Zartheit und anderer Eigenschaften, durch welche hier die augenblicklich verdunkelten Physiognomien bald wieder sich erhellen und zuletzt die bloße Schönheit weit überfliegen!"*

Ludwig Robert nahm ihr das Blatt aus den Händen: „Wer immer das geschrieben hat, der ist doch nur neidisch auf etwas, was er selber nicht hat, aber gar zu gerne haben möchte. Und vielleicht", sein Blick sog sich an ihrem Gesicht fest, „ist es auch geschrieben worden, um dich als meine Frau zu treffen, so bekommen wir denn beide die Liebe der feinen Gesellschaft zu spüren!" Er nahm sie in die Arme: „Bald fahren wir nach Baden, wart nur noch ein bißchen!"

„Aber vorher feiern wir noch etwas, was uns ganz alleine gehört." Friederike hatte ihre gute Laune wiedergefunden, aber sie wußte, wenn sie nur gekonnt hätte, dann wäre sie ganz einfach zu Gottlieb nach Karlsruhe entflohen. Zu allem Unglück hatte sie sich noch empfindlich in den Finger gestochen, und die Wunde hatte sich entzündet, jetzt war der Finger dick geschwollen, ganz rot und brannte wie Feuer. Der Arzt hatte Umschläge gemacht und eine Salbe verschrieben, bis jetzt aber war noch keine Besserung zu verspüren. Am Abend nach dem Theater bei Varnhagens besah sich Frau von Grotthus den Finger und schüttelte den Kopf. Sie hielt nicht viel von der Kunst der Ärzte und riet Friederike, den Finger dreimal auf der Erde zu reiben. „Wenn ich Ihnen raten kann, dann tun sie es und sagen dazu: Ich reib den Finger auf der Erden, er soll nicht schwillen und nicht schwären wie der Tod in der Erden!" Als Friederike sie staunend und wohl auch ein wenig ungläubig ansah, fuhr sie fort: „Ich habe es ganz genauso gemacht und, ob Sie es glauben oder nicht, seit dieser Zeit habe ich keinen geschwollenen Finger mehr gehabt!" Sie lachte ein wenig schrill: „Aber bei mir ist sowieso alles ein wenig seltsam, denn immer wenn ich den zweiten Strumpf zu einem Paar Strümpfe beginne, dann kann ich sicher sein, daß ich verreisen muß." Varnhagen, als Diplomat darin erfahren, gefährliche Situationen zu entschärfen, nahm Friederike bei der Hand: „Und genau so werden wir es auch machen, mal sehen, ob der Finger dann wieder gut wird. Allerdings das Sockenstricken soll die Friederike lassen, man munkelt sowieso soviel von einer bevorstehenden Abreise Roberts, daß wir mit dem zweiten Strumpf einem Gerücht nicht neue Nahrung geben wollen."

Bei seinem nächsten Besuch las Holtei aus seinem neuen Theaterstück „*Armuth und Reichtum*" vor. Ihm entging nicht, wie matt und apathisch Friederike wirkte. Nichts konnte sie aufheitern, weder ein versprochener Theaterbesuch noch eine Fahrt nach Potsdam. Sie fühlte sich krank und müde. Wieder kam der Arzt, aber er schüttelte nur den Kopf, verordnete Ruhe und Spaziergänge bei guter Witterung. Friederike ließ sich verwöhnen und schrieb an ihrem Schäferspiel. Robert brachte ihr Rosen, und zusammen mit Holtei besuchten sie am Nachmittag „das Wunder von Berlin", einen Rosenstrauch, von dem erzählt wurde, daß er über 6000 Blüten trage. Liebevoll waren die Ranken an Spalierwänden festgebunden, sie wucherten über eine fast zehn Meter lange Wand, ein Meer von rosa Blüten ließ kaum noch etwas vom Grün der Blätter erkennen. Am Vormittag hatte es geregnet, das gab den Rosen jetzt ein frisches Leuchten und verstärkte noch ihren leisen Duft nach Süße und Sommer.

Friederike zog eine der Blüten behutsam zu sich heran und roch daran. „Wie schön", flüsterte sie, „wie wunderschön!" Holtei stand ganz versunken in ihren Anblick, Robert bemerkte wohl, wie verliebt er sie ansah, und es gab ihm wieder einen Stich. Einen Moment lang glaubte er zu sehen, wie Friederike und Holtei einen Blick des Einverständnisses miteinander tauschten. Am Nachmittag, als er an seinem Text weiterarbeitete, war er sich schon sicher, Friederike an Holtei verloren zu haben.

Als sie ihn bat, doch mit ins Theater zu kommen, denn Louise von Holtei würde abends im „*Käthchen von Heilbronn*" spielen, da schüttelte er den Kopf, er habe noch zu arbeiten und würde sie dann bei Varnhagens erwarten. Friederike war überrascht, aber als sie sein abweisendes Gesicht sah, hatte auch sie keine Lust mehr, ihn ein zweites Mal zu bitten.

„Ihre Frau ist ganz bezaubernd", Friederike stand mit Holtei im Foyer des Schauspielhauses und sah den festlich gekleideten Besuchern zu, „es muß schön sein, der eigenen Frau auf der Bühne zuklatschen zu können!" Holtei zog die Augenbrauen zusammen: „Ach, das ist manchmal kein Vergnügen, der Mann einer bekannten Schauspielerin und weiter nichts zu sein –, dagegen ist ein Drehorgelmann, denk' ich, zu beneiden." Er schluckte und griff nach Friederikes Hand. „Seit wir in Berlin sind, ist die Frage, die mir am häufigsten zu Ohren kommt: Wer ist denn der Holtei? Das ist die Hölle für mich, und die Frage verfolgt mich noch in meinen schlimmsten Träumen, noch mehr aber fürchte ich die Antwort: ‚Das ist der Mann der Hofschauspielerin Louise von Holtei'." Friederike verstand ihn nur zu gut, sie konnte seine Qualen nachempfinden. „Das ist nicht schlimmer, als die Frau zu sein, die Rahel Varnhagens Bruder vorm Unglück gerettet hat." Holtei sah ihr tief in die Augen, faßte ihre Hand fester und führte sie an die Lippen: „Ich träume davon, als Dichter und Literat anerkannt zu werden, doch das sind nur Träume. Aber was wir heute hier erleben..." Erschrocken entzog ihm Friederike ihre Hand und mahnte ihn, auf ihre Plätze zurückzukehren.

Nach der Vorstellung brachte Holtei Friederike zu Varnhagens, aber Ludwig Robert war zu Beers gegangen, hatte nicht warten können. Enttäuscht wandte sich Friederike ab: „Dann bringt mich Herr von Holtei jetzt nach Hause!" Rahel sah sie prüfend an. „Rieke, seien Sie nicht böse, aber Michael Beer ist aus Bonn gekommen, und da konnte er eben nicht widerstehen!" Friederike warf den Kopf in den Nacken: „Vielleicht kann ich ja auch nicht widerstehen!"

Schweigend ging sie neben Holtei her; nach einer Weile legte sie ihm die Hand auf den Arm und bat ihn: „Bitte bringen Sie mich jetzt nach Hause, ich bin zu müde zum Spazierengehen, und der Wind ist auch ein bißchen kühl!" An der Haustür angelangt, küßte sie Holtei leicht auf die Wange: „Vielen Dank für den schönen Abend, aber ich denke, wir haben auch ein ähnliches Schicksal!" Da nahm er sie in die Arme und

küßte sie, sie machte sich los und legte ihm erschrok-
ken die Hand auf den Mund: „Das darf nicht sein, das
würde alles nur noch schlimmer machen, oh bitte, tun
Sie das nie wieder!"

Holtei sank vor ihr auf die Knie und murmelte in
gespielter Verzweiflung: „Nie wieder? Sie stürzen
mich in Verzweiflung, oh schöne Schwäbin, böse
Schwäbin, liebe Schwäbin...!" Er wartete noch, bis
Friederike ihre Wohnungstür erreicht hatte, dann
machte auch er sich auf den Heimweg. Friederike hatte
kaum Zeit, ihren Hut in die Garderobe zu hängen und
die Haarklammern zu lösen, als Robert nach Hause
kam. Er schien ihr ungewöhnlich blaß und schweigsam, aber sie war zu müde, um sich darüber Gedanken
zu machen.

Am Morgen ihres zweiten Hochzeitstages stand
Friederike ganz vorsichtig auf, vergnügt sang sie vor
sich hin: „Wir haben etwas zu feiern, was nur uns
beide angeht!" Sie hatte ein Festgedicht für ihren Mann
geschrieben und dazu einen Kranz aus grünem
Lebensbaum geflochten, ein niedliches Rosenbäum-
chen hatte sie über und über mit Papierherzen behängt
und an Roberts Platz am Frühstückstisch gestellt. Von
Rahel hatte sie ein Tischtuch und zwölf Servietten
bekommen, eine ganz notwendige Anschaffung, die
Friederike aber immer wieder hinausgeschoben hatte,
weil ihr ein Hut oder ein Kleid viel besser gefallen
hatten. Heute hatte sie das hellblaue Kleid mit der
blauen Schärpe angezogen, es war Roberts Lieblingskleid.

Gespannt lauschte sie auf die Geräusche aus dem
anderen Zimmer. Endlich erschien Robert. Er nahm
kaum Notiz von dem festlich gedeckten Tisch und sah
durch Friederike hindurch wie durch eine Fenster-
scheibe: „Laß gut sein, Rieke, das macht es auch nicht
besser!" Kranz und Gedicht entfielen ihren Händen:
„Aber sag mir doch, was du hast?" Müde sah er sie an:
„Das fragst du mich?" Und schon war er aus der Tür
und im Treppenhaus verschwunden.

Weinend ließ sich Friederike auf das Sofa fallen, sie schluchzte, daß es sie schüttelte. Endlich ließ das krampfartige Zucken ihrer Schultern nach, sie wischte sich die Augen trocken und räumte die Geschenke weg. „Unendlich wie ein Kranz sollte unsere Liebe sein." Sie schüttelte den Kopf, nie wieder würde sie ihren Hochzeitstag feiern. Ein Tag wie jeder andere war das und sollte es auch in Zukunft bleiben. Plötzlich wurde ihr übel, das Zimmer begann sich um sie zu drehen, sie tastete sich zum nächsten Stuhl und barg das Gesicht in den Händen.

So fand sie Holtei, der Roberts zum festlichen Mittagessen bei Varnhagens abholen wollte. Sie kühlte die brennenden Augen mit kaltem Wasser und befühlte ihr verquollenes Gesicht, gemeinsam gingen sie dann zu Varnhagens. Ludwig Robert erschien nicht zum Essen. Rahel kümmerte sich rührend um die Schwägerin, stellte keine Fragen, ließ ihr Zeit. Es wurde ein trauriges Essen, bei dem niemand viel sprach und die Köchin Dore, Rahels Mädchen seit vielen Jahren, sich ärgerte, daß niemand das Essen lobte.

Robert kam erst spät in der Nacht heim, Friederike tat als ob sie schliefe, aber er kümmerte sich nicht um sie. Als sie am nächsten Morgen, die Glieder schwer von bleierner Müdigkeit, aus einem unruhigen Schlaf erwachte, war er schon wieder fort. Nur das benutzte Bett erinnerte sie daran, daß er die Nacht neben ihr verbracht hatte. Wütend knüllte Friederike die Decke zusammen und schlug auf das Knäuel ein. Dabei entdeckte sie ein auf das Kopfkissen gelegtes, winziges Stück Papier, sie las es: „Fahre mit Freunden nach Charlottenburg, der Königin ihren Sterbetag zu begehen" stand da, kein Gruß, kein liebes Wort, keine Unterschrift. Und während alles, was Beine hatte, hinausfuhr nach Charlottenburg, um der geliebten Königin Luise die Reverenz zu erweisen, saß Friederike Robert einsam auf ihrem Bett. Je mehr sie nachdachte, desto wütender wurde sie. Gestern noch hätte sie alles daran gegeben, mit ihrem Mann zu sprechen, ihm alles zu erklären, aber er wollte ja nichts von ihr wissen. Endlich stand sie auf, kühlte ihr verquollenes Gesicht mit Kaltwasserkompressen. Als Rahel und Karl August Varnhagen die Schwägerin zum Mittagessen bei Beers abholten, sah man ihr den Kummer immer noch an, aber sie hatte sich auch wieder gestrafft, und ihr traten nicht mehr jeden Moment die Tränen in die Augen. Sie hatte sich besonders sorgfältig zurechtgemacht, vielleicht kam Louis ja, und dann wollte sie schön sein für ihn.

Rahel versuchte, sie ein wenig abzulenken und erinnerte sie an ihren ersten Aufenthalt in Baden-Baden: „Wissen Sie noch das fürchterliche Gewitter, Sie haben so Angst gehabt, wir saßen alle beim Kaffee und warteten, daß es aufhörte mit Blitz und Donnerschlag...!" Friederike fiel ein: „Uh, es war ganz schön unheimlich, der düstere Himmel und die zuckenden Blitze, plötzlich haben Sie aufgeschrien und nach draußen gedeutet! Louis hat schon gedacht, es wäre etwas geschehen..." Rahel lächelte: „Mitten im Wetter fing die Sonne an, zauberhaft unterzugehen, wir liefen von einem Fenster zum andern. Sieh da: Plötzlich stampft Madame Steckeisen im größten Regen und Nässe von der Allee her mit zwei Herren zu mir, einer davon ältlich-dicklich. Ich denk einen Augenblick, es ist Steckeisen, doch schien er mir zu klein. Ich geh' hinaus, vor meiner Stubentür erkenne ich erst den Großherzog von Weimar. Mein Gott, war das eine Freude, und wie gut er aussah. Bloß unseren Kaffee wollte er nicht, aber einen Schnaps, den hätte er nicht ausgeschlagen!" Friederike lachte: „Und ich war so aufgeregt: zum ersten Mal war ich mit einem Großherzog in einem Zimmer. Ich habe unter dem Tisch Louis' Hand gehalten, weil mir so Angst war...!" Die Erinnerung an die schöne Zeit in Baden-Baden ließ ihr wieder die Tränen in die Augen treten. Besorgt sah Rahel sie an: „Rieke, es wird schon alles wieder gut. Obwohl der Louis mein Lieblingsbruder ist, könnte ich ihn manchmal übers Knie legen. Er war schon als

Kind so, versteckte sich tagelang, wenn ihm ein Unrecht geschehen war!" Friederike fuhr auf: „Ich möchte wissen, was ihm für ein Unrecht geschehen ist – ich habe ihm keins angetan. Und er führt sich auf wie ein mieser Schmierenkomödiant, pah – aber ich rede auch kein Wort mehr mit ihm, niemals!" Bevor Rahel etwas antworten konnte, legte Varnhagen den Arm um die Schwägerin: „Schön, dann wird es eine sehr schweigsame Ehe werden, nur gut, daß ihr alle beide mit der Feder umgehen könnt..." Ärgerlich schüttelte Friederike seinen Arm ab: „Machen Sie sich nur auch noch lustig über mich!" Aber seine Worte amüsierten sie doch. Plötzlich hatte sie den Eindruck, daß alles, was in den letzten Tagen geschehen war, nur ein Mißverständnis sein konnte. Und sie wußte auch, daß Louis sie brauchte, um den Weg zu ihr zurückzufinden.

Im lichtdurchfluteten Speisesaal im Hause des Bankiers Beer wurde es Friederike etwas besser. Die Beklemmungen ließen nach. Es tat ihr gut, daß sie hier niemand nach Louis fragte. Alles drehte sich um den jüngsten Sohn des Hauses, Michael Beer, der gerade von seinen Studien in Bonn ins elterliche Haus zurückgekehrt war und von dem man sich eine glänzende Karriere als Schriftsteller erwartete. Aber auch sonst herrschte erwartungsvolle Vorfreude im Hause des Bankiers Beer und seiner Frau Betty, in den nächsten Tagen sollte ihr ältester Sohn Jakob aus Paris zurückkommen. Seine Kompositionen hatten ihn schon berühmt gemacht. Um einer Erbschaft willen hatte er den Namen eines Onkels angenommen und nannte sich jetzt Jakob Meyerbeer.

Trotz der vergnügten Stimmung im Hause Beer verabschiedeten sich Varnhagens schon am frühen Nachmittag. Sie wollten am nächsten Tag in die Sommerfrische nach Alexisbad im Harz reisen. Rahels angegriffener Gesundheitszustand machte eine Erholungsreise dringend erforderlich. Besonders das Treppensteigen fiel Rahel sehr schwer, sie klagte über starke Nervenschmerzen und Brustbeklemmungen. So war es auch heute, als sie Friederike nach Hause zurückbegleitet hatten und noch eine Tasse Tee bei ihr tranken. Besorgt betrachtete Varnhagen seine Frau. Die jähen Schatten auf der ansonsten so glücklichen Ehe ihres Bruders hatten ihrem seelischen Gleichgewicht mehr Schaden zugefügt, als sie selbst nach außen hin zugegeben hätte. Während sie Tee tranken und Varnhagen Goethes Rezension seiner *Biographien* vorlas, über die er sich sehr gefreut hatte, lauschte jeder von ihnen nur darauf, ob er nicht Schritte im Treppenhaus hörte, ob sich die Tür öffnete und Ludwig Robert hereinträte. Aber er kam nicht.

Lange, nachdem Varnhagens gegangen waren, saß Friederike immer noch am gleichen Platz. Sie schrieb eben die Beurteilung Goethes über Varnhagen ab, weniger aus Notwendigkeit, sondern um überhaupt etwas zu tun und sich nicht ihren quälenden Gedanken zu überlassen. Siedend heiß war es ihr eingefallen: Louis mußte gesehen haben, wie Holtei sie küßte. Aber das war doch nur Spaß gewesen! Oder nicht? Sie schob das Schreibzeug beiseite. Wenn sie ehrlich war, mußte sie sich eingestehen, daß es nicht nur Spaß gewesen war. Es war ein Spiel mit dem Feuer gewesen. Aber hatte Robert nicht selber schuld? Seine ewige schlechte Laune, sein Schimpfen über Berlin und die Berliner, über die Gesellschaft, da hatte es ihr sehr gut getan, mit Holtei zu lachen und festzustellen, daß andere ebenfalls ihre Probleme hatten. Und sie hatte auch ausprobieren wollen, ob es ihr noch gelang, einen einzigen aus der Schar der Männer, die ihr zu Füßen lagen, für sich zu erobern. Sie grübelte. Doch auch mit Montigny hatte sie gelacht und gescherzt, ihre Tändeleien und Pfänderspiele mit ihm hatten Louis nie aus der Ruhe gebracht. Aber bei Karl von Holtei war es eben doch anders gewesen, von Anfang an, sie hatte es nur nicht gleich gemerkt. Oder hatte sie es nur nicht wahrhaben wollen?

Nachdenklich betrachtete sie einige Kupferstiche, die heute angekommen waren. Auf dem einen war sie dargestellt, so wie sie Carl Christian Vogel in Dresden gesessen hatte, für die Fresken im Speisesaal des Neuen Palais in Pillnitz. Sehr ähnlich war das Bild nicht, aber man konnte sie erkennen, die großen Augen, die Bänder im Haar. Wie unbeschwert sie in Dresden gewesen war! Ihr schien diese Zeit unendlich lange zurückzuliegen, dabei waren es noch nicht einmal zwei Jahre.

Müde barg sie den Kopf in den Händen. Es war lange nach Mitternacht, als Ludwig Robert nach Hause kam. Er fand Friederike schlafend im Dunkeln am Tisch sitzen, leise zündete er ein Licht an und betrachtete sie. Unter ihren Armen fand er die neuen Kupfer für die *Rheinblüten* des nächsten Jahres. Ach ja, er hatte versprochen, die Erklärungen dazu zu schreiben. Friederike als Bild und Friederike schlafend am Tisch, lange stand er in Betrachtung versunken. Er ertappte sich bei dem Wunsch, die Schlafende einfach in die Arme zu nehmen, doch brüsk wendete er sich ab. Friederike erwachte, blinzelte in das Licht und zuckte erschrocken zusammen, als sie ihren Mann sah. Hilflos streckte sie ihm die Hände entgegen: „Louis, ich liebe dich doch..." Er schluckte: „Das habe ich deutlich gesehen – unten vor der Tür, in der Nacht!" Rieke sprang auf: „Du hast ja recht, aber so war es doch nicht. Auch andere haben Sorgen, auch wenn man es ihnen nicht immer ansieht. Ach Louis, vertrau mir doch!" Sie ließ die Arme sinken. „Ich hab doch nur dich!" Unschlüssig sah er sie an: „Das zu glauben fällt mir schwer!" Den Bruchteil eines Augenblicks sahen sie sich in die Augen, dann breitete er die Arme aus und hielt sie so fest an sich gedrückt, als fürchte er, sie würde ihm mitten in der Nacht aus der eigenen Wohnung gestohlen. Friederike meinte, sein Herz neben ihrem eigenen schlagen zu hören. Endlich ließ er sie los und murmelte aufatmend: „Weißt du, ich hätte es nicht ertragen, dich zu verlieren; verzeih mir, aber ich konnte nicht anders!" Sie lächelte und drohte ihm mit dem Finger: „Mach das nicht noch einmal mit mir, ich habe so Angst gehabt, so viele Tage lang!" Er schüttelte den Kopf: „Mehr als drei waren es ja nun wirklich nicht!" Sie strich ihm zärtlich die Haare aus der Stirn und küßte ihn: „Laß uns schlafen gehen, morgen fährt deine Schwester nach Alexisbad, und wir müssen uns morgens noch von ihr verabschieden, Varnhagen und sie waren so lieb zu mir und haben sich solche Sorgen gemacht!"

Varnhagens waren beruhigt abgereist. Überrascht hatte Rahel den hübschen Flacon mit Kölnisch Wasser aus Riekes Hand entgegengenommen. Rahel, die so gerne mit anderen Leuten über Mode und modische Accessoires sprach, die beurteilte, was schönen Frauen zu Gesicht stand und was nicht, hatte für sich selber keinen großen Spaß daran. Sie trug am liebsten weite Kleider, die sie bei ihren Bewegungen nicht behinderten. Auch von Kölnisch Wasser hatte sie erst mal nur gehört und es nie für sich selber benutzt. Rieke betrachtete den Flacon und bat: „Fleißig nehmen, es hilft auch gegen Kopfschmerzen und gegen schlimme Reisemüdigkeit. Jedenfalls hat es mir immer geholfen!"

Kapitel 12

Das Königstädter Theater

Bald darauf war Robert aufgebracht aus dem Opernhaus von einem Besuch bei Spontini heimgekehrt. Soeben war er Zeuge geworden, wie der Generalmusikdirektor die neue Oper *Euryanthe* von Carl Maria von Weber für die Berliner Oper abgelehnt hatte. Zwar hatte *Euryanthe* bei ihrer Uraufführung in Wien nicht den gleichen überwältigenden Erfolg erringen können wie der *Freischütz*, aber das war weniger Webers Musik als dem nicht bühnenwirksamen Textbuch der Dresdnerin Helmina von Chezy zuzuschreiben. Die Berliner jedenfalls wollten *Euryanthe* sehen, doch jetzt wurde die Aufführung verhindert, weil kein Geld in den Kassen des Opernhauses war. Geld, das Spontini für seine eigenen Opern verbraucht hatte. Kalt hatte er Robert auf dessen Vorhaltungen erwidert: „Die *Euryanthe* mag gut genug sein für eine Oper, die Sie leiten, aber für ein von mir geführtes Haus kommt sie nicht in Frage!"

Eine Antwort, die Ludwig Robert fast aus der Fassung gebracht hatte. Jetzt versuchte er seinen Einfluß, den er als Mitarbeiter von Cottas *Morgenblatt* hatte, in die Waagschale zu werfen. In einer beißenden Kritik wandte er sich voll ohnmächtiger Wut gegen Spontini und seine horrende Geldsummen verschlingenden Prachtopern, in denen manchmal auch Elefanten aufgeboten wurden, um die prunkvollen Bühnenbilder zu bereichern und dem Publikum den Nervenkitzel zu bieten, den die Handlung der Opern nicht hervorrufen konnte. In seinem den Artikel begleitenden Brief an den Verleger Johann Friedrich Cotta schreibt Robert:

„Meines Erachtens würde es zum Heil für das sämtliche deutsche Bühnenwesen gereichen, wenn Spontini hier den mächtigen Einfluß verlöre, der nicht nur der

Oper schadet, sondern die ganze Kunstanstalt lähmt und auf Abwege führt. Deswegen halte ich es für meine Pflicht, so streng und so unabläßlich gegen ihn anzukämpfen, obgleich ich sein Talent zu schätzen und zu würdigen weiß. Sie lieben die Kunst genugsam und sind genugsam deutsch gesinnt, als daß ich mich nicht für überzeugt halten sollte, daß Sie meiner Meinung sind. – Übrigens ist alles buchstäblich wahr, selbst das, was ich nur als Gerücht erzähle; ja, ich habe noch sehr schonend berichtet!"

Über die schonende Berichterstattung Ludwig Roberts gingen die Meinungen in Berlin nach dem Erscheinen des Artikels im *„Morgenblatt"* dann doch sehr auseinander. Besonders Gasparo Spontini schäumte vor Wut, und sein Interesse, Ludwig Robert als Dramaturgen bei seinen eigenen Opern einzusetzen, ließ in der Folge sehr nach, bis es endlich ganz einschlief.

Wieder mußte Friederike begütigen, ausgleichen, holte die gleichgesinnten Freunde ins Haus und versuchte, den Klatsch und die mißgünstigen Sticheleien von ihrem Mann fernzuhalten. Er schrieb jetzt eine Komödie für das Königstädter Theater, *„Ein Schicksalstag in Spanien"* sollte sie heißen. Mit diesem Lustspiel wollte er die Schicksalstragödien, die sich gerade beim Publikum einer solch großen Gunst erfreuten, aufs Korn nehmen und gleichzeitig die von ihm so geliebten Mantel- und Degen-Stücke des Spaniers Calderon de la Barca wieder theaterfähig machen.

Angeregt durch die Erfolge, die seine Frau mit ihren Mundartgedichten bei den Berlinern hatte, schuf Robert für dieses Lustspiel den Dialekt sprechenden Berliner Jungen *„Johann, der allens kann"*, der mit Herz und Schnauze schnoddrig seine Meinung von sich gibt und sich die Butter nicht vom Brot nehmen läßt. Eine Figur, die von vielen Stückeschreibern übernommen wurde und zu einer echten Berliner Volksfigur wurde.

Endlich, am 4. August 1824, öffnete das schon so oft totgesagte Königstädter Theater am Alexanderplatz seine Pforten. Die Vorschußlorbeeren, die die Berliner ihrem neuen Theater darbrachten, kannten keine Grenzen. Am Eröffnungstage lagerten die theaterbegeisterten Berliner schon ab zwei Uhr morgens vor den Toren des neuen Hauses, und das Geschrei und Gezeter derjenigen, die keine Karte mehr bekommen hatten, war groß. Wer kein Billett bekommen hatte, kam sich aus der guten Berliner Gesellschaft ausgeschlossen vor und versuchte seine Beziehungen spielen zu lassen, um das Unmögliche doch noch möglich zu machen.

Gegen Mittag war das Gewoge auf dem Platz derartig groß, daß die Schauspieler kaum in das Theater gelangen konnten. Karoline Bauer, die sich wohlweislich schon zu Hause fix und fertig geschminkt und angezogen hatte, fuhr in einem geschlossenen Wagen am Bühneneingang vor. Kopfschüttelnd sah sie hinaus und murmelte etwas wie „Theater-Delirien" und „hoffentlich hält das auch an", bevor sie hinter dem schweren Portal verschwand und aufatmend erst einmal stehenblieb, um die Angst vor ihrem ersten Berliner Auftritt und den Tausenden von neugierigen Augen abzuschütteln.

Denn, so mußte sie sich seufzend eingestehen, ihr war auch noch die undankbarste und schwerste Aufgabe zugefallen: den Prolog zu sprechen. Wie hatte sie sich bemüht, den Autor dieses Eröffnungsstückes herauszufinden, aber der schien eines der bestgehütetsten Geheimnisse des neuen Theaters zu sein. Hinter vorgehaltener Hand flüsterte man sich zwar zu, der schöne, geistreiche Dr. Birch, ein Liebling der Berliner Gesellschaft und Bräutigam der Theaterdichterin Charlotte Birch-Pfeiffer, sei der Autor, aber bestätigt wurde dieses Gerücht nie. Und Christian Birch selber, poetischer Beirat der vielköpfigen Theaterdirektion, lächelte und schwieg beharrlich.

Teegesellschaft bei Rahel

In der Hofloge hatten die Königlichen Prinzen mit ihrem Anhang Platz genommen. Festlicher Glanz überstrahlte das Ereignis, auch wenn der König Friedrich Wilhelm III. nicht zu diesem Theaterereignis in die Vorstadt gekommen war. Eine Tatsache, die das Publikum nicht sonderlich zu betrüben schien.

Und dann wurde das Zeichen zum Beginn der Ouvertüre gegeben, der Kapellmeister Henning erhob seinen Taktstock, – aber kein Laut ertönte, dafür aber begann hinter dem Vorhang ein unruhiges Hin- und Herlaufen, Poltern, Schelten und Zanken, als ob auf der Bühne noch der Turmbau von Babel probiert würde... Das Publikum begann unruhig zu werden. Friederike faßte aufgeregt Roberts Arm: „Was geschieht jetzt, es wird doch keine Panne geben, das wäre ja schrecklich!" Er lächelte und streichelte beruhigend ihre Hand: „Wart's ab!"

Plötzlich schrie eine Stimme vom Olymp herab: „Na, ihr Komödianten, wird's bald losgehen? Es ist höchste Zeit, und umsonst haben wir unser Geld nicht bezahlt. Fangt ihr da unten nicht bald an, so fangen wir hier oben recht ernsthaft an – mit Händen und Füßen!"

Da wurde polternd bei niedergelassenem Vorhang von der Bühne ein Mann vor die Lampen gestoßen. Er gebärdete sich gar kläglich, rang die Hände und begann weinerlich: „Ach, meine Verehrtesten, ist das hier ein Jammer, eine Not! Daß Sie's nur wissen: Ich bin der Schauspieler Schmelka, soeben erst aus Breslau angekommen und sonst von Natur aus ein lustiges Haus. Und nun muß mir das passieren, daß ich hier in diese tolle Komödienwirtschaft hineinfalle. Nichts ist in Ordnung. Niemand ist an seinem Platze – Musici – Schauspieler – sogar Regisseur und Souffleur fehlen... Wer soll da Musik machen und vor Ihnen Komödie spielen und ohne Souffleur –, wissen Sie, haben selbst die besten Komödianten ja nun einmal kein Gedächtnis..." In seiner närrischen Verzweiflung ergriff Schmelka endlich die Klingel neben dem Souffleurkasten und klingelte aus Leibeskräften. Der Vorhang hob sich – und von der Bühne rannten in ihren Arbeitskostümen Kulissenschieber, Maschinisten, Lampenputzer in höchster Verwirrung nach allen Seiten auseinander.

Eine neue Figur trat auf, scheltend über den heillosen Spektakel. Aber mit dem Jubelruf: „Ei, Freund Nagel, – Gott sei Dank, jetzt haben wir doch wenigstens einen Regisseur hier, nun werden wir auch bald in Ordnung kommen!" schloß Schmelka den Kollegen in die Arme.

Beide schimpften nun vereint auf den Dichter, der den Prolog noch nicht gebracht habe, worauf der kleinwüchsige Vaudeville-Dichter Louis Angely atemlos und in pustender Wichtigkeit angerannt kam und erklärte, „er sei bei aller anderen Arbeit mit dem Prolog nicht fertig geworden."

Regisseur Nagel: „Und doch habe ich den Prolog vor vollen acht Monaten bei Ihnen bestellt, unerhört! Der Prolog steht auf dem Zettel, und wir haben keinen, wir sind blamiert!" Hierauf Angely ironisch: „Pah! Als ob wir den werten Berlinern sonst nichts annonciert hätten. Was alles hat unsere kluge Direktion auf ihrem ellenlangen Programme außerdem noch versprochen! Sie will eine Muster-Volksbühne schaffen und Stücke geben von Goethe bis Kotzebue, von Moreto bis Bäuerle, ja sogar bis zu dem kleinen Louis Angely herab..." Rasender Beifall und Jubel von den Rängen und aus allen Logen wurde ihm hier zuteil. „...Da ist es doch nur zu natürlich, daß man bei so glänzenden Versprechungen in acht Monaten keinen Prolog für den Eröffnungstag fertigmachen kann!" Dazu Nagel ein wenig kleinlaut: „Und wir haben auch feierlich versprochen, daß – wie drüben am Gendarmenmarkt so oft – eingetretene Hindernisse sich bei uns nie ereignen sollten. Und wir fangen mit einem solchen eingetretenen Hindernis, nämlich ganz ohne Prolog an."

Schmelka zuckte die Achseln: „Ja, und haben die Herren euch nicht auch versprochen, daß nur deutsche Stücke über diese echt deutsche Volksbühne schreiten sollen, und heute schon steht mit dem *Ochsenmenuett* ein Stück auf dem Programmzettel, das doch wahrhaftig aus dem Französischen stammt!" Angely blies die Backen auf: „Und ich habe alle Taschen voll französischer Melodramen, von mir fein säuberlich fürs Berliner Gruseln vorbereitet!" Schmelka rang die Hände: „Aber, um Himmelswillen, meine Herren, was soll denn aus dem heutigen Abend werden? Zu solcher Blamage bin ich wahrhaftig nicht aus Breslau hierhergekommen." Jetzt beschwichtigte ihn Nagel: „Hahaha…, na hören Sie, Schmelka, man nur nich weinen, sagt der Berliner. Der Angely und ich haben uns heute nur einen kleinen Jux mit Ihnen gemacht. Ob wir Königstädter für den heutigen Abend gerüstet sind, soll jetzt mein Regisseurglöckchen erproben!"

Das Publikum, das anfangs gar nicht recht wußte, was es aus der Geschichte machen sollte, ging bald lustig auf den Scherz ein, lachte, applaudierte und rätselte immer noch, wie es jetzt wohl weitergehen könne. Da hob sich auf das Klingeln des Regisseurs die graue Hintergardine, und jetzt wurden in einer Säulenhalle sämtliche Schauspieler sichtbar. Und nun stellte Regisseur Nagel die einzelnen Mitglieder des Ensembles der neuen Bühne dem gespannt dasitzenden Publikum vor.

Danach mußte Karoline Bauer vortreten und den von allen mit soviel Vorschußlorbeeren bedachten Prolog sprechen. Ihr Herz klopfte zum Zerspringen, als sie nach den drei üblichen, gar nicht so leichten Verbeugungen zu sprechen begann:

> *„Sie haben mich erwählt, das Wort des Grußes*
> *An euch zu richten, aber schüchtern nur*
> *Vermag der Fremde vor euch hinzutreten,*
> *Denn eine neue unbekannte Welt*
> *Dringt rings mit ihren Strahlen auf sie ein.*

Da wird der Blick verwirrt, des klopft das Herz,
Und blöde weiß die Lippe nur zu stammeln.
Wie reizend hat sich alles hier gestaltet,
Den ganzen Bau erfüllt der Gäste Zahl,
Und herrlich prangt das kunstgeschmückte
Haus...",

bis sie unter dem begeisterten Jubel des vollbesetzten
Hauses schloß:

„Es lebe Friedrich Wilhelm der Gerechte!"

Das Orchester spielte „Heil dir im Siegerkranz" und
das Publikum sang jubelnd mit. Karoline Bauer wurde
immer wieder hervorgerufen, dann Nagel, Schmelka,
Angely – und zuletzt alle! Danach wurde Beethovens
große Festsymphonie gespielt, sie leitete über zum
eigentlichen Programm des Abends, Bäuerles hinrei-
ßender Komödie *Ein Freund in der Not.* Hier glänzte
Joseph Spitzeder als wehmütiger, schwacher Alter, die
junge blühend schöne, schwarzäugige Auguste Suto-
rius bot einen hübschen Anblick, zum eigentlichen
Publikumsliebling aber wurde Schmelka als urkomi-
scher Pastetenbäcker.

Aber das zweite Stück des Abends: *Ochsenmenuett,*
nach *Le Menuet du Bœuf* bearbeitet und von Seyfried
mit Haydnschen Melodien versehen, hatte noch größeren Erfolg. Hierzu trugen natürlich die aufgeputz-
ten Ochsen und das Muh-Muh der Bratschen, Bässe
und Hörner in allen Tonarten das ihre bei. Diesmal
war es Joseph Spitzeder, der dem Publikum am besten
gefiel. Er war aber auch in Dialekt, Spiel und Gesang
der unwiderstehlichste ungarische Ochsenhändler, den
man sich vorstellen konnte. Es war von überwältigen-
der Komik, wie er bei Haydn vorstellig wurde, um für
die Hochzeit seiner Tochter ein Menuett zu bestellen,
und dem verdutzten Komponisten als Honorar einen
fetten Ochsen anbot. Das Publikum wurde nicht
müde, die Schauspieler immer wieder herauszurufen,
Vorhang über Vorhang fiel, jeder wurde in den rasen-
den Beifall eingeschlossen. Joseph Spitzeder hatte sich

schon an seinem ersten Abend am Königstädter Theater in die Herzen der Berliner hineingespielt.

Tagelang war in Berlin von nichts anderem die Rede als von der glanzvollen Eröffnung des Theaters am Alexanderplatz. Das neue Theater war jeden Abend ausverkauft, vor den Toren drängten sich diejenigen, die keine Karten erhalten hatten, und hofften auf solche, die ihre Karten zum Verkauf anboten. Graf Brühl betrachtete die Theater-Euphorie in der Vorstadt mit sorgenvollen Blicken, er hatte das ja alles vorhergesehen. Auch die Direktion des neuen Theaters blickte trotz des Erfolgs nicht ohne Sorgen in die Zukunft. Aber jetzt wollten alle erst einmal die Erfolge genießen. Auch Friederike hatte diesen Abend im Theater erlebt, sie verstand die Sorgen, die sich ihr Mann zu machen schien, nicht ganz. Voller Enthusiasmus notiert sie in ihr Tagebuch: *„Abends bei der Eröffnung des Königstädter Theaters gegenwärtig. Das Haus war zum Erdrücken voll, und doch fühlte man sich behaglich. Erst wurde ein komischer, zum Teil ungeschickter, im ganzen geglückter Prolog von Schmelka, Nagel und Angely gespielt. Dann sprach, nachdem der innere Vorhang aufgezogen wurde, um das ganze Personale dem Publikum vorzustellen, Mademoiselle Bauer am Ende des Prologs recht niedlich. Jugend und Grazie, Feuer und Sentimentalität, beinahe tragisch. Das Haus brach beinahe vor Bravos bei jedem neuen Erscheinen, und jeder Abgehende konnte im Takt des feurigsten Applauses abtreten. ‚Der Freund in der Not‘ von Bäuerle wurde gegeben. Spitzeder und Schmelka den Pastetenbäcker. Vortrefflich. Wurden alle herausgerufen. Dann Haydns ‚Ochsenmenuett‘, Spitzeder vortrefflich den ungarischen Ochsenhändler gespielt und gesungen, Nagel ganz Haydn, vollkommenster ununterbrochener Beifall. Alles wurde herausgerufen, am Ende der junge bescheidene Baumeister Ottmar. Er kam, machte ein paar verlegene Kniee, lief über das ganze Theater und trat ab. Ein Hall: Bravo! Und vollkommene Befriedigung und*

Übertreffen aller Erwartungen zeigte sich auf jedem Gesicht. Die besten sind Schmelka, Spitzeder, Mademoiselle Bauer, List. Mademoiselle Würthner ist zu wenig musikalisch, hübsch gewachsen – aber ein Gesicht kugelrund, ohne Nase – das beste Verdienst ist ihre Jugend und Wuchs!"

Atemlos schnell hingeschrieben hatte Friederike ihre Impressionen vom neuen Theater, und so atemlos ging es auch vorerst weiter, fast jeden Abend gab es eine neue Premiere, das theaterbesessene Berlin wollte nur neue Stücke sehen. Aber woher sie alle nehmen? Die dem Königstädtischen verbundenen Autoren schrieben fast im Akkord. Denn Graf Brühl wachte eifersüchtig darüber, daß kein Stück, auf das das Königliche Hofschauspiel Anspruch erhob, an der neuen Bühne gespielt wurde.

Für Friederike bedeutete es einen Triumph, als schon wenige Wochen nach der Eröffnung ein Stück Ludwig Roberts auf dem Spielplan der neuen Bühne erschien: Nagel hatte die Komödie mit Gesang *„Der Schicksalstag in Spanien"* sehr sorgfältig inszeniert, bei den Proben hatte sich das Stück als sehr geeignet erwiesen, Karoline Bauer schwärmte geradezu von ihrer Rolle. Am Premierentag war das Haus ausverkauft. Erwartungsvoll und strahlend saßen Friederike und Ludwig Robert im Zuschauerraum, sie konnten sich fast nicht vor den Grüßen und den guten Wünschen der anwesenden Freunde und Bekannten retten.

Aber schon während des ersten Aktes wurde klar, daß Robert auch mit dieser neuen Komödie nicht der Erfolg beschieden sein würde, den sich Friederike so inständig für ihn erhofft hatte. Und das, obwohl Karoline Bauer sich ganz verausgabte, obwohl Joseph Spitzeder den ganzen Charme seiner Persönlichkeit einsetzte, das Stück blieb seltsam matt. Auch das große Engagement der Schauspieler konnte die Brüche im Stück nicht ausgleichen. Es gab nur einen müden Schlußapplaus, der gerade für drei Vorhänge reichte. Friederike suchte die Tränen, die ihr in den Augen standen, zurückzudrängen. Sie durfte jetzt nicht zeigen, wie nahe ihr der Mißerfolg ging, zu abhängig war er von ihren Stimmungen. Montigny versuchte zu trösten, aber Ludwig Robert strebte mit unbewegter Miene schon dem Foyer zu. Nur raus aus dem Theater, weg von den Menschen, die mit betonter Freundlichkeit und mitleidsvollen Blicken, die sie sorgfältig hinter gespielter Gleichgültigkeit verbargen, ihm nicht wehtun wollten. Und die gerade damit das Gegenteil bewirkten.

Friederike spürte, wie er sich verkrampfte, wie ihm die Annäherung auch der sonst liebsten Freunde eine fast körperliche Pein verursachte. Nur fort! Noch war das Gedränge groß, vor ihnen machte sich eine vergnügte Besuchergruppe breit, an der es kein Vorbeikommen gab. Plötzlich blieb einer von ihnen stehen und schüttelte sich vor Lachen: „Ach, du meine Jüte, war det ein Reinfall, ick jlobe, man kann det beste Stück ruinieren, wenn man bekanntgibt, der Verfasser sei dieser Ludwig Robert!"

Friederike meinte, das Herz müsse ihr stehenbleiben, einen Moment glaubte sie, ihr Mann hätte die Worte nicht gehört. Aber ein kurzer Blick auf den Mann an ihrer Seite zeigte ihr, daß sie sich geirrt hatte. Versteinert stand Robert da, grau im Gesicht, mit erloschenen Augen.

Sie nahm seinen Arm, winkte einem Droschkenkutscher, nur weg hier, weg! Aber nach Hause, in die Stille der eigenen Wohnung, das schien ihr auch falsch zu sein. Rahel, ja, Rahel und Varnhagen, das waren jetzt die Menschen, die Louis brauchte. Widerstandslos ließ er sich von ihr leiten, gehorsam stieg er die Treppen zur Varnhagenschen Wohnung hinauf, Friederike spürte, wie Panik in ihr aufstieg: seit sie das Theater verlassen hatten, war kein Laut von seinen Lippen gekommen. Sie schob ihn mehr, als daß er ging, in das Zimmer zu Rahel. Die Schwester sah sofort, daß etwas passiert sein mußte. Friederike hatte recht gehabt, sie war es, die den Panzer durchdringen konnte, die wieder Zugang zu ihm fand, mit der er sprach. Während Friederike in wenigen Worten Varnhagen das Vorgefallene erklärte und sich dann wie immer an den Gesprächen der späten Gäste in Rahels Salon beteiligte, hatte Rahel den Bruder mit sich in ihr Zimmer genommen.

Aber soviel sie auch redete und argumentierte, nun stand auch für Ludwig Robert unumstößlich fest: er mußte fort aus Berlin. Diese Stadt mit ihrer Afterbildung, das war nicht mehr seine Heimatstadt. Er mußte fort, je schneller, desto besser. Rahel konnte ihm immer noch nicht zustimmen. Aber daß Ruhe und eine gänzlich anders geartete Umgebung der nervösen Unruhe und der beginnenden Menschenfeindlichkeit ihres Lieblingsbruders entgegenwirken konnten, das sah sie auch. Sie begriff, was Friederike instinktiv spürte: In Berlin mit seinen Intrigen und ständig sich verschiebenden Bündnissen und Feindseligkeiten war Louis Robert im Innersten gefährdet. So fügte sich Rahel endlich in das Unvermeidliche. In einem Brief an Ludwig Tieck in Dresden, den sie unter dem unmittelbaren Eindruck der Ereignisse schrieb, bekannte sie: *„Roberts gehn ab. Da ist nichts zu sagen, als es zu leiden. Das wäre genug? Nicht wahr? Gott bewahre, man hat auch noch Vernunft: Und nun muß man dazu raten. Und nun ist der Mensch fertig – fertig da!"*

Kapitel 13

Unerfüllte Erwartungen

Solange schon hatte Friederike sich gewünscht, fort-
zukommen aus Berlin. Jetzt, da es soweit war, genoß
sie jeden Tag, den sie noch mit den liebgewordenen
Freunden zusammensein konnte. Es galt, Abschieds-
besuche zu machen, auch die Sitzungen beim Maler
Herbig wollte sie noch zu Ende führen. Der Ärger
hatte Ludwig Robert so sehr zugesetzt, daß er immer
wieder über Magenschmerzen und Schwindelgefühle
klagte. An manchen Tagen war es ihm unmöglich
aufzustehen. Auf Friederike lag die Last, den Haushalt, so weit sie ihn nicht nach Karlsruhe mitnehmen
konnten, bei Freunden für einen späteren Berlinauf-
enthalt unterzubringen.

Rahel Varnhagen hatte darauf bestanden, daß
Roberts im eigenen Wagen reisten. So waren sie nicht
auf die Fahrpläne der Postkutschen angewiesen und
konnten sich die Reise so einteilen, wie es ihnen
beliebte und es ihre Bequemlichkeit erforderte. Besonders Roberts angegriffenem Gesundheitszustand kam
diese Form des Reisens am besten zugute.

Spontan hatte sich Montigny angeboten, mit Friederike zusammen einen Wagen auszusuchen, und so
kauften die beiden bei der nächsten Auktion auf dem
Gendarmenmarkt eine sehr bequeme, gut gefederte
Kutsche. Für die Polster nähte Friederike einen grünen
Überzug aus feinem Wollstoff und für Robert, der bei
Fahrten über Land so leicht fror, nähte sie noch eine
schöne Reisedecke, in die er sich einhüllen konnte.
Wie hübsch die Kutsche aussah, Friederike konnte es
kaum mehr abwarten abzureisen. Einmal wenigstens
wollte sie die Kutsche vor Beginn der großen Reise
ausprobieren. Montigny mietete Pferde und fuhr die
beiden, selber auf dem Kutschbock sitzend, hinaus

nach Charlottenburg. Das war ein unvergeßliches Erlebnis, denn die Straßen waren vollgestopft mit Ausflüglern. Im Schloß Charlottenhof empfing der König nämlich gerade seine Lieblingstochter Charlotte und ihren Mann, den russischen Großfürsten Michael. Charlottenburg prangte im Glanz der Fähnchen und der festlichen Dekoration, im kleinen Schloßtheater spielte zu Ehren der hohen Gäste eine französische Theatergruppe.

Während Robert sich im Berliner Poetenklub von Karl von Holtei verabschiedete, nahmen Freunde Friederike mit hinaus ins neuerschlossene Manövergebiet weit draußen vor den Toren der Stadt, zwischen Wedding und Plötzensee. Zum ersten Male erlebte Friederike ein Manöver, und das unmittelbare Geschehen hat sich in ihrem Tagebuch niedergeschlagen: *„Eine Mine wurde gesprengt und ein Blockhaus sollte angesteckt werden, aber es wurde von innen so gut verteidigt, daß es nicht möglich war. Eine Menge Offiziere waren da. Mehrere Prinzen. Die Festung war sehr schön gebaut. Und es wurde mit Kanonen und Bomben geschossen, nebst dem kleinen Gewehrfeuer. Der Himmel war dunkelblau und halb grau, halb weiße Wölkchen schwammen wie kleine Büsche und Häuschen ruhig weiter."* Noch war das weite Feld unbebaut, aber schon hatten auch die Feldwege Namen bekommen, „Müllerstraße" und „Seestraße", man konnte schon ahnen, daß sich die große Stadt einmal bis hierher ausdehnen würde.

Robert schlief, als Friederike heimkam, sie badete rasch und machte sich dann daran, das Mittagessen vorzubereiten. Gegen drei aßen sie dann zusammen mit Montigny die von Friederike zubereiteten Makkaroni. Die Stunden mit den Freunden waren jetzt, angesichts des festgesetzten Abreisetermins, kostbar. Friederike lächelte zu Montigny hinüber: „Alle Wechsel, selbst die erwünschtesten, haben ihre Melancholie."

Noch einen Abend bei Mendelssohns, Fanny sang ein letztes Mal, begleitet von Felix am Klavier, Friederikes *Heimweh*. Sie sang so schön, daß Friederike weinen mußte. Auch der gutmütige Herz Beer und seine Frau Betty gaben noch eine Abschiedsgesellschaft für Ludwig und Friederike Robert. Giacomo Meyerbeer überreichte Friederike als Überraschung noch eines ihrer Gedichte, *Die Linde am Bach*, von ihm eigens zum Abschied komponiert. In übermütiger Laune setzte sich Montigny ans Klavier und spielte einige Tänze, Fanny und Rebekka Mendelssohn sangen dazu, Meyerbeer klatschte begeistert. Danach spielte Felix nach einem wirbelnden Beginn eine ganz melancholische Melodienfolge, eine „Fantasie auf den Abschied von Freunden". Am Ende klappte er das Klavier zu und ging hinaus in den Garten, ohne ein weiteres Wort zu verlieren. Fanny standen die Tränen in den Augen: „Ihr werdet uns so sehr fehlen."

Der 10. September, der Tag der Abreise war herangekommen. Das Gepäck war im Wagen verstaut, die Leder festgezurrt, so daß auch wirklich kein Zug in das Wageninnere dringen konnte. Weich und warm saß man auf dem weichen grünen Überzug, Friederike war zufrieden. Varnhagens hatten Roberts zum Wagen begleitet. Wieder und wieder umarmte Rahel Bruder und Schwägerin, Tränen standen ihr in den Augen. Die Trennung fiel ihr nicht leicht, obwohl sie schon für den Sommer des nächsten Jahres ein Treffen in Baden-Baden ausgemacht hatten. Varnhagens wollten die Sommermonate dort verbringen, und Friederike freute sich schon sehr darauf. Varnhagen scherzte: „Bis dahin müssen wir uns aber noch eine Brust aus Erz, Eingeweide aus Kupfer und einen Allerwertesten aus Gold zulegen, damit wir die Reise in einer deutschen Postkutsche auch unbeschadet überstehen!" Friederike lachte: „Ich glaube, unser Wagen ist herrlich bequem!" Robert griff nach ihrer Hand: „Den hat ja auch Montigny für uns ausgesucht, und der wird dich nicht gerade auf einen Armesünderkarren laden!"

Friederike gab zurück: „Sei doch froh, auf diese Weise reist auch du bequem, obwohl es dir sicher weniger Leute als mir gönnen!" Sie streckte ihm die Zunge heraus. „Es war das reinste Glück, daß jetzt der Postillion zur Abfahrt mahnte, sonst wären sie überhaupt nicht mehr von Berlin weggekommen!" meinte Varnhagen, als er gemeinsam mit seiner Frau dem entschwindenden Wagen nachblickte.

Der Wagen erwies sich als ungemein bequem, aber so herrlich das Wetter auch war und so schön die Fahrt, Friederike fühlte sich bedrückt, elend, und sie kämpfte mit den Tränen. Als sie jedoch in die Zehlendorfer Poststation einfuhren, schrie sie auf einmal vor Freude auf: Dort stand Montigny, in aller Herrgottsfrühe war er herausgeritten, hatte kein Sterbenswörtchen davon verraten, um ihnen ganz alleine Adieu zu sagen. Es gab einen langen Abschied. Als aber die neuen Pferde vorgespannt waren und der Postillion vergnügt mit der Peitsche knallte, da war der Berliner Aufenthalt unwiderruflich zu Ende gegangen. Mit tränenverschleierten Augen sah Friederike im Rückfenster Montignys Gestalt kleiner und kleiner werden. Nach einer Wegbiegung war er ihren Blicken endgültig entschwunden.

Der Postillion lenkte die Kutsche ruhig und ohne Zwischenfälle durch die mondhelle Nacht. Die Landschaft lag still und friedlich, seltsam unwirklich im Licht. Es war eine der schönsten Reisen, an die Friederike sich erinnern konnte, und eine der schnellsten, denn schon am nächsten Abend, gegen 7 Uhr, langten sie in Dresden an. Schon am nächsten Morgen, beim ersten Gang durch die Stadt, kam es Friederike vor, als sei sie nie fortgewesen aus Dresden, das Leben erschien ihr hier viel leichter und heiterer als in Berlin.

Abends bummelten sie über die Elbbrücke gemächlich Tiecks Haus zu und genossen das Wiedersehen in seinem Kreis. Robert las seine *Gedichte an Tieck* vor. Therese Devrient, einst die erste Interpretin von Friederikes *Frühlingslied*, war zusammen mit ihrem Mann

Eduard an der Dresdner Hofoper engagiert und gehörte jetzt ebenso zum Kreise Tiecks wie Carl Maria von Weber und Helmina von Chezy. Aufgeschlossen und herzlich war die Atmosphäre. Tieck, inzwischen Dramaturg des Dresdner Theaters, versuchte die einzelnen Strömungen innerhalb der deutschen Theaterbewegung zu analysieren und zu vergleichen.

Bei einem gemeinsamen Essen mit Roberts redete sich Carl Maria von Weber seine Verbitterung über die Verhältnisse an der Dresdner Oper von der Seele. Der dauernde Geldmangel drückte ihn, seine Zurücksetzung gegenüber den alles beherrschenden italienischen Opern und dann auch noch die Querelen mit der Hofkamarilla belasteten ihn und zerstörten seine Gesundheit.

Er spielte nervös mit dem Salzfäßchen auf dem Tisch: „Nur deshalb habe ich auch das Angebot angenommen, das mir Charles Kemble, das ist der Direktor der Covent Garden Opera in London, gemacht hat. Ich soll für London eine Oper komponieren und auch den *Freischütz* dort dirigieren!" Lebhaft erkundigte sich Ludwig Robert nach den Bedingungen des Angebots. Müde zuckte Weber die Achseln: „Die finanziellen Erträge liegen weit unter dem, was man Gioacchino Rossini für seinen Londoner Aufenthalt geboten hat – und in seinem Vertrag stand nichts von einer Oper..." Er schwieg einen Augenblick: „Robert, ich habe eine Familie und die braucht Unterhalt, wir müssen leben. Die Schwindsucht steckt in mir, der Husten ist eine Qual, und wenn ich an das Londoner Wetter denke, dann weiß ich – und meine Ärzte sagen das auch – daß der Aufenthalt dort für mich den Tod bedeuten kann. Aber ich muß das Risiko eingehen!" Robert nickte nachdenklich: „Woanders den internationalen Ruhm suchen und dann zurückkehren!" Weber lächelte Friederike zu: „Er sagt das so einfach, aber ich weiß, daß alle Anstrengungen umsonst sein werden, umsonst und zu spät!" Zusammen mit Weber sahen sie sich abends

Euryanthe an, die Oper, die Spontini für Berlin abgelehnt hatte. Robert war so begeistert, daß er eine Rezension für das *Morgenblatt* zu schreiben versprach.

Für den nächsten Tag hatte Tieck zusammen mit seiner Frau und seiner Seelenfreundin, der Gräfin Finkkenstein, zu einem Ausflug in das Städtchen Tharandt eingeladen. Es war ein schöner Septembertag, noch warm, der Himmel zeigte sich wolkenlos, und Friederike war so glücklich wie selten. Denn es geschah nicht oft, daß Tieck, der vom Gelenkrheumatismus geplagt war, solche Ausflüge unternahm. Er blieb am liebsten zu Hause und ließ die Leute zu sich kommen. Die von Ludwig Tieck eingeladene Gesellschaft fuhr in mehreren Equipagen. Anders als in der sandigen Umgebung der preußischen Hauptstadt waren die Wege trotz der Trockenheit gut zu befahren, und man mußte sich nicht ständig ein Tuch gegen den Staub vor den Mund halten. Über die stillen Dörfer Postschappel und Hainsberg erreichten sie gegen Mittag Tharandt, an der Einmündung des Granatentales in die Weißeritz gelegen. Hier hatte sich früher auf einem vorspringenden Felskegel ein Jagdschloß erhoben, um die Mitte des sechzehnten Jahrhunderts war es vom Blitz getroffen und eingeäschert worden. Von der romantischen Ruine hatte man einen wunderschönen weiten Blick in die Landschaft hinein. Friederike hielt den Atem an: „Wie zu Hause!" jubelte sie, „wie in Baden!"

Im idyllisch gelegenen Gasthaus Thalmühle nahmen sie ein einfaches Mittagessen ein, um dann durch die schönen Spazierwege entlang der Weißeritz zurückzukehren nach Tharandt. Dort tranken sie Tee, und Tieck ließ es sich nicht nehmen, eine seiner Novellen vorzulesen. Es dunkelte schon, als sie nach Dresden zurückkehrten. In ihrem Gasthofzimmer flog Friederike ihrem Mann um den Hals: „Gelt, Louis, das war schön, da atmet man gleich viel freier!" Bedächtig nickte er: „Ich habe mich auch so unwohl gefühlt in Berlin die letzte Zeit, immer dieser Druck im Kopf", er preßte die Handflächen gegen die Schläfen: „Ach, Rieke, das hemmt jede Arbeitslust und macht so unfroh!" Sie küßte ihn: „Du wirst sehen, wenn wir erst in Karlsruhe sind, dann ist das alles wie weggeblasen!"

Am Abend vor der Abreise hatte Tieck für Friederike eine große Freude bereit: Er ließ sich in seinem Arbeitszimmer ganz alleine ihre Gedichte vorlesen. Wieviel dieser Triumph für sie bedeutete, vertraute sie ihrem Tagebuch an: *„Überhaupt war er überrascht und hieß mich eine Dichterin. Der Schmerz in dem lustig anfangenden Gedicht gefiel ihm. Der* Sonntagmorgen, *sagte er, sei sehr schön wegen seiner einfachen Form. So müßte ein solches Gedicht sein, beinahe wie Prosa, auch sah er sehr genau das Gedicht durch, da ich es ihm zeigte in Brouillon wie es aus der Feder kam und ich verwahre das Papier auch deshalb, weil er es in der Hand hatte. Als er sah, daß es auf einem Briefumschlag aufgeschrieben war, da las er die Aufschrift und sagte: ‚Also nur so auf einem Briefumschlag aufgeschrieben' und lächelte. Während ich ihm dieses Gedicht vorlas, unterbrach er mich mehrmals wie freudig überrascht mit ‚schön' und ‚hmmm, hmmm!' Auch das* Heimweh *gefiel ihm, aber in* ‚Trennungsschmerz' *vermißte er die Liebe."*

Das habe er gut erraten, gestand ihm Friederike errötend, denn dieses Gedicht habe sie für eine Freundin gemacht, die es wiederum einer anderen Freundin als Lied komponieren wollte. In ihrem Tagebuch notierte sie weiter: *„Meine Hexameter las er sehr sorgfältig durch und sagte, sie seien sehr gut und der Gedanke sei sehr gut gewählt. Dazu lachte er über das Versmaß, das ich in Strichelchen und Fürgelchen darüber gezeichnet habe und fragte, ob ich es getan, um es im Kopf zu behalten."* Noch in der Postkutsche auf der Fahrt nach Dresden hatte Friederike ein Abschiedsgedicht auf Berlin angefangen, das sie gleich beim Frühstück am Morgen nach der Ankunft aufgeschrieben hatte. „Noch vor dem ersten Schluck Kaffee", wie

Ludwig Robert kopfschüttelnd bemerkt hatte. Das las sie jetzt Tieck auch vor. Nachdenklich sah dieser sie an und meinte dann herzlich: „Ach, möchten Sie doch einmal auch unserer so gedenken!" Friederike spürte, wie ihr das Blut in die Wangen schoß, hastig las sie ihm eines ihrer Lieblingsgedichte, *Das Schwälblein*, vor:

„O Schwälblein aus dem warmen Land,
Wer hat denn dich hierher gesandt,
Umsonst suchst du hier Liebe!
Ich rate dir mit treuem Sinn,
Zieh wieder nach dem Süden hin,
Hier ist es rauh und trübe.

O Schwälblein mit der weißen Brust,
Wer hat denn dich von Lieb und Lust
So weit hinweg getrieben?
Hier findst du nicht den Sonnenschein
Und nicht das warme Nestchen klein,
Oh, wärst du weggeblieben!

O Schwälblein mit dem Liebesblick,
Kehr doch in jenes Land zurück,
Wo Liebeslust nicht schwindet;
Und findst du dort ein Herzlein mild,
Das aufnimmt gern der Liebe Bild,
So mach, daß es mich findet."

Während der letzten Strophe hielt Tieck den Blick fest auf Friederike gerichtet. Er sah sie fragend an, ihr schien es so, als habe er im Bruchteil eines Augenblickes alles erfaßt, was sie mit diesem Gedicht hatte ausdrücken wollen. Doch dann lächelte er ihr zu, so als hätte er seine Fragen einfach hinuntergeschluckt.

Wenig später traf auch Ludwig Robert im Hause Tieck ein, dort hatten sich schon einige Gäste versammelt, um der abendlichen Lesung des Dichters aus seinem Buch *Der Aufruhr in den Cevennen* zu lauschen. Tieck nahm Robert beiseite: „Alle Achtung, Robert, aber Ihre Frau ist nicht nur schön, sondern auch eine vielversprechende Dichterin, Sie sollten ein

Auge auf sie haben! Sonst macht sie Ihnen noch Konkurrenz!" Die Gräfin Finckenstein sah ihn neckend an: „Vielleicht will er ja gar keine Dichterin zur Frau, und es ärgert ihn jedesmal, wenn er daran erinnert wird!" Der Angesprochene verbeugte sich leicht: „Das ist noch mein geringster Ärger – aber die Frage hat mich doch eine ganze Weile beschäftigt. Ich habe das Problem daher in Verse gefaßt und werde es hier als unser Abschiedsgedicht für Dresden vortragen:

> Soll ein Weib wohl Bücher schreiben,
> Oder soll sie's lassen bleiben?
> Schreiben soll sie, wenn sie's kann,
> Oder wenn es wünscht ihr Mann.
> Und befiehlt er's ihr gar an,
> Ist es eheliche Pflicht; –
> Aber schreiben soll sie nicht,
> Wenn es ihr an Stoff gebricht,
> Oder an gehör'ger Zeit,
> Oder gar an Fähigkeit,
> Oder mit zerriss'nem Kleid; –
> Schreiben soll sie früh und spät,
> Wenn es für die Armut geht,
> Wenn sie sonst was Schlechtres tät', –
> Aber schreiben soll sie nie,
> Wenn durch ihre Phantasie
> Leidet die Ökonomie. –
> Und nun sag' ich noch zum Schluß:
> Lebt in ihr ein Genius,
> Wird sie schreiben, weil sie muß!"

Er verbeugte sich artig nach allen Seiten und nahm huldvoll die Bravorufe des Publikums entgegen. Friederike eilte spontan auf ihn zu und küßte ihn, einem jähen Impuls folgend nahm er sie in die Arme und drückte sie an sich, strahlend verneigten sie sich dann beide nach allen Seiten. Tieck lachte: „Robert, Sie sind ein Glückspilz. Wie gut, daß Ihr morgen abreist, sonst würde ganz Dresden entdecken, wie unglücklich hierzulande die Ehen sind..."

Nach dem heiteren, unbeschwerten Abend im Hause Tiecks fiel Friederike der Abschied von Dresden am nächsten Tag unendlich schwer. Noch hielt das schöne Wetter an, die Sonne schien den ganzen Tag, zum Reisen hätte man sich das Wetter gerne etwas kühler gewünscht, aber besser so als tagelanger Regen und aufgeweichte Straßen.

Eine angenehme Überraschung gab es bei der Übernachtung in Chemnitz. Nicht nur, daß die ledernen Matratzen in der Herberge ungewöhnlich bequem waren, auch das Essen erwies sich als preiswert und gut. Die Frau Posthalterin schien auch sonst ein Herz für ihre Gäste zu haben. Auf eigene Kosten hatte sie an die Poststation ein Theater anbauen lassen, in dem reisende Theatergruppen Stücke aufführen konnten. An diesem Abend wurde *Die drei Wahrzeichen*, eine Posse mit Gesang gespielt. Das konnten sich die Roberts nicht entgehen lassen, süffisant notierte Friederike in ihr Tagebuch, daß die reisende Truppe besser memorierte als das gesamte Königlich-Preußische Hofschauspielerensemble in Berlin. Die Vorstellung war ausverkauft, was Ludwig Robert ein wenig verblüffte. Aber der Kellner, der das Publikum während der Pause mit Essen und Trinken versorgte, nickte bedächtig. „Ha, die Schauspieler san fürchterlich, sie haben einen schröcklichen Ruf, und das zieht halt die Leut an!" Ungeachtet ihres schrecklichen Rufes spielten die Schauspieler so gut, daß Roberts den unverhofften Theaterabend nicht bereuten.

In Bayreuth legten sie die nächste längere Rast ein. Die Reise mit ihren ständig wechselnden Eindrücken, den schlechten Straßen und unterschiedlich guten Pferden und Postillionen begann jetzt doch lästig zu werden. Der letzte Kutscher hatte durch sein leichtsinniges Verhalten fast einen Unfall verursacht, der Schrecken über die plötzlich durchgehenden Pferde saß Friederike noch jetzt in den Gliedern. Vor der Abreise aus Bayreuth schlenderten sie noch einmal durch die kleine bayerische Residenzstadt. Plötzlich faßte Friederike ihren Mann am Arm und schrie auf: „Oh, sieh doch nur, da sind ja Frau von Boberheim und Marie!" Robert sah sich suchend um. „Da, oben im Fenster!" Schon rannte Friederike ins Haus und wäre beinahe mit Marie, die sie ebenfalls entdeckt hatte und ihnen entgegenlaufen wollte, zusammengestoßen. In der Freude über das unverhoffte Zusammentreffen wurde rasch der Reiseplan umgestoßen.

Es folgten einige schöne Tage in Bayreuth, beim Mittagessen auf der Eremitage lernte Friederike Jean Paul kennen. Unbefangen deklamierte sie ihm einige ihrer Mundartgedichte. Besonderen Gefallen fand er an *Verwiche gang i 's Gäßle nah*. Er ermunterte Friederike weiterzuschreiben, was sie ihm versprach.

Fast wäre dieser letzte Tag in Bayreuth, der so freundlich begann, mit einer Verstimmung beendet worden. Wie immer, wenn Friederike etwas stark bewegte, vertraute sie es ihrem Tagebuch an: *„Herr Hofprediger Marheinecke verdarb beinahe unser Zusammensein. Trotzdem Jean Paul in unserer Mitte und in einer gebetenen Gesellschaft saß, steuerte ein Mann mit einer jungen hübschen Frau am Arm auf uns los und vor ihn hin. Alles stand auf, auch ich, die ich zunächst bei Richter saß. Er machte ein Kompliment, ließ alles aufstehen, und als Jean Paul nähertritt, so sagt Marheinecke ,Sie kennen mich wohl nicht mehr; vor elf Jahren hab ich Sie …' – ,Ja, Sie kommen mir, wenn Sie sprechen, bekannt vor, aber meine Augen sind sehr schwach.' Noch immer zögert der große Mann, endlich als Jean Paul sagte: ,… den Namen', da tat sich der Berg endlich auf und ,Marheinecke' schlüpfte als Maus heraus. ,Meine Frau möchte Sie gerne kennenlernen.' Alles entfernt sich und auch Marheinecke sah ich kurz darauf den Wasserkünsten zustreben, die seine junge Frau auch kennenlernen wollte."* So geärgert hatte sich Friederike schon lange nicht mehr, am liebsten hätte sie dem Herrn Hofprediger die Zunge herausgestreckt. Ludwig Robert schien ihr das angesehen zu haben, er packte sie am Arm und schüttelte unmerklich den

Kopf: „Aber Rieke, je näher wir an Karlsruhe herankommen, ein umso größerer Kindskopf wirst du!" Friederike sah ihn lange an: „Stört es dich?" Vergnügt zog er die Augenbrauen in die Höhe: „Bis jetzt noch nicht, nur, Hofprediger verärgern zahlt sich nicht aus. Aber mir geht es wie dir, Berlin war mir so fremd geworden, und je weiter wir fortkommen, desto mehr löst sich die Spannung."

Am Abend des nächsten Tages trafen sie in Regensburg ein, es regnete ununterbrochen. In den kurzen Momenten, in denen der Regen nachließ, besichtigten sie den Dom mit seinen herrlichen Glasfenstern und den schönen Grabmälern der Fürstbischöfe. Robert schrieb eine Passage seiner *Promenaden eines Berliners durch seine Vaterstadt* für das *Morgenblatt*, Cotta hatte schon wieder auf eine Fortsetzung gedrängt, und der Regen war jetzt willkommener Anlaß, einen Schreibtag einzulegen.

Als er fertig war, las er es Friederike vor:

„Blumen und Kerzen,
Spiegel und Lichter,
Geschnürte Herzen,
Bewachte Gesichter.
Dort Federn und Spitzen
Und türkische Shawle
Sind Damen, die sitzen
Im Kreise im Saale,
Und ferne stehen
Die Söhne, die Gatten,
Ein Haufen Krähen
Mit weißen Krawatten,
Grüßendes Neigen,
Tonloses Summen,
Verlegenes Schweigen,
Hochmuts-Verstummen.
Ein laulich Gebräue
Mit Zucker und Sahne,
Und immer auf's Neue
Die schwache Tisane.

Und Kuchen und Backwerk
Und Backwerk und Torte.
Man öffnet zum Hackwerk
Das Pianoforte.
Nun trillern und stümpern
Die Virtuosen,
Und Tassen klimpern
Und Diener tosen.
Es flüstern und zischen
Die Frau'n unersättlich
Und rufen dazwischen:
‚A bravo, wie göttlich!'
Es werden die Zimmer
Stets heißer und enger
Und immer und immer
Die Weile länger,
Bis endlich die Wagen
Gemeldet werden,
Um Dank zu sagen
Für alle Beschwerden.
Zuletzt und am Ende,
Recht um uns zu necken,
Die Diener die Hände
Entgegen uns strecken.
Die muß man nun füllen,
Sie kriegen das Beste
Und lachen im Stillen
Des Wirts und der Gäste."

Friederike war mit dem Text nicht ganz einverstanden. Sie mochte es nicht, wenn Robert so böse und satirisch mit der Berliner Gesellschaft, in der sie ja auch viele Freunde hatten, ins Gericht ging. Manchmal glaubte sie, der Grund dafür sei darin zu suchen, daß er sich auch gegen die dominierende Stelle, die seine Schwester in seinem Leben und Denken einnahm, wehrte. Aber sie war sich nicht sicher, zu sehr hing er an Rahel, beugte sich fast allen ihren Ratschlägen und litt sehr, wenn sich zwischen ihnen Spannungen und kleine Streitereien ergaben.

Noch von Regensburg aus schickte Robert den Bericht an das *Morgenblatt* ab. Sie machten dann noch einen kurzen Spaziergang am Ufer der Donau entlang und über die steinerne Brücke, aber Friederike drängte zur Abreise. Sie hielt es jetzt nirgends mehr lange aus, sie wollte heim und ihre so lange vermißte Familie wiedersehen.

Aber ihre Geduld wurde noch einmal auf eine harte Probe gestellt. Nur murrend ertrug sie es, daß Robert fast drei Wochen lang in München blieb. Sie hatte keinen Blick für die Schönheiten der bayerischen Hauptstadt, selbst ins Theater ging sie ungern, sie fand das Bayerische Hoftheater noch schlechter als das Berliner und hatte an den Sängern der Hofoper viel auszusetzen.

Lediglich die bayerischen Prinzessinnen, von denen es eine Unmenge zu geben schien, fanden Gnade vor ihren Augen, – Friederike hatte ja schon bei ihrem ersten Aufenthalt in Dresden an der Hochzeit der Prinzessin Amalie mit dem Prinzen Johann teilgenommen, und auch die preußische Kronprinzessin Elisabeth stammte aus Bayern, – und immer noch konnte der König mit einigen besonders niedlichen Exemplaren aufwarten. Bis auf einige bestellte Huldigungsgedichte und höfliche, sich im Unverbindlichen erschöpfende Antrittsbesuche ergaben die Münchner Wochen nichts Greifbares. Friederike zählte die Tage bis zur Weiterfahrt nach Karlsruhe. Entschlossen und eigensinnig trug sie in ihr Tagebuch ein: *„Von München schweigt nun meine Feder, denn es ist das ärgste Nest."*

Kapitel 14

Wieder in Karlsruhe

Es regnete in Strömen, als sie endlich Anfang November in Karlsruhe eintrafen. Die naßkalte Feuchtigkeit drang durch alle Ritzen der Kutsche, obwohl die Leder fest zugezurrt waren. Besonders die Nachtfahrten hatten Friederikes Gesundheit zugesetzt. Auch Robert klagte über Gliederschmerzen, einen wunden Rücken, Hustenanfälle quälten ihn. Aber als sie in Karlsruhe vor dem Haus, in dem ihnen Gottlieb eine Wohnung gemietet hatte, aus der Kutsche stiegen, da waren alle Beschwernisse wie weggeblasen. Wie hübsch hatte die Mutter die Wohnung eingerichtet, wie liebevoll waren die Gardinen und Vorhänge aufgezogen. Mit großen Augen sah sich Friederike um. Es gefiel ihr, endlich ein Zuhause! Die Schloßstraße lag zentral, von hier aus konnten sie alle Erledigungen in Karlsruhe schnell und ohne viele Umstände besorgen. Die Hausfrau war nett und freute sich, Schwester und Schwager des Herrn Hofbuchhändlers Quartier geben zu können.

Jubelnd fiel Friederike ihrem Mann um den Hals: „Gelt, hier ist es schön, hier wirst du auch schaffen können!" Leise vor sich hinsummend half sie, das Gepäck ins Haus zu tragen. Der Kutscher brachte Pferde und Wagen zurück zur Poststation. Aufgeregt überlegte Friederike, ob sie sich erst umziehen und dann zu Gottlieb gehen, oder überhaupt erst die Mutter und die Geschwister aufsuchen, oder erst auspakken sollte. Unschlüssig stand sie da. Aber die Entscheidung wurde ihr abgenommen. Plötzlich sah sie Gottlieb Braun in der Tür stehen. Mit einem Aufschrei flog ihm Friederike um den Hals, er schwenkte sie einige Male durch die Luft, bevor er sie wieder auf die Füße stellte. Als er Robert begrüßte, gab er ihm einen freundschaftlichen Klaps: „Ich weiß nicht, lieber Schwager, aber nicht einmal du und die Großstadt haben meiner Schwester Manieren beibringen können, aua, Rickele, nicht boxen, das geht dann wirklich zu weit!" Er machte sich los und hielt die Hände der Schwester fest. Robert nickte: „Die Rieke, die kriegen selbst Berlins unendlich lange Kutschfahrten und Intrigen nicht klein. Um Mitternacht tanzt die noch auf einem Tisch, wenn es ihr danach ist!" Friederike drohte ihm empört mit der Faust: „Glaub nur dem Louis nicht – der erzählt ein Märchen nach dem anderen: Und er schreibt's auch noch im *Morgenblatt*!" Gottlieb war gekommen, die Roberts zum Essen zur Mutter zu bringen. Gewiß würde sie mit den Geschwistern, die noch bei ihr lebten, schon ungeduldig warten: „Ihr wißt ja, wie das ist, sie sorgt sich halt immer!"

Es dauerte nicht mehr lange, da konnte Dorothea Christiana Braun ihre Tochter in die Arme schließen, und Friederike stellte mit Erstaunen fest, daß sie eigentlich keine kleinen Geschwister mehr hatte. Sogar Gottlob hatte sich zu einem hübschen jungen Mann gemausert. „Er hat deine Augen", stellte Robert fest, „und das macht ihn für mich natürlich besonders vertrauenswürdig!" Und wirklich entwickelte sich zwischen den beiden ein sehr herzliches Verhältnis.

Es wurde ein vergnügtes Essen, die Mutter war froh und dankbar, die so lange Entbehrten endlich einmal wieder an ihrem Tisch zu haben. Es gab Maultaschen in der Brühe und danach gebackene Hähnchen. Die hatte Luise gemacht, sie hatte sich noch an die Vorliebe der Schwester für dies Gericht erinnert. Den wunderbaren Kirschkuchen hatte Mina gebacken.

Die nächsten Tage vergingen für Friederike mit dem Einrichten der Wohnung und dem Einräumen der mitgebrachten Sachen. Ludwig Robert fuhr hinüber nach Mannheim, um alte Freunde zu besuchen und seine Beziehungen zum Nationaltheater wieder aufzunehmen. Er war fast ständig unterwegs, und Friederike genoß ihre Unabhängigkeit, sie entdeckte Karlsruhe neu.

Sie staunte, wie sehr sich der Verlag des Bruders in den zwei Jahren ihrer Abwesenheit vergrößert hatte. Gottlieb stöhnte, er habe mehr Arbeit als ihm lieb sei und nicht einmal die Zeit, sich nach einer Frau umzusehen. Friederike schob das mit einer Handbewegung beiseite: „Dich müßte halt eine Frau finden; aber sag einmal, wann warst du zum letzten Male im Theater, gehst du gar nicht aus, auf Bälle und in Zirkel?" Gottlieb schüttelte den Kopf, die Zeit hatte er sich schon lange nicht mehr genommen. Energisch stellte sich Friederike vor ihm auf: „Das wird sich jetzt ändern, neben dem Schreibtisch und deinen Druckmaschinen wirst du kaum eine Frau finden." Gottlieb zuckte die Achseln: „Ha, erst waren es die Querelen mit den Kollegen, jetzt habe ich die Drucklizenz – und kann mich vor Aufträgen nicht mehr retten. Ich brauch' dringend ein größeres Haus!" Friederike nickte: „Dann such ein schönes aus!" Gottlieb grinste: „Das sagt sich leichter, als daß man es findet. Wenn ich eins kaufe, dann will ich auch, daß der Verlag dort die nächsten zweihundert Jahre sein Unterkommen findet." Friederike starrte ihn an: „Jetzt bist du übergeschnappt, du spinnst!" Er faßte sie unters Kinn und drehte ihren Kopf so, daß er ihr in die Augen sehen konnte: „Bist du auch wirklich glücklich, Rickele?" Sie schwieg eine Weile, dann antwortete sie bedächtig, jedes Wort betonend: „Ja, ich bin glücklich mit Robert. Obwohl mir manchmal seine Jammerei auf die Nerven geht. Aber das muß man halt in Kauf nehmen. Ich liebe ihn, eigentlich habe ich ihn vom ersten Augenblick an geliebt, damals, als er in Mannheim vor mir stand. Es war ein Tag, der uns beiden Glück gebracht hat." Sie schwieg nachdenklich: „Es ist ihm viel schiefgegangen, in Berlin, manche Hoffnung hat sich nicht erfüllt. Das sind Dinge, die man nicht so einfach abschütteln kann, einer mit seinem Charakter am wenigsten. Und du?" Sie sah ihm forschend ins

Gesicht. „Arbeit", murmelte er, „macht das Leben süß…"

Gemeinsam gingen sie zum Tisch hinüber, Friederike holte zwei Gläser aus dem Schrank und die Karaffe mit dem Portwein. Gottlieb strich sich die Haare aus der Stirn. „Ach so, ehe ich es vergesse, wir sollten so bald wie möglich mit den Vorarbeiten für den neuen Band der *Rheinblüten* beginnen. Weißt du schon, ob etwas von Heinrich Heine oder von Karl Immermann kommt?" Friederike schüttelte den Kopf: „Bisher nicht, aber ich werde wieder mal bei Heine mahnen!" Gottlieb sah auf die Uhr und sprang erschrocken auf: „Himmel, schon so spät, jetzt muß ich aber wirklich in die Druckerei!" Fassungslos sah ihm Friederike zu, wie er an die Garderobe stürzte, Mantel und Hut ergriff und schon dabei war, das Haus zu verlassen. Mitten im Schritt hielt er inne, als fiele ihm etwas ein, er drehte sich um, umarmte Friederike und küßte sie und verschwand ohne ein weiteres Wort.

Sie räumte die Gläser fort und setzte sich dann an ihren Sekretär, um an Heine zu schreiben und ihn ein weiteres Mal um Beiträge für die *Rheinblüten* zu bitten. Vor ihr lag der letzte Brief Heines, sie las ihn noch einmal: „*… mit meiner Gesundheit bessert es sich, und ich hoffe nächstens manches Gute schreiben zu können. Doch mit dem Herausgeben werde ich immer saumselig und ängstlich sein.*" Friederike seufzte. Wie sehr er recht hatte. Friederike berichtete ihm von der Ankunft in Karlsruhe, vielleicht könne ihn die schöne Umgebung auch einmal in den Schwarzwald locken. Denn wenn der Winter erst vorbei sei, dann hoffe sie auf viele Freunde bei ihrem Sommeraufenthalt im schönen Baden-Baden.

Für Varnhagens hatte sie dort schon ein Quartier für den Sommer bestellt. Auch ihr ältester Bruder wollte zusammen mit seiner Frau diesmal den Sommer in Baden-Baden verbringen und für eine Badekur nutzen. Rahel wollte allerdings noch einen Besuch bei Goethe in Weimar einschieben, bevor sie ins Badische aufbrach. Friederike spielte nachdenklich mit dem Tintenfaß. Eigentlich begann sie schon jetzt, wenige Wochen nach ihrer Ankunft in Karlsruhe, die Lebendigkeit und den Trubel Berlins zu vermissen. Bis in die späten Abendstunden war Besuch gekommen, oder sie hatten selbst Besuche gemacht, Konzerte, Theater und Lesungen hatten eine Flut von Abwechslungen und neuen Eindrücken in ihr Leben gebracht. Das gab es in der beschaulichen Karlsruher Gesellschaft nicht, hier verlief alles in geordneten Bahnen. Friederike gewöhnte sich an, die menschlichen Kontakte, die ihr hier fehlten, durch Briefe am Leben zu erhalten. Aber sie machte sich nichts vor, auf die Dauer konnte das nicht bei allen gelingen.

Während Friederike den Brief an Heine versiegelte, wurde die Post gebracht. Ganz obenauf lag ein Kuvert mit Rahels Handschrift, sie fühlte, wie sich ihr Herz verkrampfte. Schon streckte sie die Hand aus, um den Brief zu öffnen, dann legte sie ihn doch wieder zurück. Sie würde auf Louis mit dem Öffnen warten, und wenn sie bis dahin vor Neugierde und Spannung platzen sollte.

Gleich nach ihrer Abreise aus Berlin hatte sich das Königliche Hoftheater entschlossen, Ludwig Roberts Theaterstück *Die Macht der Verhältnisse* aufzuführen. Ein Triumph, mit dem er schon nicht mehr gerechnet hatte. Bereits 1811, als noch Iffland das damalige Berliner Nationaltheater geleitet hatte, hatte er das Stück zur Begutachtung eingereicht. 1815 war es erstmals aufgeführt worden und wurde vom Publikum gut aufgenommen. Dennoch wurde das Stück vom Spielplan abgesetzt, als an den Straßenecken Anschläge auftauchten mit der Aufforderung, die *„Sudelei von einem Juden, die man abends im Theater geben würde, auszupochen.“*

Während der Napoleonischen Kriege hatte Robert in Prag Ludwig Tieck aus seinem Theaterstück vorgelesen. Tieck war begeistert gewesen, hatte von einer vollkommen neuen Art Theater zu spielen gesprochen und das Stück auch in Rezensionen hochgelobt. Aber erst nach den Befreiungskriegen war es an einigen deutschen Bühnen aufgeführt worden. Jedoch war der Erfolg nirgends so groß gewesen, daß es sich über einen längeren Zeitraum hätte auf der Bühne halten können.

Dennoch hatte sich Johann Friedrich Cotta im Jahre 1819 entschlossen, das Werk als Buch herauszugeben. Robert hatte dem Buch zwei Briefe über das antike und moderne und über das sogenannte bürgerliche Trauerspiel beigegeben. Diese beiden Briefe – Friederike war darauf heute noch stolz – waren an eine Freundin gerichtet. Nur die engsten Vertrauten hatten damals gewußt, wer damit gemeint war. Für sie allerdings hatte es soviel bedeutet, daß sich der geliebte Mann sogar in einem Buch zu ihr bekannte. Damals war sie noch nicht einmal sicher gewesen, ob die angestrebte Scheidung von Primavesi auch durchzusetzen wäre. Wie klein waren ihre heutigen Sorgen doch gegen das alles überschattende Problem von ehedem!

Wie hatte sie damals dieses Theaterstück immer wieder gelesen, um sich hineinzuversetzen in die Gedankenwelt dieses Ludwig Robert, die ihr so fremd gewesen war. Damals – sie gestand es sich ein – hatte auch die Lektüre nicht viel genutzt, auch danach waren ihr die Motive der handelnden Personen fremd geblieben.

Die Macht der Verhältnisse spielt um 1795 in einer deutschen Hauptstadt, das Drama dreht sich zunächst um zwei Geschwisterpaare, den bürgerlichen Schriftsteller Weiß und seine Schwester Emilie und um die Kinder des gräflichen Ministers von Falkenau. Der junge Oberst Falkenau bandelt mit Emilie an, seine Schwester interessiert sich sehr für den jungen Dichter Weiß. Der allerdings ist mehr um das Wohl seiner Schwester besorgt, als daß er sich eine Liebe außerhalb seiner eigenen Gesellschaftsschicht einhandeln möchte. Und weil das Liebespaar sich uneinsichtig zeigt, schickt er dem Liebhaber die Forderung zu einem Duell.

Sensibel hat Ludwig Robert die Zeitströmungen aufgegriffen. Hier steht nicht nur der Bürgerliche dem Adeligen, sondern auch der Literat dem Militär gegenüber. Der Schriftsteller Weiß lehnt die Neigung der Comtesse ab, auch er hat seine Überzeugungen, in denen er festgelegt ist. Auch Frauen sollen nicht aus dem Kreis heraustreten, in den sie Geburt und Verhältnisse gestellt haben. Schon aus diesem Grund muß ihm die Liebe des Obersten zu seiner Schwester mißfallen: „Verschiedene Stände haben auch eine andere Ehre." Weiß ist sehr empfindlich, wenn es um seine Ehre geht, die er auch gegen jedermann zu verteidigen bereit ist.

Schon immer hatte Friederike bewundert, mit welcher Raffinesse Ludwig Robert bemüht war, *Die Macht der Verhältnisse* zu einem Netz aus unerbittlichen Zwängen zu verknüpfen, in dem jeder, auch die unbedeutendste der handelnden Personen, unweigerlich zappelte. Emilie, das bürgerliche Mädchen, verläßt sich ganz auf ihren Liebhaber, er soll ihre Ehre verteidigen; aber der möchte eigentlich viel lieber tändeln. Der Minister handelt in jeder Minute ganz als Beamter, nicht als Mensch. Nachdem er einmal den Leichtsinn der eigenen Jugend abgeschüttelt hat, empört er sich gegen jedes Gefühl, sogar Zärtlichkeiten zwischen Eltern und Kindern sind ihm ein Greuel. Nur Ablehung und Verachtung hat er für einen Bürgerlichen übrig, der es wagt, eine Forderung an den Sohn eines Ministers zu schicken. Der Sohn darf sich nicht schlagen, nicht mit so einem. Auch die Offiziere des Regiments sind dagegen. Die Ablehnung seiner Duellforderung trifft Weiß in seiner Ehre und *„die Ehre ist das höchste, was der Mensch besitzt, sie ist kein Monopol für bevorrechtete Stände."*

Im Auftrag des Ministers bietet einer der Offiziere dem Schriftsteller Weiß eine materielle Unterstützung und Empfehlungen an, damit er sich anderswo eine

Existenz aufbauen kann. Weiß deutet das so: man will ihm seine Ehre abkaufen. Zum Schein geht er auf diesen Handel ein. Aber mit einer List lockt er den Verführer seiner Schwester in einen Hinterhalt. Als dieser ihn angreifen will, erschießt er ihn.

Im Gefängnis erfährt Weiß, daß er der uneheliche Sohn des Ministers ist. Auch der unbeugsame Beamte, Minister Falkenau, wird mit dieser Tatsache konfrontiert. Trägt er schon den Tod des einen Sohnes mit unmenschlicher Fassung, so beschließt er nun, dem Gesetz zu seinem Recht zu verhelfen, auch der zweite Sohn muß sterben. Die Schande, ihn wegen Mordes hängen zu sehen, kann er nicht ertragen. Er selbst bringt dem Gefangenen das Gift in den Kerker. Die Begnadigung des Fürsten, von der Gräfin erwirkt, kommt zu spät: Auch der zweite Sohn des Ministers ist tot.

Friederike war immer stolz auf dies Stück ihres Mannes gewesen, auch wenn ihr die Handlung bisweilen sehr zu schaffen machte. Jetzt war *Die Macht der Verhältnisse* in Berlin wieder aufgeführt worden, ein wenig bange war ihr doch zumute. Andererseits, der große Ludwig Devrient selber spielte den Minister. Obwohl sich Robert nicht ganz sicher gewesen war, ob dieser leidenschaftliche Schauspieler die richtige Besetzung für seinen so kalten und berechnenden Falkenau sei. Aber schließlich hatte der Stolz über diese Auszeichnung seine Bedenken überwogen.

Heute morgen nun war der Brief von Rahel gekommen, seit Tagen schon hatten sie ihn sehnsüchtig erwartet. Zu gerne hätte Friederike den Brief geöffnet, aber sie spürte, diese Freude sollte sie Louis lassen. Wenn er doch nur heimkommen würde! Sie dachte so intensiv an ihn, daß sie glaubte, er müsse es fühlen und sich mit dem Heimkommen beeilen. Sie deckte den Tisch besonders liebevoll und stellte auch noch eine Flasche Rotwein dazu.

Endlich hörte sie die vertrauten Schritte und das Klappen der Tür. Sie flog ihm entgegen, zog ihn ins

Zimmer: „Rahel hat geschrieben, komm lies mir vor!"
Sie ließ ihm kaum Zeit, sich zu setzen und eine Klei-
nigkeit zu essen, so sehr drängte sie ihn, endlich den
Brief zu öffnen. Er lachte: „Meine Güte, Rieke, der
Brief läuft doch nicht davon, komm schenk uns ein,
damit wir bei guter Nachricht anstoßen und bei
schlechter den Kummer gleich hinunterspülen können!" So sehr er sich beherrschte, Friederike sah an
seinen fahrigen Bewegungen, an der Art, wie er das
Siegel erbrach, wie aufgeregt er war.

Er räusperte sich und begann: *„Fieber hab ich, aus*
Sorge dir immer noch nicht geschrieben zu haben! Du
glaubst es. Immer mehr häuft sich auf, was mitzutei-
len, zu sagen ist: ein Brief von euch sogar liegt schon
mehr als vierzehn Tage vor mir, und doch konnte ich
vor Schwefelbäder-Echauffement, Menschen, Ereignis-
sen, Besuchen, Fremden, kurz, vor Lebenswellen, die
zum Strom wurden, nicht; durch alle aber wär ich
siegreich durchgeschwommen, einen Brief an dich hoch
in der Hand haltend! Aber meine Unfähigkeit, gerade
zum Schreiben ist zu bedeutend, war es in der letzten
Zeit zu bestimmt: und gerade wenn ich vollgepfropft
von Anteil, Liebe und Mitteilung bin, wie zu einem
Schreiben an dich, so wird aus einem roten Echauffe-
ment ein blaues. Um die ‚Macht der Verhältnisse'
sehen zu können, blieb ich sieben Tage vorher kom-
plett zu Hause: damit mich keine Erkältung attrapire,
die stündlich und von jeder Luft provozirt wurde. Es
ist mir gelungen, und ich bin völligst belohnt worden.
Ein solches schönes Stück ist mir lange nicht vorgekom-
men. (Ich weiß gerade zu schätzen, was ich nie ver-
möchte.) Es ist nämlich so vortrefflich gemacht;
(gedrechselt und kombiniert in Überlegung). Ein
unüberspannter und doch gespannter Ton, der die
Ereignisse herbeiführt und auf die richtige Art von
ihnen herbeigeführt wird, wäre hier schon ganz kunst-
voll, wenn er auch nicht so selten wäre, daß er beinahe
anzutreffen, und es daher eine Kunst ist, ihn irgendwo
zu finden. Die Szenen sind vortrefflich gestellt in ihrer

Folge und Symmetrie: und manches daher auf der Bühne hat auf mich eine Wirkung gemacht, wie noch nie etwas auf der Bühne – so überlobend wir seit Jahrereihen auch manches zu setzen belieben: wo mein Rest immer Schweigen war!" Robert brach ab und legte den Brief beiseite. Endlich ein Erfolg! Friederike strahlte ihn an und erhob ihr Glas: „Auf den Erfolg!" Robert nahm den Brief wieder zur Hand und fuhr fort: *„Devrient frappirte mich unangenehm beim Auftreten; Holzstimme, Person, alles. Aber wie benahm er mir das. Ich war ganz zufrieden. Aber seit der Sitzung der zweiten badischen Kammer (1819), wo man (Winter) dem Adel alles ins Gesicht sagte, habe ich solche Emotion, solches Herzpuffen, solches konvulsivisches Schluchzen nicht erlebt. Und nur die zweimal im Leben. Schulter an Schulter saß ich mit einem Offizier: das erhöhte alles. Dies einmal mündlich: heute bin ich schon zu blau. Das Publikum war ganz erschüttert: es war voll; und das beste drin. Daß das Stück selbst aus unseren geprügelten Herzen erwachsen ist, muß mich tief berühren: besticht mich aber beim großen Gott nicht. Schlechter würd' ich's nur empfinden, wäre es nicht Bravo donc! du plus profond du coeur! – Varnhagen setzt zu allem hier seinen Namen."*

Langsam war Friederike hinter Roberts Sessel getreten und hatte ihm die Hände auf die Schultern gelegt. Robert zog ihre Hand an seine Wange, während er fortfuhr: *„Euer Glück entzückt und tröstet mich über alles andere."* Einen Moment hielt er inne. „Und von den Freunden schreibt sie nichts?" Robert nickte: „Doch, hör zu: *Sonnabend tranken wir bei Edelings mit Prof. Witte aus Breslau, Malizewski's, einer Menge Offiziere, Müllers aus Dessau – Dichter, Griechenlieder und sehr schöne Frau, en profil so schön als Sie, – Ihre Gesundheit. Aus Fülle des Gefühls trank ich Roberts leise: Gott lasse ihn glücklich."* Robert schluckte und führte Friederikes Hand an die Lippen, bevor er weiterlas: *„Gestern wurden die ‚Überbildeten' mit großem Beifall im Poetenklub gelesen. Von*

Holtei, Varnhagen war da, und grüßt. Alles ist gesund.
Alles künftig; ich umarme euch. Alle Welt grüßt. Ich
kann nicht genug antworten auf Fragen nach euch. Ich
küsse jetzt noch einmal euren Brief, in dem ihr mir
schreibt, daß ihr glücklich seid…"

Robert legte den Brief beiseite, dann zog er Friederike auf den Schoß, lange schwiegen beide. So zufrieden hatte sie Robert lange nicht erlebt, und sie
schenkte die Gläser noch einmal nach.

„Also, Friederike" – Gottlieb Braun sah von seinem
Schreibtisch auf, „mach deinem saumseligen Dichter
da oben in Hamburg oder Göttingen, diesem Heinrich
Heine mal Beine; wenn er noch lange damit wartet,
uns die versprochene *Harzreise* zu schicken, dann ist
es für eine Herausgabe im nächsten Jahrgang der
Rheinblüten zu spät. Überhaupt ist erst sehr wenig
eingegangen, und das wenige eignet sich auch nicht
besonders für einen Almanach. Mir scheint, nicht nur
die Dichter schicken keine Beiträge, auch die Redaktion arbeitet äußerst lässig!" Friederike nickte schuld-
bewußt, sie hatte sich die Herausgabe von Karlsruhe
viel leichter vorgestellt als von Berlin aus, aber das
Gegenteil war der Fall. Sie lebte doch ein wenig abseits
hier, und briefliche Mahnungen fruchteten längst nicht
soviel wie ein überraschender Besuch. Das jedenfalls
hatte sie inzwischen erkannt.

Zu Hause sah sie noch einmal die Manuskripte
durch, die sie bisher für die „*Rheinblüten*" erhalten
hatte. Gottlieb hatte recht, viel war es wirklich nicht.
Unschlüssig setzte sie sich hin und spielte mit der
Feder, endlich entschloß sie sich, noch einmal an
Heine zu schreiben. Umso überraschter war sie, schon
am nächsten Tag einen für Heine ungewöhnlich langen
Brief zu bekommen, auch die „*Harzreise*" hatte er
mitgesandt. Sie legte das Manuskript erst einmal beiseite, um den Brief zu studieren: *„Endlich, endlich*
habe ich meine juristischen Plackereien soweit abge-
streift, daß ich wohl imstande wäre, Ihnen einen recht
langen, hübschen Brief zu schreiben. Und dennoch

geschieht dies nicht, denn kaum der einen Plage entla-
stet, fällt wieder eine andere auf mich und zum ordent-
lichen Schreiben müßte ich wohl eine gute Stunde
abwarten, und dazu gebricht's an Zeit, in dem ich doch
mit der Absendung meines Mpts (Die Harzreise) nicht
länger zögern darf. Möge es Ihren Beifall erlangen! Ich
habe es soviel als möglich für die ‚Rheinblüten'
zurechtgestutzt. Vieles mußt ich streichen; und zur
Füllung mancher Lücke, besonders am Ende der großen Gedichte, fehlte mir die Muße, doch ist dieses nicht
bemerkbar. Erscheint die Persiflage des Balletts etwas
zu stark, so erlaube ich Ihnen, die ganz Partie, die
damit zusammenhängt und die ich mit Bleistift
bezeichnet, ausfallen zu lassen. Muß aus ähnlichem
politischen Notwendigkeitsgrunde irgend eine andere
Stelle meines Manuskriptes wegbleiben, so bitte ich, die
Lücke mit den üblichen Strichen zu füllen. Außerdem
bitte ich aber die Redaction der ‚Rheinblüten', bei
Leibe keine eigenmächtigen Veränderungen oder Aus-
lassungen aus ästhetischen Gründen in meiner ‚Harzreise' zu gestatten. Denn da diese im subjectivistischen
Stile geschrieben ist, mit meinem Namen in der Welt
erscheint, und mich als Mensch und Dichter verantwortlich macht, so kann ich dabei eine fremde Willkür-
lichkeit nicht so gleichgültig ansehen, wie bei namen-
losen Gedichtchen, die zur Hälfte reduciert werden ..."
Friederike lächelte, er hatte sich verändert, war viel
bestimmter, selbstsicherer geworden: „Die Verse meiner ‚Harzreise' sind eine ganz neue Sorte und wunderschön. Indessen man kann sich irren. Es sollte mir sehr
leid tun, wenn mein Mpt. Ihren Erwartungen nicht
entspräche, nicht meinetwegen, sondern weil ich so
gerne Ihre Wünsche erfüllt sähe. In diesem Fall, wenn
Sie etwa unterdessen ein fremdes, besseres Mpt. erhalten, oder mein Manuskript wegen meiner eigenen
Bestimmungen nicht abdrucken können, wünsche ich,
daß Sie mir dasselbe ohne großen Zeitverlust, unfran-
kiert, hierher nach Göttingen mit passender Post
zurücksenden möchten. Ich hätte Ihnen gerne eine

hübsche Novelle geschickt, aber es war unmöglich,
mögen mich nächstes Jahr die Musen besser begünsti-
gen... *Und nun, schöne, gute Frau, machen Sie nicht*
die naheliegende Bemerkung: Daß Menschen, die sonst
im Leben ganz leicht und anspruchslos erscheinen,
nicht eitel und difficil werden, sobald man sie als
Poeten in Anspruch nimmt? Doch ich scharfsinniger
Narr, ich erzähle das einer Poetin und Frau eines
Poeten. Was macht dieser Poet? Trauerspiele oder
Lustspiele?"

Friederike gestand sich ein, daß sie große Sehnsucht
nach Heine hatte, nach Gesprächen mit ihm, nach
seinen Besuchen, gemütlich im Gärtchen in der Französischen Straße zu sitzen und sich mit ihm und
Robert über alles Mögliche zu mokieren und zu spot-
ten. Und sie stellte sich vor, mit den beiden in einem
Café zu sitzen und Baisers mit Kaffee auf der Zunge
zergehen zu lassen. *„Vor allem aber leben Sie wohl*
und küssen Sie Robert und sagen Sie ihm, daß ich ihn
und seine Frau sehr lieb habe..."

Amüsiert legte Friederike den Brief beiseite und
widmete sich der *„Harzreise".* Heine hatte recht, die
Verse waren in der Tat wunderschön. Der Fortbestand
der *„Rheinblüten"* schien für ein weiteres Jahr gesichert. Hätte Friederike allerdings gewußt, daß Gottlieb ihr schon wenige Wochen später die Absatzzahlen
für die bereits erschienenen Jahrgänge des Almanachs
vorlegen würde, um ihr dann zu erklären, daß dies
Verlustgeschäft eigentlich nicht weiter zu verantwor-
ten wäre, sie hätte das Manuskript postwendend an
Heine zurückgeschickt. So aber blieb es bis lange in
den Herbst hinein auf dem Schreibtisch liegen. Erst als
Heine mahnte, ihm doch den inzwischen wohl gedruckten Almanach zuzusenden, bekam er sein unver-
öffentlichtes Manuskript zurück. Erbost wandte sich
Heine an seinen Freund Moser in Berlin: *„Das Alma-*
nachwesen ist mir im höchsten Grade zuwider; doch
ich habe nicht das Talent, schönen Weibern etwas
abzuschlagen..." An Friederike, der dieser Schatten

auf ihrer Freundschaft zu Heinrich Heine unangenehm war, schrieb er: „*Dies ist mir recht fatal, in dem
meine Einsendung, die ‚Harzreise‘, wegen ihres vielfäl-
tig in die Gegenwart spielenden Inhalts eigentlich als
Novität gedruckt werden mußte, wie ich denn auch
nur ungern mich entschloß, sie in einem erst im Herbste
erscheinenden Almanache abdrucken zu lassen.*" Der
Verfasser, so um den „Ruhm des Jahres 1825" geprellt,
entschloß sich, *Die Harzreise* im „*Berliner Gesellschafter*" erscheinen zu lassen, damit sie überhaupt
gedruckt wurde. Friederike hatte lange an dieser miß-
glückten Herausgabe zu leiden. Sie hatte begriffen,
daß auch das Büchermachen nicht nur ein Vergnügen
war, sondern mit Ärger und sogar mit Tränen verbunden sein konnte.

Kapitel 15

Ein Sommer in Baden-Baden

Aber noch lag der Sommer vor ihnen mit dem geplanten Kuraufenthalt in Baden-Baden. Für Varnhagens hatten sie Rahels geliebtes Quartier im Töpferhäuschen wiederbekommen. Das war gar nicht so leicht gewesen, denn die Sommergäste drängten in das kleine Schwarzwaldstädtchen, manchmal wurde es den Bewohnern fast zuviel. Sie klagten über den Verkehr und den Trubel. Louis und Friederike hatten ihr vorgesehenes Quartier im „Goldenen Lamm" allerdings wieder abbestellen können, denn zu Roberts großer Überraschung hatten sie eine Einladung von Cotta bekommen, doch in seinem Hotel, dem „Badischen Hof" zu wohnen. Schon im Jahre 1807, als er das *Morgenblatt für die Gebildeten Stände* gründete, hatte Cotta das ehemalige Kapuzinerkloster in Baden-Baden erworben. Cotta war nicht nur als Verleger hellsichtig, sondern hatte auch einen wachen politischen Verstand. So hatte er erkannt, daß den Bädern vom Rang des badischen Badens eine immer größere politische und gesellschaftliche Bedeutung zukommen werde. Friedrich Weinbrenner, der geniale Architekt und Erneuerer Baden-Badens, hatte nicht nur den Verkauf an Cotta vermittelt, er war es auch, der den klösterlichen Gebäudekomplex für Cotta zum „Badischen Hof" umbaute.

Cotta ließ seinen Einfluß und seine Macht auf verschiedenen Ebenen deutlich spüren. Im *Morgenblatt* versuchte er, die gesellschaftspolitische Bedeutung Baden-Badens durch ausführliche Darstellungen des Lebens in dem Kurort hervorzuheben. Cotta knüpfte aber auch an die verwandtschaftlichen und politischen Beziehungen des großherzoglich badischen Hauses an, wenn er wiederholt den Herzog Karl August von Weimar nach Baden-Baden einlud, um so Goethe und seinen Kreis hierher zu ziehen. Karl August kam gerne nach Baden und verband seinen Besuch stets mit einer Visite am Hof in Karlsruhe. Im Jahre 1816 schließlich hatte Cotta einen großen Erfolg: Goethe, schon so oft eingeladen, hatte sich endlich zu einem Besuch in dem von seinem Herzog so hoch gepriesenen Badeort entschlossen. Auch Zelter hatte als Goethe-Intimus seine Erfahrungen mit dem Schwarzwaldort zu Papier gebracht. Bei so vielen positiven Stimmen in seiner Umgebung hatte der Geheime Rat seinen Widerstand aufgegeben, und Cotta hatte die schönsten Zimmer des „Badischen Hofes" für ihn reserviert. Aber – Goethes ungutes Gefühl vor dieser Reise hatte ihn nicht getrogen – gleich nach Antritt der Reise, noch vor Erfurt, brach eine Achse. Zwar ging der Unfall glimpflich ab, aber Goethe hatte nun einen Grund, die weite Reise abzusagen. Er verbrachte den Sommer zum Kummer seines Verlegers in dem kleinen Ort Tennstedt.

Johann Friedrich Cotta konnte im badischen Oostal verschiedenen seiner Lieblingsideen nahetreten. Die Verbindungen zum klassischen Weimar, für seinen Verlag von lebenserhaltender Wichtigkeit, konnte er hier in entspannter Atmosphäre intensivieren und vertiefen. Zum anderen konnte er von hier aus seine Kontakte zur französischen Literatur ausbauen. Cotta, den man inzwischen den „Fürsten unter den Verlegern" nannte, hatte sich mit dem „Badischen Hof" ein wahrhaft fürstliches Domizil geschaffen. Eigentlich war das Hotel wohl weniger als Einnahmequelle, denn als Sommersitz geplant gewesen. Aber nach anfänglichen Schwierigkeiten wurde der stilvolle Empirebau Weinbrenners auch als Hotel ein Erfolg. Die schöne Lage, direkt an der Oos, die noble Ausstattung und besonders der herrlich angelegte Garten mit der berühmten sprudelnden heißen Quelle zogen viele Besucher an. Schon nach wenigen Jahren erwies sich das Hotel als einer der am besten florierenden Zweige des enorm verschachtelten Finanzimperiums Johann Friedrich Cottas.

Gottlieb hatte Friederike lange angesehen, als sie ihm von der Einladung Cottas in den „Badischen Hof" berichtete. „Mehr weißt du nicht?" fragte er. „Cotta lädt sich nicht mir nichts, dir nichts Gäste ein: bestimmt hat er etwas vor, mit dir und deinem lieben Mann..." Friederike lachte: „Die beiden haben ähnliche Ansichten und Robert arbeitet schon so lange für das *Morgenblatt*, das wird es sein, vielleicht will er die Zusammenarbeit enger gestalten!" Gottlieb gab ihr einen Nasenstüber: „Der Cotta, mein Schatz, ist ein Fuchs und er hat einen Grund, vermutlich sogar einen schönen, für so eine Einladung!"

Friederike staunte nicht schlecht, als sie Baden-Baden wiedersah. In den wenigen Jahren ihres Fernseins hatte sich der Kurort gewaltig vergrößert. 1820 hatte man 5138 Sommergäste gezählt, und damals hatte man das als viel empfunden, letztes Jahr waren es über 8000 gewesen, und überall in den Gasthäusern und Pensionen ließen die Vorbestellungen und die Nachfragen nach Zimmern darauf schließen, daß sich die Gästeflut noch weiter verstärken sollte. Es herrschte Frieden in Europa, in diesen ruhigen Zeiten verbrachte, wer es sich leisten konnte, die Sommerwochen gerne in einem Badeort oder in der Sommerfrische. In der jungen Großherzogin-Witwe Stephanie, die ihre Residenz hierher verlegt hatte, war Baden-Baden eine großzügige Gönnerin von hoher Anziehungskraft erwachsen. „Weißt du, was wir machen, wenn wir in Baden-Baden unsere Zimmer bezogen haben?" Friederike zwickte Robert in den Arm. Tief in Gedanken versunken schüttelte er den Kopf: „Aber du wirst es mir gleich sagen!" – „Wir gehen auf den Großkopf-Weg." Robert sah sie fragend an: „Einverstanden, aber was ist das bitte?" – „Das ist eine schöne Geschichte, aber ich werde sie dir erst später verraten!"

Jetzt hielt der Kutscher vor dem „Badischen Hof". Schon wurde das Gepäck versorgt, und die Roberts ließen sich hinauf in ihre Zimmer führen. „Sieh nur,

Louis, wie schön das hier ist!" Friederike stand ganz andächtig am Fenster, sie hatte den Vorhang beiseite geschoben und blickte hinaus über das weite Tal der Oos. Aber auch die Eleganz der Zimmereinrichtung faszinierte sie. So schön hatten sie eigentlich noch nie gewohnt. Alles strahlte Wohlhabenheit und Gediegenheit aus, ohne pompös zu wirken. Zimmer, in denen man sich wohlfühlen konnte.

Gleich nach dem Mittagessen, das sie im „Goldenen Lamm" einnahmen, machten sie sich auf den Spaziergang, den Großkopf-Weg entlang. Die ganze Zeit über hatte Friederike kaum an sich halten können, immer wieder hatte sie die Geschichte erzählen wollen: „Weißt du, als Baden-Baden wieder an Baden-Durlach fiel, da hatten die protestantischen Fürsten in Durlach wenig Freude an diesem katholischen Landesteil. Und der Großherzog Karl-Friedrich weigerte sich sogar jahrelang, Baden-Baden überhaupt zu besuchen. Darüber waren die Baden-Badener natürlich mit Recht traurig, aber es ließ sich eben nicht ändern. Umso mehr freuten sie sich, als sich die Schwester der verstorbenen ersten Frau des Großherzogs, die verwitwete Königin Luise von Preußen, in Baden-Baden zur Kur ansagte. Vor dem hohen Besuch wollte er natürlich nicht zugeben, daß er Baden-Baden vernachlässigte, und so ließ er in aller Eile das Schloß renovieren. Die Königin wollte jedoch auch den wunderschönen Rundblick über das Tal der Oos genießen. Aber der Wald war dicht und die Wege schlecht. Und von einer Königin samt ihrem Gefolge kann man schließlich nicht erwarten, daß sie zu Fuß durch die Wälder stolpert, so wie unsereiner!" – Robert protestierte und nahm Friederike bei der Hand: „Du bist noch nicht oft unbehütet durch die freie Natur gestolpert." – „Ja und dann hat man, so schnell es ging, diesen Weg hier herauf angelegt, breit genug, daß die Königin auch mit einer Kutsche bis dicht an den Aussichtspunkt heranfahren konnte." – „So wie wir jetzt!" Der Anstieg hatte Robert ein wenig außer Atem gebracht, tief einatmend genoß er jetzt den Rundblick weit ins Land hinaus. „Weißt du noch, wie wir das erste Mal hier in Baden-Baden zusammen waren? Damals war es noch nicht sicher, ob es einmal einen Zeitpunkt geben würde, an dem wir ganz zueinandergehören sollten!" Friederike erinnerte sich an den ersten Ball ihres Lebens, den der General Tettenborn arrangiert hatte. Damals hatte sie neben all dem Schönen, was auf sie einstürmte, auch zum ersten Mal das böse Wort gehört, daß Robert auf sein Schwabenmädle aufpassen solle, damit es ihm nicht so erginge wie Bürger.

„Mein Schwabenmädle, dem Himmel sei Dank, daß wir uns damals nicht haben irre machen lassen!" Hand in Hand schlenderten sie den aus königlichem Anlaß so schön angelegten Weg wieder zurück. Auf halbem Weg blieben sie stehen. „Wie groß Baden-Baden geworden ist! Sieh nur, alle Mauern hat der Ort gesprengt, nur ein einziges Stadttor steht noch, und diese vielen Menschen und Kutschen! Fast so viele wie in Berlin auf dem Alexanderplatz vor der Eröffnung des Königstädter Theaters!" Friederike lachte: „Also weißt du, Louis, das ist nun wirklich übertrieben, aber in ein paar Jahren könnte es stimmen!" Friederike schüttelte sich.

„Wie elegant die Damen sind, sieh nur, ich glaube nirgendwo sonst auf der Welt gibt es so schöne Hüte und Toiletten!" Friederikes Augen blitzten, während sie sich umsah. „Da fällt mir ein" , Robert räusperte sich, „in irgendeinem ihrer Briefe hatte doch Rahel Abraham Mendelssohn zitiert. Und der hatte gemeint, es wäre ihm so wehmütig zumute gewesen, weil Rieke Robert all die schöne Hüte in Paris nicht zu Gesicht bekommen hätte. Allerdings seien ihm die Preise wahrhaft astronomisch vorgekommen." Rieke lachte: „Da siehst du es mal wieder, selbst so nüchterne Naturen wie Abraham Mendelssohn wissen, was mir Spaß macht!" Zärtlich legte er den Arm um ihre Schultern und gemeinsam schlenderten sie zum „Badischen Hof" zurück.

„Gehst du heute abend mit mir ins Promenaden-
haus? Ach Louis, ich habe noch nie mein Glück im
Spiel versucht." – „Nun mal nicht lügen, Rieke" ,
streng stellte sich Ludwig Robert vor ihr auf, „in
Berlin hast du einmal fast die Hälfte unseres Vermögens in der Lotterie verspielt!" Friederike erinnerte
sich: „Ach ja, damals, das war ein Gulden, – und
verloren habe ich auch noch."

Noch war das Glücksspiel nicht nur den eleganten
Badegästen vorbehalten, auch die Schwarzwälder Bauern in schmutzigen Schuhen und roten Jacken versuchten, ihren Arbeitslohn am sich drehenden Glücksrad
zu verbessern. Friederike sah bezaubernd aus in ihrem
weißen Seidenkleid mit den breiten braunen Bändern,
dem Strohhut, der mit den gleichen braunen Bändern
und Strohblumen garniert war – genau in der Farbe
ihrer Augen –, und dazu paßte die braune Gemme mit
dem Bild Roberts, die ihr Rahel zur Hochzeit
geschenkt hatte. Obwohl sie die Brosche sehr liebte,
trug Friederike sie selten; denn nachdem sie einmal
geträumt hatte, die Brosche im Gedränge nach dem
Theaterschluß mitten auf dem Gendarmenmarkt verloren zu haben, hatte sie stets diese Angst. Aber heute,
heute war schließlich ein besonderer Tag. Friederike
setzte ihre Kreuzer mit vor Aufregung geröteten Wangen, jammerte über Verluste und jubelte hingerissen
über ihre kleinen Gewinne. Als sie gingen, hatte sich
ihr Vermögen um einen ganzen Dukaten vermehrt. So
sehr Robert und die Mitspieler sie auch neckten und
baten, Friederike war angesichts dieses Segens nicht
mehr bereit, auch nur einen einzigen Kreuzer einzusetzen: „Das hieße das Schicksal herausfordern",
bemerkte sie weise, „und so einen Gewinn genießt
man, aber man setzt ihn nicht aufs Spiel." Mit großem
Ernst verstaute sie das kostbare Dukatenstück in ihrem
Pompadour und zog ihren Mann hinter sich her zum
Ausgang des Promenadenhauses.

Bereits drei Tage später traf Johann Friedrich Cotta
in Baden-Baden ein. Nicht sehr groß, schlank, die

schon grauen Haare sorgfältig frisiert, so betrat er mit eiligen Schritten die Hotelhalle. Blaue Augen unter fast weißen, buschigen Brauen schweiften suchend über die Anwesenden. Da entdeckte er Robert und eilte mit ausgestreckten Armen auf ihn zu. Er musterte Friederike eine ganze Weile, dann lächelte er ihr wohlwollend zu. Schnell geht das bei ihm, findet sie und kommt sich wie taxiert vor. Dann wendete er sich wieder Robert zu.

Aber Friederike hatte schon verstanden, sie wußte, die beiden wollten jetzt alleine sein. Obwohl sie sich ein wenig ärgerte, verabschiedete sie sich schnell; es sah nicht so aus, als sei Cotta allzu böse darüber. Vielleicht hatte Gottlieb recht, und es steckte doch etwas hinter dieser Einladung in den „Badischen Hof". Nicht wenige hielten Cotta für geizig und von Ehrgeiz zerfressen. Aber Ludwig Robert hatte immer zu seinen leidenschaftlichsten Verteidigern gehört. Kaum ein deutscher Verleger zahlte so stattliche Honorare und gab so generöse Vorschüsse wie Cotta.

Rastlos war er tätig, schon in seinen Studententagen, damals als er den noch kleinen Verlag in Tübingen übernommen hatte, saß er gewöhnlich schon um fünf Uhr morgens an seinem Schreibtisch. Diese Praxis hatte er bis heute beibehalten. Ohne Geschäft konnte Cotta nicht leben, es füllte ihn aus. Gottlieb, der ja selber nicht eben wenig arbeitete, sprach voller Bewunderung von dem älteren und noch erfolgreicheren Cotta. In Stuttgart hielt sich allerdings hartnäckig das Gerücht – Justinus Kerner, Autor bei Gottlieb Braun, hatte es unter dem Siegel der Verschwiegenheit mitgeteilt –, daß der große Johann Friedrich Cotta selber am Abend das Siegelwachs von den täglich eingehenden Briefen kratzte, um daraus höchst eigenhändig neue Wachsrollen zusammenzuschmelzen.

Friederike hatte schon oft mit Gottlieb über Cotta gesprochen, über seine politische Tätigkeit, die ihm von vielen als bloßes Geltungsbedürfnis ausgelegt wurde. Als Landtagsabgeordneter kämpfte er vor allem für die Privilegien der kleinen Leute, als Vizepräsident der Kammer hätten ihn nicht wenige gern als Finanzminister gesehen. Aber sein unkonventioneller Umgang mit materiellen und kulturellen Gütern aller Art machte ihn vor allem bei denjenigen verdächtig, bei denen Dienstalter und Verwaltungspraxis mehr zählten als ein wacher Verstand und schnell zupakkende Regsamkeit. Und selbst bei den Kollegen im Sortiments- und Verlagsbuchhandel hatte man oft nur abschätzige Blicke für ihn übrig. Denn im Gegensatz zu den anderen hatte er das Metier, in dem er so erfolgreich wie kein anderer war, nicht von der Pike auf gelernt, sondern stattdessen in Tübingen Jura studiert.

Friederike ging hinauf in ihr Zimmer. Seit einigen Tagen war sie damit beschäftigt, die schwäbische Sage *Das Kind mit dem Tränenkruge* in eigenen Worten nachzuerzählen. Es machte ihr Spaß, diese alte Geschichte neu zu fassen, ihre Freude an der Sprache konnte sie hier einsetzen. Doch heute gelang es ihr kaum, sich zu konzentrieren. Was Cotta wohl mit Robert besprach? Wenn er doch nur eine reizvolle Aufgabe für Louis hätte! Etwas, das ihm Spaß machen würde und das ihn auch ausfüllte, und – sie seufzte – auch etwas, was den ständigen Geldmangel etwas erleichterte. Die Zinsen aus seinem Erbteil waren mit der Zeit immer geringer geworden. Gewiß, als Lebensgrundlage reichten sie bei einiger Einschränkung immer noch aus, aber die ständig wechselnden Einkünfte aus der schriftstellerischen Tätigkeit Roberts ließen eine genaue Planung des Budgets niemals zu. In Berlin war Rahel oft mit kleinen und manchmal auch größeren Summen eingesprungen, meistens hatten sie bei Rahel mitgegessen. In Karlsruhe hatte Gottlieb wie selbstverständlich die Miete für ihre Wohnung in der Schloßstraße übernommen. Zusätzlich hatte er noch mit seinem „Kleidergeld", wie er es nannte, manch finanzielles Loch stopfen geholfen. Die regelmäßigen Honorare vom *Morgenblatt* und von der *Augsburger Allgemeinen Zeitung* waren da oft nur ein Tropfen auf den heißen Stein. Und von den Tantiemen seiner Theaterstücke konnte bei dem noch nicht vorhandenen Urheberrecht hier in Deutschland keiner leben. Etwas anderes war es da schon, wenn Robert den Auftrag bekam, ein „Schubladenstück" für einen Schauspieler zu schreiben. Gerade hatte er für Amalie Neumann die „Proberollen" geschrieben. Ein Stück, das ihr ganz alleine gehörte und das sie jetzt überall dort, wo sie bei ihrer großen Tournee gastierte, spielen würde. Das hatte ihm ein sehr schönes Honorar eingebracht.

Friederike wandte sich wieder ihrer Arbeit zu. Ihr gefiel die Sage von der Mutter, die so sehr um ihr einziges gestorbenes Kind trauert, daß sie darüber alles andere vergißt. Niemand und nichts konnte sie über den Verlust hinwegtrösten. Als sie wieder einmal, wie schon so oft, am Grabe der kleinen Marie sitzt, da träumt sie, der Himmel täte sich auf und eine Schar hübscher Kinder in weißen Kleidchen träte heraus. Ganz am Schluß ging ihr Töchterchen, ihre Marie, aber nicht schnell und fröhlich wie die anderen, sondern schwer tragend an einem irdenen Krug voller Tränen. Erst als die Mutter, getröstet durch den Anblick ihrer Marie, jetzt verspricht, nicht mehr so oft zu weinen und damit dem Kinde nur Pein zuzufügen, verwandelt sich der Krug wie bei den anderen Kindern in einen leichten Palmwedel, und Marie kann unbeschwert ein Engel unter Engeln sein.

Friederike tauchte die Feder in die Tinte, wie zäh sie floß! Aber die Federn waren schlecht geschnitten, sie mußte daran denken, sich einige neue zu kaufen. Diese hier verleideten einem ganz das Schreiben.

Wo nur Robert blieb? Es wurde schon langsam dunkel, dichte Nebelfelder breiteten sich von der Oos aus, die Vögel verstummten allmählich. Friederike öffnete das Fenster und lauschte hinaus. Amüsiert schüttelte sie den Kopf, wenn nur Rahel sie jetzt sehen könnte. Sofort würde sie ihr verbieten, so am offenen

Fenster zu stehen. Die Dämmerung des Sommers, das war die Zeit der schleichenden Erkältungskrankheiten, der Brustkrämpfe und Hustenanfälle. Diese Luft durfte man nicht ins Zimmer lassen! Erst wenn der Mond sein kaltes Licht über die abendlich dunkle Welt ausgoß, war die Luft wieder von Krankheitskeimen frei. Friederike atmete tief durch, sie glaubte eigentlich nicht so recht an das, was sie da gehört hatte, und vor allem, sie hielt sich nicht daran. Die beschriebenen Krankheiten hatten sie bisher auch noch nicht heimgesucht.

Bald würden Varnhagens eintreffen, sie hatten Berlin schon am 6. Juli verlassen, aber einen längeren Aufenthalt in Weimar eingelegt, um Goethe zu besuchen. Auch Roberts hatten Goethe einmal im Haus am Frauenplan besucht, damals gleich nach ihrer Hochzeit, auf ihrer ersten Reise nach Dresden. Länger als eine Viertelstunde hatte dieser Besuch nicht gedauert. Friederike, die sich sehr darauf gefreut hatte, bekam den Eindruck, daß Goethe sich eher gestört fühlte von den vielen fremden Menschen, die mit oder ohne Empfehlungsschreiben baten, von ihm empfangen zu werden. Damals hatte sie wenig Verständnis für ihn aufbringen können, hatte sich sogar ein wenig geärgert. Heute, nach ihrer Zeit in Berlin, konnte sie ihn verstehen. Sie hatte bei Rahel gesehen, wie sehr sich die als Gastgeberin routinierte Schwägerin bei aller Freundlichkeit und ihrer menschenzugewandten Art zusammennehmen mußte, um bei ungebetenen Besuchen nicht böse oder spitz zu werden. Und wieviel Besucher mehr empfing erst Goethe. Mit Goethes Schwiegertochter Ottilie hatte Friederike allerdings von Berlin aus öfter korrespondiert, wenn sie Gedichte für deren Zeitschrift *Chaos* eingesandt hatte.

Sie lauschte wieder. Das waren jetzt aber wirklich seine Schritte auf der Treppe, stürmisch wurde die Tür aufgerissen, atemlos stand er vor ihr: „Rieke, Rieke, Friederike, wir gehen, wir fahren, wir reisen nach Paris!" Sprachlos starrte sie ihn an: „Ja wann denn, und warum?" Robert schloß das Fenster: „Zieh dich um, wir haben doch noch deinen Dukaten, den verprassen wir jetzt, wir haben allen Grund dazu. Und beim Essen erzähl ich dir alles!"

Die Neugierde machte, daß Friederike sich in für sie atemberaubend kurzer Zeit in einem neuen Kleid präsentierte, auch Robert hatte sich umgezogen. Zufrieden sahen sie einander an: „Also kommen Sie, Madame Robert, heute gehen wir groß aus ins ‚Goldene Lamm'." Sie fanden einen Ecktisch und bestellten ein köstliches Abendessen, gebackene Forelle mit wunderbar schmeckenden Rahmkartöffelchen, die Friederike auf der Zunge zergingen. Dazu gab es einen herben Weißwein. „Welch schöner Abend, aber Louis, so laß dir doch nicht jedes Wort einzeln herausfragen …" Verzweifelt sah ihn Friederike an. So strahlende Augen hatte er schon lange nicht mehr gehabt. Endlich lehnte er sich zurück und begann: „Stell dir vor, Cotta will der deutschen Literatur den französischen Markt erschließen, trägt sich wohl auch mit dem Gedanken, eine deutsche Zeitschrift in Paris herauszugeben, schon wegen der dortigen Zensurerleichterungen; umgekehrt möchte er natürlich auch die neue französische Literatur in Übersetzungen in seinem Verlag veröffentlichen. Und darum schickt er uns nach Frankreich, nach Paris, um diese Möglichkeiten aufzuspüren und ihm nutzbar zu machen. Ich muß also neue Beziehungen herstellen, Verlage, Schriftsteller und Übersetzer ausfindig machen. Ich stelle mir so eine Aufgabe sehr reizvoll vor. Dazu kommt noch, daß er mich als Korrespondent für das *Morgenblatt* und auch für die *Augsburger Allgemeine* engagieren möchte." Erwartungsvoll sah er Friederike an: „Sag doch was, freust du dich? Paris, das wird dir Freude machen! Und im nächsten Frühjahr, sobald die Straßen wieder passierbar sind, fahren wir los." Friederike sah ihn erwartungsvoll an: „Und wie lange bleiben wir?" – „Das wird sich zeigen! Vielleicht können wir unsere Arbeit dort noch ausbauen, auch andere Verlage werden an solchen Beziehungen interessiert sein. Was sich für Cotta nicht eignet, nutzt vielleicht dem Verlag deines Bruders, oder Franckh in Stuttgart stürzt sich mit Freuden darauf."

Ganz wohl war es Friederike nicht bei dem Gedanken, wieder aus Baden-Baden weggehen zu müssen. Wieder eine große Stadt, wieder würde sie sich wie in einem Käfig vorkommen. Andererseits, sie begann sich an den Gedanken zu gewöhnen, würde sie die Pariser Modelle am Ort ihres Entstehens sehen: Paris, das war prickelndes Leben, neue Menschen und Eindrücke. Viele ihrer Berliner Freunde und Bekannten waren schon an der Seine gewesen, und den meisten hatte es dort sehr gut gefallen. Sie hob ihr Glas und prostete Robert zu: „Auf Paris!" Er lächelte zurück: „Wir wollen doch einmal sehen, ob es uns nicht gelingt, die Kenntnis deutscher Art, Kunst und Wissenschaft in Frankreich zu verbreiten und so auch dem deutschen Buchhandel einen neuen Markt zu erschließen."

Todmüde waren sie an diesem Abend ins Bett gesunken und am nächsten Morgen erst aufgewacht, als schon die Sonne hell ins Fenster schien. Friederike sprang aus dem Bett und zog die Vorhänge auf. Sie waren kaum angezogen, als auch schon ein Bote ein Billett brachte. „Louis, komm beeil dich, Varnhagens werden heute noch im Laufe des Tages eintreffen!" Gleich nach dem Frühstück machten sie sich auf, um im Töpferhäuschen nach dem Rechten zu sehen und die bevorstehende Ankunft der Gäste zu melden.

Es wurde allerdings später Nachmittag, bis die Kutsche mit den Reisenden endlich vor dem Häuschen hielt. Rahel und Karl August Varnhagen hatten auch Rahels Bruder Markus und seine Frau Henriette bei sich, die zusammen mit ihnen den Sommer verbringen wollten. Für Rahel war es ein Wiedersehen nach fast zehn Jahren mit dem Töpferhäuschen. Für sie waren die Veränderungen, die sich in Baden-Baden vollzogen hatten, noch viel schwerwiegender als für die Roberts, die ja wenigstens einen Teil der Entwicklung der Stadt in den zurückliegenden Jahren noch bei ihrer Hochzeitsreise miterlebt hatten.

„Wo ist das idyllische Schwarzwaldstädtchen geblieben!" Rahel klagte ein bißchen, als sie sich umsah in diesem jetzt schon recht beachtlichen internationalen Badeort. „Morgen im Städtchen werdet ihr euch noch mehr wundern!" Friederike hatte im Eßzimmer den Tisch gedeckt und ein Essen vorbereitet. „Doch jetzt stärkt euch erst mal, ihr werdet nach der langen Fahrt hungrig und durstig sein!"

Schon beim Essen rückte Rahel mit einer Überraschung heraus. Markus hatte Varnhagen und sie zu einer Reise an den Bodensee und zum Rheinfall bei Schaffhausen eingeladen. Aber für Rahel war schon die lange Fahrt von Berlin hierher eine Qual gewesen; allein der Gedanke, schon wieder zwölf Tage auf Postkutschen und Gasthofbetten angewiesen zu sein, ließ ihr den Rücken wehtun und verursachte ihr Magenschmerzen. „Und August freut sich so darauf, hier alte Bekannte wiederzutreffen, daß wir uns entschlossen haben, zu euren Gunsten zu verzichten." Friederike sah von einem zum andern: „Ich möchte bloß einmal wissen, warum alle Leute uns in den letzten Tagen zu Reisen überreden wollen, dabei sind wir doch ganz gerne hier!" Robert hatte sie unter dem Tisch mit dem Fuß angetippt. Jetzt mußte er natürlich sofort von dem Angebot Cottas erzählen. Er hätte das gerne noch ein wenig hinausgezögert, denn er kannte seine empfindliche Schwester Rahel. Und wirklich, so froh Rahel über das Angebot Cottas und die neuerwachte Lebensfreude ihres Bruders war, so sehr schmerzte es sie aber auch, ihn dann noch weiter von sich entfernt zu wissen. Paris, das war von Berlin aus fast eine Weltreise, ihr Herz krampfte sich zusammen beim Gedanken an die Trennung. Und hatte sie nicht schon einen Plan gehabt, wie sie Friederike und Robert überreden könnte, wieder mit ihnen zusammen nach Berlin zu kommen? Die beiden fehlten ihr am allermeisten.

Niemals hätte sie den Vorschlag gemacht, daß Robert und Friederike mit Markus und Henriette die Rheinreise unternehmen sollten, wenn sie vorher schon gewußt hätte, daß die Roberts nach Paris gehen würden. Zwölf Tage des Sommers waren jetzt verloren. So hatte sie sich den ersten Tag in Baden-Baden nicht vorgestellt.

Während Rahel ihre Badekur begann und Varnhagen seine alten Bekanntschaften in Karlsruhe auffrischte, reisten Friederike und Ludwig Robert den Rhein hinunter zum Rheinfall bei Schaffhausen. Es war eine zauberhafte Fahrt, nicht nur für Friederike, die sich so unbeschwert vorkam, als wäre sie noch ein junges Mädchen. Sie war sogar bei Gewitter kaum im Haus zu halten, weil der Fluß in seiner bleiernen Schwere so ganz anders aussah als im Sonnenschein. Sie wollte das im Gedächtnis festhalten, es aufsparen für die Tage in Paris, wenn sie aus dem Häusermeer der Stadt wieder am liebsten ausbrechen würde. Im strahlenden Sonnenschein spielten die Mücken dicht über dem Wasserspiegel ihre flirrenden Spiele. Der Rheinfall, das erhabene Schauspiel der Natur, verwirrte sie. Stundenlang hätte sie hier verharren können und den tosenden Wassern bei ihrem Sturz zusehen, den immer wechselnden Bildern, kaum war sie vom Rand des Wasserfalls wegzubekommen.

Ganz anders empfand sie den Bodensee. Wie unendlich er sich ausdehnte, sie konnte es kaum glauben, daß es Seen von dieser Größe gibt, bei denen man die gegenüberliegenden Ufer nicht sehen kann. Mit einem Dampfboot fuhren sie hinaus. Wie schnell das ging, und wie die schäumende Gischt sprühte! Die Städtchen und Dörfer an den Ufern tauchten jetzt so schnell auf und verschwanden wieder aus den Augen, daß es Friederike fast unheimlich wurde. Soviel Schnelligkeit war sie nicht gewohnt. Auch die anderen waren froh, als das Dampfboot drehte und zur Anlegestelle zurückkehrte. Konstanz, Bregenz, Meersburg, Städtchen wie aus dem Baukasten flogen nur so an ihnen vorüber. Die Kutschfahrten über das Land, hinüber nach Waldsee und an den Federsee, das war so schön, daß Friederike bedauerte, nicht alles aufschreiben zu können, um es für immer im Gedächtnis zu behalten. Zwölf Tage losgelöst von allem, nur sie und Robert; Markus und Henriette genossen die Reise auf andere Weise. Für Markus, der nach dem Tode des Vaters die Geschäfte übernommen hatte, der neben seiner eigenen Familie auch auf die Anteile der Geschwister hatte achten müssen, waren es seit langer Zeit die ersten freien Tage, Tage, an denen er das tun konnte, was er wollte. Alle vier aber genossen das Zusammensein. Für Ludwig Robert waren es die ersten Tage seit seiner Kindheit, die er dem Bruder so nahe war. Und als Kind, da hatten sie sich viel weniger verstanden, denn der robuste Markus hatte dem sensiblen, drei Jahre jüngeren Bruder oft zugesetzt und ihn mit seiner Wildheit drangsaliert. Der war dann zu Rahel geflohen, hatte sich bei ihr verkrochen, in Charakter und Veranlagung waren sich die beiden von allen Geschwistern am nächsten gewesen. Wie lange war das her, schon über dreißig Jahre.

Wieder in Baden-Baden erwachte Friederike wie aus einem Traum. Die Wirklichkeit war wieder da. Die Sorgen und auch all die alltäglichen Kleinigkeiten. Rahels Brustkrämpfe wollten trotz der Badekuren nicht aufhören. Die Nerven spielten bei ihr eine große Rolle, Varnhagen war froh, als die Roberts wieder zurück waren. Er hatte gespürt, wie sehr Rahel unter der Trennung von den Geschwistern gelitten und wie sehr das ihre Gesundheit beeinträchtigt hatte.

Bei einem Spaziergang blieb Varnhagen plötzlich stehen und rief: „Ja, ist denn das möglich, da drüben, das ist Salomon Heine, Heinrich Heines Onkel!" Die Überraschung war auf beiden Seiten groß. Der in Hamburg aufgewachsene Varnhagen war bei seinen Besuchen in der Hansestadt schon öfter in dem groß-

zügigen Haus des Hamburger Bankiers auf den Rain-
villeterrassen direkt über der Elbe zu Gast gewesen.
Gerne ließ Salomon Heine sich zum Nachmittagstee
ins Töpferhaus einladen. So lebhaft und jovial er sich
sonst gab, bei Gesprächen über seinen vielverspre-
chenden Neffen war er eher zugeknöpft. Unbefangen
hatte Friederike ihn gefragt, ob es nicht himmlisch sei,
so einen begabten Neffen zu haben. Dazu hatte Salomon zwar genickt, aber die Gespräche hatten bald
einen anderen Verlauf genommen. Immerhin hatte das
Zusammentreffen Friederike so beeindruckt, daß sie
sich schon am nächsten Tag hinsetzte, um Heine
davon zu berichten.

Nachdenklich ging sie – es war schon gegen Ende
des Sommeraufenthaltes – mit dem Antwortbrief Heines zu Rahel, um ihn ihr vorzulesen. *„Mit Vergnügen
habe ich vernommen, schöne Frau, daß Sie meinen
Oheim, Salomon Heine, kennengelernt. Wie hat er
Ihnen gefallen? Sagen Sie, sagen Sie?! Er ist ein bedeu-
tender Mensch, der bei großen Gebrechen auch die
größten Vorzüge hat. Wir leben zwar in beständigen
Differenzen, aber ich liebe ihn außerordentlich, fast
mehr als mich selbst. Wir haben auch im Wesen und
Charakter viel Ähnlichkeit. Dieselbe störrige Keckheit,
bodenlose Gemütsweichheit und unberechenbare Ver-
rücktheit – nur daß Fortuna ihn zum Millionär und
mich zum Gegenteil, d.h. zum Dichter, gemacht, und
uns äußerlich in Gesinnung und Lebensweise höchst
verschieden ausgebildet hat. Ich bitte, sagen Sie mir,
wie er Ihnen gefällt? Ich werde diesen Onkel nächste
Woche wiedersehen, indem ich nach Hamburg gehe,
um mich dort als Advocat zu etablieren. Endlich ver-
harre ich der liebenswürdigsten Frau ergebenster
Diener…"*
Rahel schwieg noch eine Weile, dann schüttelte sie
den Kopf: „Manchmal müßte man ihm schon den
Kopf zurechtsetzen, so sehr er einem gefällt; aber
wenn es kein anderer tut, dann ist es vielleicht schon
bald zu spät!" Friederike sah sie mit großen Augen an:

„Aber das ist doch ein lustiger, witziger Brief…"
Rahel schüttelte den Kopf: „Ich glaube, hinter dem
Spott steckt eine Entwicklung, die ihm noch schwer zu
schaffen machen wird, aber man kann eben nicht alles
so steuern, wie man es gerne hätte. Das konnte ich
auch bei Louis nicht, und der ist ihm eigentlich viel
ähnlicher als seinen eigenen Brüdern." Sorgsam faltete
Friederike den Brief zusammen und steckte ihn fort:
„Ja, er ist schon ein Filou, der Heine, aber liebhaben
muß man ihn doch!"
    So schön die Tage auch waren, allmählich neigte sich
der Sommer seinem Ende entgegen. Frühmorgens war
es jetzt schon kühl und feucht, Spinnenweben hingen
zwischen Gräsern und Bäumen, und die Morgennebel
machten Rahels empfindlichen Bronchien schwer zu
schaffen. Varnhagen hatte ein wenig Angst vor der
weiten Rückreise. Sorgfältig hatte er die Etappen der
Fahrt nicht zu lang geplant und hatte, ohne daß Rahel
das merkte, überall Aufenthalte vorgesehen, wo sie
Freunde hatten, so in Weinsberg bei Justinus Kerner
und in Frankfurt am Main, wo sie eine ganze Woche
bleiben wollten. Auch Roberts reisten zurück nach
Karlsruhe, um dort Herbst und Winter zu verbringen.
    Als Gottlieb von den Plänen hörte, nach Paris zu
gehen, um dort für Cotta den Markt zu sondieren,
hatte er nur genickt: „Habe ich es dir nicht gesagt?
Aber ich glaube, das müßte sich machen lassen, und
Robert ist dafür auch der geeignete Mann, – und vor
allem hat er mit dir die Frau, die für so eine Aufgabe
wie geschaffen ist."
    Friederike schlug ihm leicht auf den Arm: „Vielen
Dank, liebs Brüderlein, für deine gute Meinung, vielleicht können wir in Paris auch etwas für den bedeutenden Verlag Braun in Karlsruhe tun!" Er lachte:
„Der bedeutende Verleger Braun hat Raumprobleme,
Friederike, der Verlag platzt aus allen Nähten. Aber
eigentlich können wir mit dem, was wir bisher erreicht
haben, sehr zufrieden sein!" Einem plötzlichen Impuls
folgend, nahm er sie beim Arm: „Komm mit, ich zeig

dir was …!" Als Friederike ihn fragend ansah, lächelte
er: „Nicht hier, ein paar Schritte sind es nur, also
komm schon."

Neugierig ließ sich Friederike von Gottlieb führen.
Weit mußte sie nicht gehen. In der Schloßstraße blieb
er vor einem stattlichen Haus mit tiefem Hof stehen:
„Noch gehören Haus und Anwesen den Erben des
Geheimrates Schrickel, aber ich glaube, ich werde es
kaufen! Unten könnte man die Sortimentsbuchhand-
lung einrichten und im Hof Druckerei und Verlag
unterbringen. Oben wäre genug Platz für die eigene
Wohnung und auch für Gäste. Aber gelt, Rickele, du
sagst noch nichts, – die Verhandlungen sind sehr zäh,
– ich bin ja immer noch ein Ausländer! Aber wenn ihr
aus Paris zurückkommt, könnt ihr vielleicht schon bei
mir in den Gästezimmern wohnen." Friederike
staunte, so ein schönes Haus! Sie spürte Stolz auf den
Bruder in sich aufsteigen, spontan stellte sie sich auf
die Zehenspitzen und küßte ihn auf die Wange.

„Kauf du nur das Haus, wir gehen nach Paris und
sorgen für neue Geschäfte." Sie verzog das Gesicht:
„Ich fürcht mich doch ein bißchen. Aber wozu habe
ich schließlich in Berlin Französischstunden genommen, und außerdem sind so viele Deutsche in Paris,
daß man sich auch ohne Französisch unterhalten
kann!"

Gottlieb sah sie von der Seite an, eigentlich hatte sie
sich wenig verändert in den Jahren ihrer zweiten Ehe.
Er mußte daran denken, wie erstaunt Ludwig Börne
darüber gewesen war, daß die schöne Madame Robert
seine, Gottlieb Brauns, Schwester sei. Nachdenklich
hatte er dann hinzugefügt: „Sie ist wirklich schön, die
Madame Robert!" Der schmale Mund, der immer zu
lächeln schien, außer wenn sie nachdachte, – dann biß
sie die Lippen zusammen. Eine Unart, die sie schon als
kleines Kind angenommen hatte. Die schöne gerade
Nase, die braunen Augen, die, leicht schräggestellt, in
dem schmalen Gesicht übergroß wirkten. Die dunklen

Locken, die nicht mehr ganz so ungebärdig wie früher das Gesicht umrahmten.

„Was guckst du mich denn so an?" Friederike kniff ihn in den Arm. „Ach", Gottlieb zögerte, „ich habe mir nur überlegt, ob es klug ist, dich den Franzosen zu schicken. Und ob ich dich mitnehmen würde, wenn ich der Louis wäre!" Friederike blies die Backen auf: „Unverschämt, aber ich muß heim, sonst denkt Louis, ich bin ihm schon durchgebrannt!"

Aber Robert war gerade erst nach Hause gekommen. Für das Mannheimer Theater hatte er eine Posse einzurichten, und im Karlsruher Hoftheater wollte man die *Nichtigen* aufführen. Das waren Nachrichten, die ihn sehr gefreut hatten.

Friederike sah die Post durch. Mit einem Aufschrei hielt sie sich die Hand vor den Mund: „Holteis Frau ist gestorben, sie war doch so jung und so schön, oh, mein Gott, der arme Holtei und die armen Kinder." Robert nahm ihr den Brief aus der Hand, vergessen war die Zeit, als er Holtei für einen Nebenbuhler hielt: „Das wird ihn getroffen haben, ach Rieke, ein kurzer Moment, und nichts bleibt, wie es ist!" Er nahm sie in die Arme und drückte sie an sich. Noch am gleichen Tage schrieb er einen Nachruf für das *Morgenblatt* auf die gefeierte Schauspielerin Louise von Holtei, die nach längerem Krankenlager in Berlin gestorben war. Friederike brauchte länger, um Holtei schreiben zu können, dem Brief fügte sie ein kleines Gedicht bei: *Rosen auf Louise von Holteis Grab.* „Ach Louis", weinte sie, „wenn man doch nur bei ihm sein könnte, ihn trösten!" Er lächelte: „Du bist schon wie ich, willst immer dort sein, wo du gerade nicht bist, nirgends ein richtiges Zuhause, immer in Bewegung! Wir sind fort aus Berlin, weil du fort wolltest!" Sie berichtigte ihn: „Wir haben uns dort nicht mehr wohlgefühlt, mein Schatz, ich will ja auch nicht unbedingt wieder hin, ich wollte ja nur da sein, um Holtei zu trösten."

Kapitel 16

Paris war keine Reise wert

Das neue Jahr hatte längst begonnen, im Februar war es noch einmal klirrend kalt geworden, doch dann ließ sich das Frühjahr nicht mehr aufhalten. Die ersten Frühlingsblumen hatten sich schüchtern hervorgewagt und Friederike begann zu überlegen, welche Dinge sie mit auf die Reise nach Paris nehmen müßte. Während die Geschwister mit glänzenden Augen und auch mit einem gewissen Neid in der Stimme von der Reise der Schwester sprachen, hatte ihre Mutter von allem Anfang an die größten Bedenken gegen dies neue Abenteuer ihrer für sie manchmal unbegreiflichen Tochter. So eine Fahrt ins Französische, das konnte nicht gutgehen! Friederike schüttelte sich: „Mutter, der Louis ist doch bei mir, was soll mir denn schon passieren!" Aber die Mutter blieb bei ihrer ablehnenden Haltung. Friederike neckte sie: „Ich mit meinem Fürstenblut in den Adern werde ganz Paris auf den Kopf stellen. In allen Zeitungen wirst du es lesen können!" Die Mutter wurde ärgerlich: „Pack lieber deine Sachen ordentlich." Endlich war alles für einen längeren Aufenthalt beieinander.

Wieder einmal stand Gottlieb Braun an einer Postkutsche, die die Schwester unbekannten Orten entgegenbringen sollte. „Rickele, guck auch, ob sie dort die gleichen Sterne haben wie hier bei uns!" Robert winkte ab: „Die ersten Tage wird sie sowieso vor Tränen überhaupt kaum etwas sehen." Gottlieb schüttelte den Kopf: „Seit sie auf der Welt ist, heult sie sich auf Reisen die Augen aus, aber kaum ist sie irgendwo angekommen, ruht sie nicht eher, als bis die nächste Reise in Sicht ist."

Robert beugte sich in gespielter Verzweiflung aus dem Wagen: „Und ich muß immer mit, egal ob ich will

oder nicht!" Friederike wollte sich gerade mit einem
Aufschrei auf ihn stürzen. Da zogen die Pferde an, der
Postillion knallte mit der Peitsche und der Wagen fuhr
los. „Paris, wir kommen!" murmelte Friederike und
beugte sich weit aus dem Fenster, um dem Bruder so
lange wie möglich zu winken. Endlich war er nicht
mehr auszumachen. Eine Weile saßen sie schweigend
nebeneinander. Bis Ludwig Robert immer ratloser
zum Fenster hinaussah. „Was hast du, Louis?" fragte
Friederike. „Der Kerl muß verrückt sein, der fährt so
langsam, daß man glatt nebenher laufen könnte. Und
die Straße nach Kehl ist das auch nicht, das ist doch die
Abkürzung nach Baden-Baden." Er klopfte an das
Fenster, das den Fahrgastraum mit dem Platz des
Kutschers verband: „Heda, warum geht es denn nicht
schneller, die Pferde sind doch gut ausgeruht!" –
„Wohl, wohl", antwortete der, ohne sich im minde-
sten um seinen Fahrgast zu scheren. „Es ist unglaublich, wohin bringt uns denn dieser Kerl?" ereiferte sich
Robert, auch Friederike war nun ängstlich geworden,
immer wieder sah sie zum Fenster hinaus. Aber der
Kutscher ließ sich nicht beirren. Im Zuckeltrab fuhren
sie auf Baden-Baden zu. „Es ist unglaublich!"
schimpfte Robert. „Wir möchten nach Kehl, bitte,
nach Kehl!" Der Fahrer grinste nur, er knallte mit der
Peitsche. „Louis, tu doch was, ich glaube, ich seh
Baden-Baden schon am Horizont!" Friederike war
den Tränen nahe. „Du bist witzig" , Robert sank im
Polster zusammen, „was soll ich denn tun? Aus der
Kutsche springen? Bis zum nächsten Halt sind wir
dem Kerl ausgeliefert." Es dauerte nicht mehr lange,
bis sie vor dem „Badischen Hof" hielten. Robert
stürzte aus dem Wagen und rannte auf den Kutscher
zu, der sich um die Pferde kümmerte: „Ich werde Sie
verantwortlich machen!" Aber der reagierte zu seinem
Ärger überhaupt nicht.

„Lieber Schwager, so beruhige dich doch!" So
schnell hatte sich Ludwig Robert noch niemals um
seine eigene Achse gedreht. Fassungslos starrte er

Gottlieb Braun an, der nur wenige Schritte von ihm entfernt zusammen mit Cotta in der breiten Einfahrt stand. Cotta konnte sich nicht genug amüsieren: „Na, Robert, haben Sie den armen Kutscher auch nicht zu sehr drangsaliert? Er hat doch nur seine Pflicht getan. Aber kommen Sie hinein ins Haus. Besonders für Madame Robert haben wir noch eine besondere Überraschung bereit." Galant reichte er Friederike, die sich immer noch nicht ganz von der Aufregung erholt hatte, den Arm.

Im Speisesaal des „Badischen Hofes" angekommen, blieb Friederike wie angewurzelt in der offenen Flügeltür stehen. Dort, an der festlich gedeckten Tafel saßen die Mutter, Luise, August und auch Gottlob. Jetzt traten ihr doch die Tränen in die Augen und sie murmelte: „Ich kann das einfach nicht glauben!" Und dann fiel sie ganz einfach dem Verleger Johann Friedrich Cotta um den Hals und küßte ihn rechts und links auf die Wange. Er lächelte sehr zufrieden: „Das alleine war die Mühe wert. Aber Robert, ich muß schon sagen, mit so einer Frau wagen Sie sich nach Paris? Wollen Sie sie mir nicht hierlassen?" Robert winkte ab: „Das wird so schlimm nicht werden, ich passe doch lieber selber auf sie auf – besonders nach dem, was ich gerade gesehen habe!" Es wurde ein wunderbares Mittagessen.

Endlich mahnte der Postillion zur Weiterfahrt. Diesmal konnte Friederike die Tränen bei der Abfahrt nicht zurückhalten. Sie weinte noch immer, den Kopf an Roberts Hals vergraben, als sie die alte Landstraße nach Kehl schon längst wieder erreicht hatten.

Frühmorgens langten sie in Straßburg an. Eben hatte sich der Dunst, der über dem Rhein und der ganzen Ebene lag, verzogen und gab den Blick frei auf das Münster. Alles beherrschend ragte der Turm über die Stadt empor und zeichnete sich hell vor den dunklen Bergen dahinter ab. „Mein Gott, ist das schön", flüsterte Friederike und sah wie gebannt auf das

Münster und die prächtigen Bürgerhäuser, die sich in seinen Schatten zu ducken schienen.

„Komm, Rieke, wir schauen im Gasthof nach dem Zimmer, und später gehen wir uns dann das Münster ansehen." Robert nahm sie beim Arm und strebte einem Gasthaus in der Rue Mercière zu. Erst einmal schliefen sie ein paar Stunden und ruhten sich von den Strapazen der Fahrt aus.

Danach suchten sie einen der kleinen elsässischen Gasthöfe neben dem Münster auf und ließen sich von dem köstlichen, in Speck gekochten Sauerkraut bringen. Vor dem Servieren wurde es noch mit Champagner übergossen. Danach probierten sie eine andere Straßburger Berühmtheit, die Gänseleberpastete, von der besonders Friederike so begeistert war, daß sie am liebsten zwei Portionen verdrückt hätte.

Die freundliche, breithüftige Wirtin erzählte ihnen bereitwillig, wie diese Köstlichkeit entstanden war: „Als der Marschall de Contades Gouverneur des Elsaß war, so etwa um das Jahr 1780 herum, brachte er sich den Normannen Close als Koch mit in seine neue Residenz. Ob es nun an der besonderen Klasse der elsässischen Gänse lag oder ob der Zufall dem Koch Close die Hand führte, weiß man nicht so genau. Jedenfalls brauchte er seit dem Tag, als er seinem Herrn erstmals eine Gänseleberpastete servierte, nie mehr um seine Stellung zu fürchten, das Geheimnis ihrer Herstellung machte ihn seinem Herrn unentbehrlich. Aber als der Marschall de Contades wieder nach Paris zurückging, hielten bereits zarte Bande den Normannen Close in Straßburg gefangen. Zweckmäßigerweise hatte er sich in die Witwe eines Konditors verliebt, mit ihr zusammen eröffnete er ein Geschäft und war fortan ein gemachter Mann." Friederike stöhnte und verdrehte die Augen: „Das kann ich verstehen!"

Vor der Tür empfing sie strahlender Sonnenschein. Da lag das Münster, ein ungeheures, zu Stein gewordenes Zeugnis des Glaubens, mächtig ragten die Spitzen, Streben und Pfeiler in die Höhe, um sich in Simsen und Balustraden zu brechen. „Es ist so viel und doch ist alles eins." Durch das mächtige Portal traten sie in den Innenraum. Friederike tastete nach Roberts Hand: „Als Goethe, noch ganz jung, in Straßburg war, hat er vom Innenraum des Münsters einen schönen Satz geprägt: *Wie durchbrochen alles ist und doch für die Ewigkeit.* Ich finde, besser kann man es kaum in Worte fassen." Stumm betrachteten sie die eiserne Kanzel, die Hans Hammer im Jahre 1485 für den Prediger Geiler von Kaysersberg errichtet hatte.

Fasziniert standen sie vor dem schönen Grabmahl des 1299 gestorbenen Fürstbischofs Konrad von Lichtenberg, der Meister Erwin von Steinbach einst in seine Dienste genommen hatte. Da war die im Jahre 1547 entstandene astronomische Uhr, Friederike rätselte lange herum, wie man sie wohl benutzen könne. Die Schnitzaltäre aus den vergangenen Jahrhunderten hätte sie gerne genauer betrachtet. Aber ihr Aufenthalt in Straßburg sollte auf einen Tag beschränkt bleiben. Robert drängte: „Komm, Rieke, wir wollen noch auf den Turm steigen – von dort oben hat man eine wundervolle Aussicht!"

Es dauerte eine ganze Weile, bis sie die vielen ausgetretenen Stufen bis hinauf bewältigt hatten. Trotz des Sonnenscheins wehte ein frischer Wind, und man merkte deutlich, daß es noch zeitig im Frühjahr war. Unter ihnen lag die Stadt mit ihren malerischen Dächern, dem Gewirr von Schornsteinen und Treppengiebeln. Wie Adern zogen sich die Straßen und Gassen durch das Gespinst der Häuser. Die Ill und der Rhein grüßten als breite grünblaue Bänder, die sich weit hinten am Horizont in der Landschaft verloren. Wiesen und Dörfer schmiegten sich an die Ufer, Obstbaumwiesen und Weiden voller Vieh brachten Abwechslung und Leben in das Bild. Es war eine friedliche, behagliche und fruchtbare Landschaft, die sich den Augen der Betrachter bot. Langsam machten Friederike und Ludwig Robert auf dem Turm die

Runde. Im Osten konnten sie die bewaldeten Kuppen des Schwarzwaldes erkennen, im Westen die Vogesen, und im Süden ließen sich die gewaltigen Gebirgsketten der Alpen ahnen. Gebannt ließ Friederike das Auge schweifen. „Immer hier oben stehen bleiben und nur gucken", flüsterte sie. „Und wie das alles winzig ist, sieh nur, die Häuser sind so klein und so vollkommen, auch die Menschen, so sieht man es nie, wenn man selber unten spazierengeht." Es dauerte eine ganze Weile, bis sie sich von dem Anblick lösen konnten und den Abstieg hinunter in den Alltag begannen.

Sie mieteten für die Reise nach Paris einen Wagen, das hatte den Vorteil, daß sie den Wagen mit niemandem zu teilen brauchten und auch das Reisetempo selber bestimmen konnten. Langsam und stetig fuhr der Wagen der französischen Hauptstadt entgegen. Sie passierten Lunéville, Vitry sur Marne, Chalons, Bar-le-Duc. Die Landschaft war eintönig und der Weg schien sich unendlich hinzuziehen. Die Gasthäuser am Weg waren bequem, wenn auch teuer. In diesen Frühlingstagen schien sich jedermann auf der Reise nach Paris zu befinden. Nachdem ihnen knapp hinter Dormans, nur noch 28 Wagenstunden von Paris entfernt, plötzlich eine Achse brach, bekam Friederike bei jedem Rumpler und bei jedem Schlagloch Herzklopfen. Aber dieser glimpflich verlaufene Zwischenfall blieb der einzige auf der ganzen Reise. Trotzdem atmeten sie auf, als endlich die Peripherie der Stadt Paris erreicht war. Für ein Extra-Trinkgeld fuhr der Kutscher sie noch direkt bis vor die Tür ihrer Unterkunft in der Rue Bergère Nr. 6. Monsieur und Madame Vallentin hatten ihre neuen Mieter schon erwartet. Montignys Mutter hatte das Quartier für die Freunde ihres Sohnes besorgt.

Monsieur Vallentin war der Bruder von Montignys Mutter, er begrüßte seine Gäste so herzlich, als wären sie ihm schon lange vertraut. Friederike war zufrieden, denn eigentlich hatten sie sich die Adresse von Montignys Mutter damals in Berlin ohne feste Pläne mitgeben lassen. Wer hätte schon gedacht, daß sie schon in so naher Zukunft hier in Paris leben würden. Die Zimmer erwiesen sich als gut und behaglich eingerichtet. Zehn Tage hatte die Reise von Straßburg nach Paris gedauert. Nach all den Nächten in ständig wechselnden Betten tat Friederike der Gedanke an ein eigenes Bett sehr wohl. Obwohl es noch früh am Nachmittag war und die Straßen widerhallten von lärmender Geschäftigkeit, hatten Roberts nur den einen Wunsch: erst einmal ein paar Stunden ausschlafen.

Als sie am anderen Morgen erwachten und aus dem Fenster schauten, sahen sie verblüfft, daß es geschneit hatte. Vom frühen Nachmittag bis in den hellen Morgen hatten sie durchgeschlafen, ein Zeichen dafür, wie sehr die Reise sie strapaziert hatte. Friederike fror, die warmen Tage, die sie von Straßburg an gehabt hatten, waren vorbei, es schneite, der Wind war grimmmig kalt und nachts froren die Fensterscheiben. Monsieur Vallentin hatte ihnen ein Hausmädchen besorgt, das im anderen Zimmer schon den Kamin geheizt und das Frühstück serviert hatte. Aber schon während Roberts sich anzogen, rochen sie durch die geschlossene Tür den Qualm des schlecht ziehenden Kamins. Achselzuckend stand Monsieur Vallentin vor der Bescherung und rang die Hände: Das sei das Wetter, das furchtbare Wetter, das einem solche höllischen Überraschungen bereite, aber Gott sei Dank sei das Wetter in Paris ja meistens schön. Auch der herbeigerufene Fachmann für Kamine schüttelte nur den Kopf und empfahl Robert, auf besseres Wetter zu warten, vorher, so sagte er unmißverständlich, käme er gar nicht wieder. Bei diesem Wetter hätte er so viele Anfragen, daß er sich gar nicht retten könne. Und, wie gesagt, etwas machen könne er sowieso erst bei besserem Wetter.

Selbst an Friederikes Geburtstag schneite es noch. Sie blieben daher frierend zu Hause und lasen die paar Briefe, die der Postbote gebracht hatte. Nicht einmal

am Abend konnte sie sich entschließen, noch einmal
fortzugehen, so sehr froren sie. Friederike kochte an
ihrem Geburtstag Makkaroni und – sie sagte es
lachend – dachte an Berlin, wo man diesen Tag schon
im Gärtchen unter freiem Himmel gefeiert hatte. Eine
Tatsache, die es ihr wenigstens warm ums Herz
machte, und das war ja auch schon etwas.

Am 1. Mai setzte sich Robert hin und schrieb mit
klammen Fingern, geräuchert wie ein Schinken und
vor Kälte klappernd einen ersten Bericht an Cotta. Er
war so enttäuscht, daß man es seinem Schreiben deutlich anmerkte: *„Den 21. April bin ich hier angekommen; es ist kalt in den Zimmern ohne Öfen und mit
Steinplatten, daß ich, trotz des nie erlöschenden
Kaminfeuers, selbst diesen Brief nur mit Mühe und
unter großer Unbehaglichkeit mit erklammten Fingern
schreibe, ein großes Übel für mich, den Stubenkälte
dumm und durchaus untätig macht. Obgleich ich mir
also schon so manche Notiz gemacht habe, so ist es mir
doch unmöglich, schon jetzt etwas zum Druck einzu-
senden, weil es mir physisch nicht gelingen würde.
Überdies wäre es auch wohl zu frühe, nach den ersten
zehn Tagen über eine Stadt etwas sagen zu wollen, die
eine Welt ist, wenn auch nicht die beste. Ich habe dies
auch vorausgesehen und im ersten Monat mich zu
keinem Beitrag verpflichtet. Dabei ist der Hauptzweck
meines Hierseins ein anderer und – wenn es mir gelingt
– ein wichtigerer, sowohl in kosmopolitisch-literari-
scher Hinsicht, als späterhin auch hoffentlich in kom-
merzieller. Aber welch ein zeitfressender Ort ist Paris
mit seiner Weitläufigkeit, ordentliche Reisen muß man
in der Stadt machen. Obgleich ich nun den ganzen Tag
im Wagen zubringe – gehen kann ich bei diesem
Wetter nicht –, so habe ich doch kaum den dritten Teil
meiner Briefe abgegeben und sehe also noch nicht klar
in der Sache; und weiß fürs erste nur soviel, daß, wenn
man durch die Unzahl von Projekten, Einrichtungen,
Anstalten und Reunionen, die hier nach tausend Rich-
tungen hin sich häufen und kreuzen, durchdringen und*

etwas Glänzendes, Dauerhaftes und Ihrem und dem deutschen Namen Würdiges gründen will, daß man als dann dieses Geschäft weder übereilen noch über das Knie brechen darf."

Robert begriff nun, welche harte Arbeit man ihm da aufgeladen hatte, eine Aufgabe, deren Schwierigkeiten er von Deutschland aus überhaupt nicht erkennen konnte. Wie schon in Deutschland, öffnete ihm auch hier in Paris die Schönheit seiner Frau viele Salontüren schneller und leichter, als es ihm alleine wohl möglich gewesen wäre.

Alexander von Humboldt, der Robert seit seiner frühesten Jugend her kannte, hatte Friederike bisher noch nicht kennengelernt. Als sie ihm jetzt gegenüberstand, war er sehr angetan von ihr; nicht nur ihre Schönheit, sondern auch ihre Natürlichkeit übte einen eigenartigen Zauber auf ihn aus. Humboldt war hingerissen, und auch Friederike, die von Berlin her seinen Bruder Wilhelm von Humboldt kannte, der sich meistens in seinem Schlößchen Tegel aufhielt, war von Alexander sehr angetan. Was sie sah, war ein eleganter Weltmann, der ihr offen und herzlich entgegenkam, so als hätten sie sich schon immer gekannt. Und wie immer, wenn sie sich von menschlicher Wärme umgeben fühlte, strahlte sie soviel Anmut und Grazie aus, daß sie die Menschen ihrer Umgebung mit freudigem Beifall bedachten.

Aufgeregt und sehr gespannt folgten Friederike und Ludwig Robert schon wenige Tage später einer Einladung Alexander von Humboldts in den berühmten Salon des Malers François Gérard: „Man geht zu Gérard erst nach zehn Uhr; es ist keine Seltenheit, daß manche Gäste erst nach Mitternacht eintreffen, und schon flackert wieder die lebhafteste Unterhaltung auf und hindert alle am Fortgehen, manchmal stundenlang, – so ist dann auch der Hausherr zum Aufbleiben gezwungen!" Humboldt war leicht amüsiert: „Aber es ist schon seit Jahrzehnten der allerfeinste Salon in der französischen Hauptstadt, und wer hier Zugang hat, der gehört wirklich zur allerersten Gesellschaft, – Madame, jetzt wissen Sie, warum ich mich in Ihrer Gesellschaft so wohl fühle!"

Obwohl sich schon einige Gäste bei Gérard eingefunden hatten, herrschte eine sehr gelöste, fast intime Atmosphäre. Humboldt ging geradewegs auf den Maler zu. Erwartungsvoll hob dieser den Kopf und sah seinen neuen Gästen entgegen. Sein Blick blieb auf Friederike haften. „Monsieur Gérard, das sind Freunde aus Deutschland: Ludwig Robert, das ist der Bruder Rahel Varnhagens, und seine Frau", stellte sie Humboldt vor. Immer noch sah Gérard Friederike an, dann beugte er sich tief über ihre Hand: „Ich bitte um das Vorrecht, Sie malen zu dürfen, meine Schöne!" So wie er das Wort „Schöne" aussprach, hatte es einen so herzlichen und fast andächtigen Klang, daß alle lachen mußten. Nach einem schnellen Blick auf ihren Mann nickte Friederike: „Einverstanden". Es klang fast wie ein Seufzer. Gérard guckte fragend von einem zum anderen. Ludwig Robert interpretierte Friederike: „Meine Frau ist sehr geschmeichelt, und sie freut sich außerordentlich, von Ihnen gemalt zu werden. Früher war sie ganz versessen darauf, aber inzwischen hat sie erkannt, daß das lange Stillsitzen, bevor man zu einem strahlend schönen Bild kommt, doch auch lästig sein kann." Gérard nickte verstehend: „Es tut mir leid, es war niemals die Absicht eines Malers, schöne Frauen zu quälen, ich sprech' da auch für meine Kollegen. Vielleicht kann ich Madame Robert davon überzeugen, daß Stillsitzen nicht immer langweilig sein muß?"

François Gérard war der Lieblingsmaler Napoleons gewesen, besonders sein monumentales Gemälde *Die Schlacht bei Austerlitz* hatte dem großen Korsen über die Maßen gefallen. Aber neben den aufwendigen Historienbildern hatte sich Gérard immer auch zu der weitaus intimeren Kunst des Porträtierens hingezogen gefühlt. Er hatte Napoleons Nachfolger auf dem Thron von Frankreich, Ludwig XVIII., gemalt, und dies Porträt wurde 1814 auf dem Pariser Salon ausgestellt. Es hatte dem König so sehr gefallen, daß er den Maler in den Adelsstand erhob. François Baron Gérard, wie er sich jetzt nennen durfte, hatte mit seinen Porträts der Madame Recamier und von Isabey und seiner Tochter europäische Berühmtheit erlangt. Friederike schluckte: Dieser Mann wollte sie malen, und sie hatte keine Lust zum Sitzen. Vor Verlegenheit wurde sie rot. Gérard führte ihre Hand an die Lippen: „Sie können es sich noch überlegen, wir können ja weniger schöne Tage aussuchen, dann fällt es Ihnen nicht gar so schwer!"

Im Salon Gérards lernten Roberts den jungen Schriftsteller Stendhal kennen, der sich nach Meyerbeer erkundigte, mit dem er hier in Paris zusammengetroffen war. Jetzt freute er sich, etwas über das Berliner Elternhaus des Komponisten zu erfahren. Während Friederike vergnügt mit ihm plauderte, unterhielt sich Robert mit dem bedeutenden Maler Antoine Jean Gros über die Lage der Künstler und Wissenschaftler in Frankreich. Robert, der schon immer ein glühender Verfechter der Tantiemenregelung für Schriftsteller gewesen war, mußte nun entdecken, wieviel mehr im Nachbarland Frankreich für Künstler und Wissenschaftler getan wurde. Die Regierung vergab jährlich Preise für die besten Werke der Malerei, der Bildhauerkunst, Lithographie und Musik. Die Gewinner der ersten Preise erhielten fünf Jahre lang achttausend Franken, allerdings mußte diese Zeit zu Studienzwekken in Rom verbracht werden. Das waren Zuwendungen, über die Robert nur bitter lachen konnte. Wußte er doch, unter welch großen Opfern deutsche Künstler ihren Aufenthalt in Rom finanzierten. Gerade erst hatte er neueste Informationen durch Wilhelm Hensel erhalten. Neben seiner künstlerischen Fortbildung kümmerte sich Hensel in Rom auch um den Nachlaß von Lea Mendelssohns Bruder, dem die berühmte Casa Bartholdy mit all ihren Gemälden und Kunstwerken gehörte. Hensel hatte ernsthaft in Erwägung gezogen, die Fresken der Nazarener abtragen und in

Berlin wieder einbauen zu lassen, mußte jedoch diesen Plan aus finanziellen Gründen wieder aufgeben.

Wohl die größte Freude für Friederike war ihre Bekanntschaft mit François-René de Chateaubriand. Erst hatte sie gar nicht glauben wollen, daß der schon etwas ältere, schweigsame Mann in der Ecke auf dem Kanapee, der seine Hände spielerisch auf einen silbernen Stock stützte und von Zeit zu Zeit diesen Stock gedankenverloren herumdrehte wie ein Jongleur, dieser berühmte französische Dichter war. „Kommen Sie, wenn es Ihnen Freude bereitet, dann mache ich Sie mit ihm bekannt!" Leicht schob Alexander von Humboldt seine Hand unter Friederikes Arm. „Berichten Sie ihm nur, aus welchem Grunde Sie und Robert hier in Paris sind, das wird einen wahren Sturzbach an Empfehlungen in ihm auslösen!" Und wirklich, als Friederike dem Dichter die Absicht Cottas erläuterte, in Frankreich eine deutsche Zeitschrift herauszugeben, um damit einerseits die Nachbarn miteinander vertrauter zu machen, aber auch, um von der liberaleren französischen Gesetzgebung zu profitieren, da wurde der bisher ruhig Zuhörende plötzlich lebhaft. Mit blitzenden Augen forderte er neue, weiterreichende Pressegesetze, sein ganzes bisheriges Leben habe er der Freiheit der Presse das Wort gesprochen, sein Ideal könne nur die freie, unzensierte Presse sein. Und auch nur sie könne ihrer eigentlichen Aufgabe, der freiheitlichen Übermittlung von Nachrichten, nachkommen. „Aber", liebenswürdig wandte sich Chateaubriand wieder Friederike zu, „möchten Sie nicht auch einmal den Salon Madame Recamiers besuchen, Sie würden dort sicher großzügig aufgenommen werden. Und ich bin sicher, auch sie würde sich über neue Nachrichten aus Deutschland freuen."

Im Gegensatz zu Baron Gérard empfing Madame Recamier die bei ihr eingeführten Damen und Herren bereits um vier Uhr nachmittags. Und so trafen sich Roberts mit Chateaubriand schon einige Tage später vor dem Haus in der Rue de Sèvres, in dem Madame

Recamier ihren weltberühmten Salon unterhielt. Während Ludwig Robert sich neugierig in dem kaum dreißig Leute fassenden Gesellschaftsraum der berühmten Frau umsah und die Gäste musterte, hatte Friederike nur Augen für Madame Recamier selber, die wie immer mit einer Handarbeit beschäftigt war. Obwohl schon hoch in den Fünfzigern, war sie auch jetzt noch eine Schönheit, die sich sehen lassen konnte. Zu Roberts Überraschung gab es hier ein Wiedersehen mit Eduard Gans, einem der engsten Freunde seiner Schwester in Berlin. Wieviel hatten sie sich zu erzählen! Auch Madame Recamier konnte nicht genug erfahren über Berlin, die neue deutsche Literatur. Allerdings zeigte sich die berühmte Frau bemerkenswert gut informiert, hier hatte anscheinend Eduard Gans schon viel vorweggenommen.

In der Freude des Wiedersehens hatten sie einen Parisbummel für den nächsten Nachmittag ausgemacht. Nach der Schlechtwetterperiode gleich nach ihrer Ankunft hatte sich das Wetter gebessert, man konnte jetzt schon ohne wärmenden Mantel die großen Boulevards hinunterschlendern. Zusammen besuchten sie am Boulevard Montmartre das kleine „Théâtre des Variétés". Seit seiner Eröffnung im Jahre 1807 zog das liebenswerte Theaterchen immer noch die Besucher an, meistens wurden Stücke des Dichter-Chansonniers Désaugier gegeben, das Theater war immer voll. Wurde aber *Paris um fünf Uhr morgens* gespielt, dann strömte das Volk so zahlreich, daß auch die Stehplätze am Eingang mitverkauft wurden.

Es gab aber auch noch andere Schauspiele: Im Jardin des Capucines besuchten sie ein Vaudeville-Theater, um sich *Fanchon la Veilleuse* anzusehen, am Boulevard du Temple konnte sich besonders Friederike nicht an der „Petite Tourneuse" sattsehen, die über eine halbe Stunde lang einen Brummkreisel imitierte. Sie drängten sich vor den Wachsfiguren von Curtius, besonders „Kaiser Napoleon, den kleinen Hut auf dem Kopf, im grauen Gehrock, eine Hand auf der Brust" erwies sich als ein besonderer Publikumsmagnet, der ständig so umlagert war, daß man sich nur mit Vordrängen einen Blick auf das Wunderwerk sichern konnte. Als besonderen Clou nahm Gans sie mit ins Petit Lazari, um ihnen Achille zu zeigen, den starken Mann, der gleichzeitig als Kassierer, Regisseur, Aufpasser und Schauspieler agierte. Hinterher erholten sie sich im Café Régence im Palais Royal und bestaunten den gelehrten Hund Minuto, der hier gegen ein geringes Honorar den Domino-Spielern Unterricht erteilte.

Daneben besuchte Ludwig Robert die Herausgeber französischer Zeitschriften und Periodika, um die Möglichkeiten einer Zusammenarbeit mit dem Haus Cotta zu fixieren. Bei allem noch vorhandenen Schwung und Optimismus zeigte schon ein Brief, den er Mitte Mai an Cotta schrieb, wie wenig er inzwischen daran glaubte, daß sich das Projekt realisieren lasse. Zwar schätzten seine Gesprächspartner das Projekt umso höher ein, je einflußreicher sie waren. Sie fanden es interessant, rechneten sich aber keine Chance dafür aus.

So schwankte auch Robert in seiner Beurteilung zwischen der Hochachtung und der Neugier, die die Franzosen in dieser Zeit der Annäherung für alles Deutsche empfanden, und dem ungebrochenen Widerwillen, den die Franzosen dem Erlernen fremder Sprachen von jeher entgegengebracht haben. In dem Bemühen, das Rechte zu tun, gipfelte sein Brief in dem Stoßseufzer: *„Hätte ich also rein mit der Cotta'schen Buchhandlung zu tun, so würde ich sagen: entschlagen Sie sich dieses Geschäfts, denn es dürfte nur erst im Verlaufe der Zeit lukrativ werden, während gleich anfänglich die Kosten nicht zu vermeiden wären. Aber ich habe es ja nicht mit Ihrem Handelshause, ich habe es mit Ihnen zu tun, der einen gerechten Stolz darein setzt, ein Unternehmen, selbst mit anfänglicher Aufopferung, zu gründen, das die beiden gebildetsten Nationen des Kontinents auf den Feldern ihrer gegenseitigen Literaturen befreunden, das der deutschen Wissen-*

*schaft und Kunst Verbreitung und Anerkennung ver-
schaffen soll...*"

Allerdings konnte selbst Alexander von Humboldt
nicht weiterhelfen, obwohl er seinen ganzen Einfluß
aufbot, dem Anliegen Roberts und Cottas eine Basis
zu schaffen. Niemand war bereit, auf französischer
Seite Geld in das Projekt zu investieren, so daß Ludwig Robert schon Mitte Juli die Verhandlungen als
gescheitert ansehen mußte. Er begnügte sich damit, für
das *Morgenblatt* und die *Augsburger Allgemeine* einige
lebhafte und zugleich sensible Berichte aus Paris zu
schreiben. Auf die Dauer allerdings ließ sich der Pariser Aufenthalt nicht länger rechtfertigen, und so reisten Friederike und Ludwig Robert schon Anfang
August zurück nach Baden-Baden.

Ein Wiedersehen aber hatte es in Paris noch gegeben, über das Ludwig Robert sehr glücklich war.
David Ferdinand Koreff, der jetzt als anerkannter Arzt
in Paris lebte, hatte einst zusammen mit Karl August
Varnhagen, Adalbert von Chamisso und Ludwig
Robert dem Dichterkreis des Nordsternbundes angehört. Nach einer geradezu atemberaubenden Karriere
in Berlin hatte ihn ein Zerwürfnis mit dem Staatskanzler Hardenberg völlig aus der Bahn geworfen. Nach
Jahren, die er ruhelos durch ganz Europa gezogen
war, unterhielt er jetzt schon einige Zeit in Paris eine
Arztpraxis. Er galt als glänzender Diagnostiker, der
mit sicherer Hand Krankheiten heilen konnte. Rahel
Varnhagen, die in Berlin zu seinen Patienten gehört
hatte, war untröstlich über sein Fortgehen gewesen.
Keiner ihrer späteren Ärzte konnte Koreff ersetzen, zu
keinem hatte sie das Vertrauen, das sie ihm entgegengebracht hatte.

Auch in Paris hatte er sich bald durchgesetzt, neben
seiner Praxis her betätigte er sich noch als Übersetzer
neuer französischer Literatur und schrieb auch weiter-
hin Gedichte. Aber der gutsituierte Koreff hatte nicht
nur Neider, die ihm das Leben schwer machten, auch
er selber trug durch seinen Charakter oftmals dazu bei,

sich selber Fußangeln zu legen und selbst eingeschworene Freunde und Bekannte durch sein unmäßiges Verhalten zu brüskieren.

Seine Patienten rühmten den Arzt, seinem Scharfblick entging nichts, alle hingen mit der größten Liebe an ihm. Für Koreff war das aber noch nicht genug. In heiterster Laune machte er die kühnsten Versprechungen, von denen jede einzelne schwer genug zu erfüllen gewesen wäre, allein Koreff machte sie hundertfach. So schnell, wie er sie machte, so schnell vergaß er sie auch wieder. Mahnte man ihn, versuchte er es eine Weile mit Ausflüchten, tat aber immer noch nichts. Im Gegenteil, wurden die Nachfragenden schließlich ungeduldig und ärgerlich, dann bedeutete ihnen Koreff mit der unschuldigsten Miene, so erginge es auch ihm immer wieder, er opfere sich für das Wohl der anderen, ihm aber würde es niemals gedankt. Der Umgang mit ihm war manchmal schwierig. Man munkelte, er sei einmal überstürzt und bei Nacht aus Paris abgereist, nur um der Heirat mit seiner jetzigen Frau zu entgehen. Auf halber Strecke hatten ihn die Brüder des Mädchens eingeholt und mit der Frage, ob er in Paris nicht etwas vergessen habe, und mit ziemlich drohenden Gebärden zur Rückkehr gedrängt und zur Hochzeit gebracht. Darüber aber schwieg sich Koreff aus. Allerdings waren die Brüder seiner Frau nicht gut auf ihn zu sprechen – aber das konnte schließlich auch andere Gründe haben.

Friederike war gespannt auf diesen Freund Roberts, den er schon lange vor ihrer Zeit kennengelernt hatte. Sie hatten sich vor dem Haupteingang des Louvre verabredet. Ungeduldig gingen Friederike und Ludwig Robert vor dem Portal auf und ab. Endlich sahen sie Eduard Gans alleine auf sich zukommen. „Hat sich Koreff noch nicht bei Ihnen eingefunden?" fragte er atemlos. Robert verneinte, Gans schüttelte den Kopf: „Seit über einer Stunde warte ich jetzt bei ihm zu Hause auf ihn, und er kommt nicht! Jetzt hatte ich schon Sorge, er wäre mir zuvorgekommen und mit euch zusammen weggegangen." Sie warteten noch eine Weile, dann brachen sie ohne Koreff zu Alexander von Humboldt auf. Koreff trafen sie an diesem Tage nicht mehr.

Am nächsten Tag aber, es war gerade erst zehn geworden, da stürmte Koreff in die Wohnung in der Rue Bergère. Friederike, die ihn nicht kannte, sah verblüfft, wie ein großer, lebhafter Mann ihren Louis umarmte und ihn nicht wieder losließ. Kaum konnte Robert den vor Mitteilungsdrang Übersprudelnden dazu bringen, auch Friederike zu begrüßen. Von da an allerdings hatte er nur noch Augen für sie. „Jetzt, wo ich deine Frau kenne, finde ich es kein Vergehen mehr, daß ihr gestern ohne mich zu Humboldt gegangen seid, sondern ein Verbrechen!" Friederike strahlte Koreff an: „Wären Sie doch nachgekommen, wir hätten Sie so gerne bei uns gehabt!" Aber Koreff schüttelte nur bedauernd den Kopf: „Ich habe Gans getroffen und der sagte mir, wie zwecklos es wäre, euch zu folgen, da ihr im Bois de Boulogne ausfahren wolltet!" Schon hatte Friederike einen Widerspruch auf der Zunge, als sie ein warnender Blick ihres Mannes traf. Friederike schluckte ihre Einwände hinunter, und Koreff ging auch nicht mehr auf die Gründe für das verpaßte Treffen ein. Sie verlebten einen sehr harmonischen Tag mit einem gemeinsamen Mittagessen in dem gemütlichen Restaurant gleich an der Ecke der Rue Bergère.

Als David Ferdinand Koreff sich verabschiedet hatte, fragte Friederike ihren Mann: „Hör' mal, warum hast du mir den Mund verboten?" Robert grinste: „Hab ich das? Sollte ich vielleicht viel öfter tun; aber im Ernst, der gute Koreff ist von nichts so überzeugt wie von Koreff, und er hätte uns das Blaue vom Himmel heruntergelogen, nur um dir zu beweisen, daß du gestern im Bois de Boulogne gewesen bist. Und das, mein Schatz, wäre über deine Kraft gegangen. Und über meine auch!"

Friederike lachte: „Ziemlich anstrengend, dein Freund!" Robert zuckte die Achseln: „Abgesehen davon ist er der beste Freund, den du haben kannst. Mich stört es schon lange nicht mehr, allerdings muß ich zugeben, daß ich ihn ja auch nur selten sehe!"

Kapitel 17

Wieder daheim

Die Rückreise nach Baden verlief ohne Zwischenfälle; während Friederike sich auf das Wiedersehen mit den Ihren freute, war Robert eher gedrückter Stimmung, wieder einmal hatte sich eine Stellung als nicht tragfähig erwiesen, wieder einmal war eine Hoffnung zerstört. Diesmal hatten sie in Baden-Baden Quartier im alten Konversationshaus genommen, sie waren auch schon in Karlsruhe bei Gottlieb gewesen. Aber da es ein schöner Spätsommer war, wollten sie noch den Großstadtstaub an der Oos aus den Knochen schütteln. Und schon nach wenigen Tagen war es so, als wären sie nie fortgewesen. Viel schneller als sie gedacht hatte, war Friederike wieder zum strahlenden Mittelpunkt der Baden-Badener Gesellschaft geworden.

Wie schön war es, als Felix Mendelssohn Mitte September auf einer Reise auch nach Baden-Baden kam. Er hatte sein Quartier in der „Goldenen Sonne" genommen, und weil es dort keinen Flügel gab, zog es ihn oft hinüber ins Konversationshaus. Manchmal aber war der Flügel auch belegt. Zu seinem nicht geringen Entsetzen spielte dort eine junge, blonde Französin, deren einziger Zuhörer ihr Ehemann war. Aber Felix Mendelssohn war zu sehr Kavalier, um eine Dame, der der eigene Mann so verzückt lauscht, zu vertreiben. Mit wehen Ohren hörte er eine ganze Weile zu, bis der blonde Engel sich erhob und nun Felix zum Spielen aufforderte. Der ließ sich das nicht zweimal sagen, endlich hatte er ein Instrument. Im kleinen Gesellschaftszimmer hob Friederike den Kopf mit einem Ruck: so spielte nur einer, Felix war eingetroffen! Und zusammen mit der jetzt in Karlsruhe engagierten Schauspielerin und Sängerin Amalie Neumann und deren Mann gingen sie hinüber in das

Musikzimmer. Aber nicht nur Roberts waren hingerissen von dem Pianisten, der sich da mir nichts, dir
nichts an den Flügel gesetzt hatte, von überall her
strömte jetzt das Publikum. Die Saison war schon
vorüber, der Musiksaal nicht mehr beleuchtet, alle
saßen mucksmäuschenstill in der Dunkelheit und
lauschten fasziniert dem improvisierten Konzert.
Inspiriert von Felix Mendelssohn ließ sich Amalie
Neumann überreden, zwei Arien zu singen. Das
Publikum applaudierte und wollte eine Zugabe nach
der anderen hören. Endlich verneigte sich Felix und
gab zu verstehen, daß das Konzert nun endgültig zu
Ende sei. Jetzt umringten ihn die Gäste, im Dämmer-
licht konnte er nur die wenigsten erkennen. Er wurde
so vielen Leuten vorgestellt und es hagelte Einladungen, nur hatte der Künstler keine Ahnung, wer sie
ausgesprochen hatte.

Während Robert Felix am Arm faßte, um ihn in den
Garten zu führen und sich mit ihm in ein Gespräch
über die Zukunft der deutschen Oper, jetzt nach
Webers allzu frühem Tod, zu vertiefen, löste sich die
Gesellschaft drinnen im Saal nicht so schnell auf. Einer
der Gäste stürzte den beiden nach in den Garten:
„Mein lieber Freund, Sie müssen einen Text von mir
komponieren – er ist schon halb fertig und heißt
‚Alfred le Grand‘ –, oh mein Herr, Sie und ich, wir
zwei müssen miteinander in die Wolken, oh wäre das
schön!" Während sich der ungestüme Gesprächspartner als Textdichter der Oper *Chaperon Rouge* von
Boieldieu mit Namen Charpentier vorstellte, hörte er
nicht auf, Felix zu umtänzeln und ihm die Hände zu
drücken. Immer befremdeter war Robert zurückge-
wichen und betrachtete jetzt die Szene aus dem Hin-
tergrund, kopfschüttelnd und leise vor sich hin-
schimpfend. Für Felix Mendelssohn war das ein herr-
liches Erlebnis, der stürmische Bewunderer und der
indignierte Freund, nach dem Konzert im Dunklen.
Lachend blickte er Charpentier nach, als der endlich,
auf einen späteren Tag vertröstet, davonging.

Aber Felix Mendelssohn hatte sich mit seinem eigenwilligen Konzert nicht nur Freunde gemacht. Voller Empörung war der Vorsteher der Spielbank herbeigestürzt und schimpfte nun wütend auf Robert ein, den er für den Hauptakteur hielt. Alle die Leute, die so verzückt dem Konzert gelauscht hätten, seien eigentlich Kunden der Spielbank gewesen, der Pianist habe sie ihm weggelockt, so sei der Spielbank ein unendlicher Schaden entstanden, und das, so stehe es in seinem Vertrag, das sei verboten. Überhaupt werde er dafür sorgen, daß der Flügel weggeräumt werde. Und so geschah es auch. Aber Friederike setzte durch, daß in einem anderen Saal, weiter von der Spielbank entfernt, in dem ebenfalls ein Flügel stand, am nächsten Abend ein ordnungsgemäß vorangekündigtes Konzert stattfand. Zuerst las Ludwig Robert zusammen mit Amalie Neumann Szenen aus seinem neuesten Lustspiel, danach war die Musik an der Reihe: Zunächst spielte Felix Mendelssohn einige Etüden von Moscheles, dann ging er zu eigenen Phantasien über, und das Publikum raste vor Begeisterung. Friederike aber ließ es sich nicht nehmen, in der Spielbank nachzusehen, ob der Andrang der Spielenden sehr nachgelassen habe. Strahlend begrüßte sie den Direktor, – aber der drehte den Kopf weg und erwiderte ihren Gruß nicht.

Spät am Abend brachte eine fröhliche Schar Felix zurück in seine Unterkunft in der „Goldenen Sonne". Aber auch jetzt wollten sie sich noch nicht trennen, nach einem gemütlichen Abendessen ging das Erzählen, Singen und Lachen weiter. Besonders Amalie Neumann war so angeregt von dem vergnügten Abend, daß sie bei ihren köstlichen Parodien keinen ihrer Kollegen ungeschoren ließ; sogar den Souffleur mimte sie so ungeheuer komisch, daß Felix Mendelssohn vor Lachen mitsamt seinem Stuhl umzufallen drohte. Der Wirt hatte das Treiben schon eine ganze Weile mit spürbarer Unruhe betrachtet, nach Mitternacht mahnte er energisch zum Abbruch des Abends.

Die anderen Gäste begannen zu murren und sich zu beschweren. Mit den Fingern auf den Lippen schlichen die Eindringlinge zur Gasthaustür hinaus, Felix winkte ihnen noch lange nach.

Einer Sensation kam es gleich, als Friederikes Porträt des Hofmalers Eduard Magnus in der Kunstausstellung der Akademie gezeigt wurde, wochenlang kannte das gebildete Berlin nur ein Gesprächsthema: Die schöne Friederike und ihr Bild im großen Saal der Berliner Akademie. Obwohl selber noch nicht ganz gesund und von starken rheumatischen Schmerzen geplagt, ließ Rahel Varnhagen es sich nicht nehmen, das Bild der Schwägerin anzusehen und es zu beschreiben. Rahel hatte besonders schmerzliche Leiden zu ertragen und häufig Gichtanfälle in beiden Händen, besonders in den Daumengelenken. Ein Leiden, das die unermüdliche Schreiberin in ihrer liebsten Tätigkeit einschränkte und behinderte. Trotz ihrer starken Schmerzen beschrieb sie Friederikes Bild so liebevoll und ausführlich, daß der Angesprochenen die Tränen kamen: *„... es ist in vieler Hinsicht ein gelungenes, wünschenswertes Bild. Ein Maler, der eine so vollkommen schöne Person so ähnlich machen kann, reißt sich selber die Lorbeerzweige vom Baum, die man ihm flechten muß. Augen, Stirn, Haare, vortrefflich; Haltung, Miene! bei dieser bleib ich stehn. Wer solch vollkommenen Zügen die Miene abgewinnen kann, ist ein halber Künstler, wer sie wiedergeben kann, ein ganzer. Weil vollkommen schöne Gesichter beinahe keine Miene machen können, heißt die Züge bewegen, ohne der Harmonie zu schaden – Rike aber hat eine Miene, die das Glück hat, ihr bestes Inneres auszudrücken, es ist die Festhaltung mannigfacher Bewegung ihrer Gedanken, und ihres Zumuteseins. Es ist der Moment, wenn sie etwa einer guten, hübschen, geehrten Frau vorgestellt wird, wo sie aufmerksam klug und unschuldig ihren Gegner, der gegenübersteht betrachtet, zugleich weiß, daß sie betrachtet wird, und in kindischer Bescheidenheit ihr Bestes aus der Seele* reicht, *und doch fürchtet zu mißfallen, welches eine leichte, menschenfreundliche Scham auf das schöne Gesicht führt: dann ist sie schön und äußerst hübsch, und diese schöne Miene, diesen herrlichen Ausdruck, hat der glückliche Magnus mit seinen Augen abgeschöpft!"* Immer wieder nimmt Friederike den Brief zur Hand und vertieft sich in Rahels Beschreibung. „Hör doch nur, Louis: *Die Miene aber dieses Bildes ist so vortrefflich, daß ich's besitzen möchte – welches so selten bei mir zum Wunsche wird –, weil ich dadurch unsere Rike zehnmal des Tages lieben würde. Wenn sie diese Miene macht, berührt sie geradezu mein Herz: diese Miene spricht um einen Beifall, den der innerste Mensch nie versagt; weil der beste Innere ihn fordert."*

Ludwig Robert murrte: „Weswegen soll ich mir ein Bild beschreiben lassen, wenn das Original neben mir steht. Alle deine Mienen, mein Schatz, sind mir bekannt!" Er zog sie an sich und sie küßten sich lange. Als er sie losließ, mußte er lachen: „Weißt du, der Gubitz hat mir auch geschrieben von dem Bild, es ist ständig von Menschentrauben umlagert. Es soll das gesuchteste Bild auf der diesjährigen Kunstausstellung sein." Er ließ sich auf das Sofa fallen und breitete die Arme aus: „Was bin ich froh, daß wir in Baden-Baden sind, sonst würden sie noch auf die Idee kommen, Bild und Original zu vergleichen, und dann müßte ich mir jemand anderen zum in die Arme nehmen suchen!" Aber genau wie Friederike war er stolz auf das Bild und seinen Erfolg. Wie viele von denen, die jetzt Friederikes Bild in den höchsten Tönen lobten, hatten ihn nicht vor einer Heirat mit ihr gewarnt und seine Zukunft in den schwärzesten Tönen geschildert?

Mit geringen Veränderungen reichte er Rahels Brief als Artikel für das *Morgenblatt* ein. Cotta war begeistert und versprach den Druck. Inzwischen hatte er sich aber entschlossen, die Redaktion des *Morgenblattes* an den jungen Wilhelm Hauff abzugeben, dessen Vorstellungen über die redaktionelle Arbeit von denen Cottas doch sehr verschieden waren. Und

Hauff lehnte es schlichtweg ab, den Artikel *Über ein weibliches Bildnis* in dem von ihm redigierten *Morgenblatt* erscheinen zu lassen. So einfach aber ließ sich ein Verleger wie Cotta nicht das Ruder aus der Hand nehmen. Es war nicht das erste Mal, daß Hauff einen von ihm abgelehnten Artikel im *Morgenblatt* wiederfand, als er es am Morgen vor dem Erscheinen noch einmal durchsehen wollte. Auch diesmal wandte er sich voller Empörung an Johann Friedrich Cotta: *„Mit Schrecken sehe ich in dem Blatt, das mir soeben zur Korrektur geschickt wird, einen Brief von L. Robert ‚Über ein weibliches Bildnis‘ abgedruckt und diesen Artikel hatte ich doppelt durchstrichen mit der Bemerkung, daß er durchaus nicht für das M(orgen)Blatt passe. Bitte rechnen Sie diese unverzeihliche Nachlässigkeit des geschmacklosen Setzers nicht mir zu; wäre es möglich, daß noch ein anderer Artikel gegeben würde, so würde ich mit Vergnügen morgen in der Frühe das Gesetzte korrigieren."*

Aber Cotta war nicht der Mann, der einem Mitarbeiter, mochte er auch noch so genial sein, nachgab. Es war sein Wunsch, diese Einsendung eines langjährigen Korrespondenten gedruckt zu sehen, und so geschah es. In einem langen Antwortbrief erläuterte er seinem Redakteur, wie er das *Morgenblatt* redigiert wissen wollte: Er forderte ein geschicktes Abwägen der Interessen des Lesers auf der einen Seite und der Schreiber, die es ja auch zu motivieren galt, auf der anderen. Für die Idealvorstellungen jugendlicher Heißsporne sollte das *Morgenblatt* kein Tummelplatz werden. Für Hauff war das eine bittere Erfahrung. Aber auch für Ludwig Robert hatte der Vorfall wieder einmal gezeigt, wie abhängig er von den Launen oder auch vom Geschmacke eines Redakteurs war. Wie immer brauchte er lange, um damit fertig zu werden. In der Zukunft gingen Wilhelm Hauff und Ludwig Robert vorsichtig miteinander um, jeder war bemüht, dem anderen Kränkungen zu ersparen. So versuchte Hauff in einem wenige Monate vor seinem Tod im November 1827 geschriebenen Brief, Ludwig Robert einige grundsätzliche Unterschiede in seiner redaktionellen Arbeit im Vergleich zu Cotta klarzumachen und auch um Verständnis für diese Änderungen zu werben. Hauff druckte mit großem Engagement einen Artikel Roberts zur Situation der Hoftheater ab. Er mühte sich, die feinen Nuancen, die Robert herausgearbeitet hatte, auch einem breiteren Publikum verständlich zu machen.

Friederike in ihrer impulsiven Art war zuerst nicht gut auf den jungen Wilhelm Hauff zu sprechen gewesen, so wie sie alles, was Ludwig Robert Ärger bereitete, erst einmal ablehnte. Mit der Zeit hatte sie manches besser verstanden und konnte nicht selten entstandene Wogen glätten. Das freute sie umso mehr, als sie gerade in dieser Zeit erfahren hatte, daß ihre Nichte Friederike, die Tochter ihres Bruders Gustav, der in Schwaigern als Gerichtsnotar tätig war, Wilhelm Hauffs älteren Bruder Hermann heiraten würde. Hermann Hauff hatte eine Arztpraxis aufgemacht, die er aber schon wenige Monate später wieder schloß, um zuerst mit seinem Bruder zusammen und nach dessen frühem Tod alleine die Redaktion des *Morgenblattes* zu übernehmen. Für Friederike ein besonderer Grund, um Ausgleich und Frieden besorgt zu sein.

Nach Karlsruhe war sie in den letzten Wochen nur selten gekommen, Gottlieb hatte wenig Zeit für die Schwester. Er schien ihr nervös und abgehetzt. Die Kaufverhandlungen für das Haus in der Schloßstraße waren immer noch nicht abgeschlossen, immer wieder tauchten neue Komplikationen auf. Mehr Arbeit hatte mehr Mitarbeiter und mehr Maschinen zur Folge, eine Entwicklung, die immer mehr Einsatz und Zeit von ihm erforderte. Seine Augen taten ihm weh, schon am frühen Morgen fühlte er sich müde. Und wenn er abends noch einmal den Tag überdachte, fielen ihm immer öfter Dinge ein, die zu erledigen er vergessen hatte. „Uns hast du auch schon ganz vergessen! Läßt dich gar nicht mehr sehen bei uns in Baden-Baden, vergräbst dich nur noch in der Arbeit!" Friederike lächelte dem Bruder zu, zwischen ihnen gab es immer noch die alte Vertrautheit: „Gottlieb, du solltest heiraten, dann wäre wenigstens jemand da, der auf dich aufpaßt. Außerdem, es wird auch Zeit, du bist jetzt schon älter, als Louis bei unserer Hochzeit war, und der war ja weiß Gott kein Jüngling mehr!" Friederike gab ihm einen freundschaftlichen Puff. Gottlieb grinste ein wenig hilflos: „Du kannst dich ja mal nach einer Frau umsehen, Rickele, selbst dazu fehlt mir die Zeit!" – „Also eigentlich ist das eine Arbeit, für die immer Zeit da sein sollte, Gottlieb, beeile dich mit dem Heiraten, es nimmt dich sonst keine mehr!" Und als er empört auffuhr, fügte sie hinzu: „Und eine Frau findest du nicht im Aktenschrank, glaub mir das!"

Verwundert bemerkte sie bei ihrer Rückkehr nach Baden-Baden, daß Ludwig Robert sie an der Station erwartete. „Louis", überrascht lief sie ihm entgegen, um ihm gleich darauf forschend ins Gesicht zu sehen. „Ist etwas passiert?" Er zuckte die Achseln und lachte bitter auf: „Eigentlich nicht, aber mein Artikel über den Zustand der Hoftheater hat mir einige anonyme Briefe eingebracht, ein Schreiber will mich sogar verprügeln!" Er lachte und sein Humor brach durch: „Da siehst du einmal, wie schwer man es hat, wenn man nur über so etwas Harmloses wie die Hoftheater schreibt!" Rieke schwieg, ließ ihn ausreden: „Schlimmer ist, daß der großherzogliche Hof in Karlsruhe auch nicht einverstanden ist mit dem Artikel, wir werden dort wohl eine Weile nicht erwünscht sein!" Langsam gingen sie hinüber zum Konversationshaus. „Ach Rieke, Rahel schreibt, wir sollen nach Berlin kommen, hast nicht Lust? Noch einen Winter hier in Baden-Baden, in der Abgeschiedenheit – und die Welt hat uns vergessen! In Berlin gibts Theater und Abwechslung, und vor allem Rahel ist da, und Varnhagen, vielleicht kommt auch Heine wieder nach Berlin!" Sie waren in ihrem Zimmer angelangt. Rieke hängte ihren Mantel auf den Haken und rollte ihre Handschuhe zusammen.

„Stand das in dem Brief mit den hebräischen Lettern? Du brauchst ihre Briefe nicht vor mir verstecken, ich lese sie auch so nicht, und ihr kannst du schreiben, daß sie sich solchen Firlefanz sparen kann. Ach Louis, ich will doch gar nicht wissen, was ich nicht wissen soll!" Mit zwei raschen Schritten war er neben ihr: „Du sollst aber alles wissen, doch auch Rahel hat manchmal Angst, dich zu verletzen, – meine Güte, nehmt doch nicht alles so tragisch, alle beide!" Grimmig sah er Rieke an: „Varnhagen hat es gut, – der ist wenigstens mit keiner von euch verwandt!" Rieke schüttelte sich: „Na, du hast vielleicht merkwürdige Ansichten, Gott sei Dank bin ich mit dir auch nicht verwandt! Bloß verheiratet!" Louis lächelte vage: „Heute ist wieder ein Brief von Rahel gekommen – hier lies!" Schweigend nahm sie ihn zur Hand, nach einer Weile legte sie den Brief beiseite und setzte sich neben Robert aufs Sofa. Sie lächelte und rieb ihre Nase an seiner Wange: „Eigentlich hat Rahel ja in allem Recht, in Berlin wäre es jetzt fürs Schreiben besser. Sie hat dich sehr lieb, und seit letztes Jahr Markus gestorben ist, braucht sie dich auch in ihrer Nähe. Ach, Louis, wenn es doch nur nicht so weit fort von hier wäre." Plötzlich sah Rieke ihren Mann mißtrauisch an: „Aber sonst ist doch nichts Schreckliches passiert, oder?" Er schüttelte den Kopf, Rieke nickte: „Also, dann schreib Rahel, sie soll uns ein Quartier suchen, möglichst in ihrer Nähe. Eigentlich wäre mir das alte ganz recht, wenn es frei ist. Wir fahren so bald wie möglich, ich muß nur packen, und darin habe ich allmählich Übung!" Sie streichelte ihm die Wange, sah ihn lange an und küßte ihn innig, dann ging sie hinüber ins Schlafzimmer.

Lange stand sie am Fenster, sah hinaus in die schon herbstliche Landschaft. Mühsam versuchte sie ihre Gedanken zu ordnen. Zu plötzlich war diese Reise für sie gekommen. Sie waren gerade erst eingerichtet, hatten sich eingelebt, und nun fuhren sie schon wieder fort. Zum Schreiben kam sie gar nicht mehr. Sie hatte damit begonnen, die Spiele ihrer Kindheit aufzuschreiben. Lustige Dinge waren ihr dabei wieder eingefallen. Das „Rote Meer" zur Winterszeit, die Angst der Mutter, daß sie hineinfallen könnten, der Zorn des Vaters, wenn sie wieder einmal mit nassen Sachen nach Hause kamen, und Gottliebs durchgewetzte Hose, wenn er beim Schleifen hingefallen war und einen weiten Weg auf der an sich schon dünngescheuerten Hose zurückgelegt hatte. Und im Sommer die Hüpfspiele, das Ballspielen mit den Freundinnen, ach ja, Apothekers Friederike, wie es der jetzt wohl gehen mochte? Sie biß die Zähne zusammen, nur jetzt nicht weinen! In Berlin würde sie viele Freunde wiedersehen, Felix und Fanny, Heine und vielleicht auch Börne, Hegel und natürlich Rahel und Varnhagen. Montigny war inzwischen nach Paris zurückgekehrt, schade, daß sie sich nicht mehr gesehen hatten. Sie lächelte. Ludwig Robert war hinter sie getreten, sachte hatte er sie in die Arme gezogen: „Wenn du nicht fahren willst, dann können wir auch hierbleiben!" Sie schüttelte den Kopf: „Nein, wir können schon nach Berlin fahren. Rahel braucht dich, und Varnhagen hat es auch lieber, wenn du in seiner Nähe bist, ach Louis, und für mich ist sowieso die Hauptsache, daß ich bei dir bin und daß du glücklich bist!" Nach kurzem Überlegen fügte sie hinzu: „Aber laß uns bald fahren! So eine Winterreise wie damals von Dresden nach Berlin, das ist zu schrecklich!"

Diesmal war nicht einmal Gottlieb mit der Entscheidung von Schwester und Schwager einverstanden. Er konnte diese unstete Ruhelosigkeit nicht begreifen. Aber Friederike beruhigte ihn: „Für uns ist es das beste, glaub' mir, ich habe mir die Entscheidung nicht leicht gemacht. Ich würde es sehr gut noch einen Winter in Baden-Baden aushalten, aber Louis, der ist für die Ruhe nicht geschaffen. Er sehnt sich immer danach, aber sie macht ihn unglücklich und gereizt!"

Sie mußte lachen und blitzte den Bruder an: „Und wenn Louis unglücklich und gereizt ist, dann ist es nicht zum Aushalten mit ihm, dann fahre ich schon lieber nach Berlin!"

Es blieben ihr nur zehn Tage, die notwendigen Vorbereitungen zu treffen, zu packen und die Dinge, die sie nicht mitnehmen konnten, in Karlsruhe bei Gottlieb unterzustellen. Auf Rahels Wunsch benutzten sie die Schnellpost, konnten sich aber nicht entschließen, alle Nächte durchzufahren. Besonders Ludwig Robert strengte das lange Sitzen in der schlecht gefederten Kutsche so an, daß er bald nicht mehr wußte, wie er sich ohne Schmerzen aufrecht halten sollte. Um Zeit zu sparen, hatten sie nur zwei Übernachtungen in Gasthäusern vorgesehen. Die übrigen Nächte verbrachten sie mehr wachend als schlafend in der Kutsche, durchgerüttelt auf holprigen Wegstrekken, und bei den nicht seltenen Schlaglöchern immer wieder gegen die Mitreisenden geschleudert.

Kapitel 18

In Berlin bei Mendelssohns

Am frühen Morgen des 5. Oktober 1827 langten sie in Berlin an, das Wetter war schon herbstlich kühl, aber es sah so aus, als sollte es ein heiterer Tag werden. An der Poststation nahmen sie eine Droschke, die sie in die Leipziger Straße 3 brachte. Für die erste Zeit ihres Hierseins hatte Lea Mendelssohn den Roberts das Gartenhaus ihres vor zwei Jahren erworbenen neuen Hauses als Quartier angeboten. Staunend stand Friederike vor dem großen, stattlichen Gebäude, das jetzt das Heim der Familie Mendelssohn war. Ludwig Robert hatte geklingelt, schon öffnete sich das Portal und die sehnlichst erwarteten Gäste wurden mit lautem Hallo ins Haus geführt. Diener trugen das Gepäck ins Gartenhaus. Friederike strahlte, so schön hatte sie sich ihre neue Unterkunft nicht vorgestellt. Inmitten des abgeschlossenen Hofes stand das einstöckige Häuschen, alle Fenster blickten zum Garten hin, in dem jetzt die Bäume in allen Farben des Herbstes prangten, und auch das Weinlaub, mit dem das Häuschen über und über berankt war, hatte schon sein schönstes Herbstrot angenommen. Vollständig abgeschirmt, wie vor sich hinträumend, lag das Gartenhaus hinter dem großen Vorderhaus versteckt. Hierher drang kaum ein Laut von der lebhaften Fahrstraße, dafür erfüllte munteres Vogelgezwitscher den Hof.

Fanny Mendelssohn rannte stürmisch aus dem Haus auf die Freunde zu, sie umarmte Friederike: „Da staunen Sie auch, ist es hier nicht wunderschön? Aber wir haben damals genauso verwundert geguckt wie Sie jetzt, als Vater unbedingt dieses Haus und kein anderes kaufen wollte. So dicht vor dem Potsdamer Tor, – da hört doch für jeden Berliner die bewohnte Welt auf!" Sie machte eine Pause: „Und die Gäste unserer

Das Gartenhaus der Familie Mendelssohn

Sonntagsmusiken, die haben vielleicht gejammert: Mendelssohns sind dahin gezogen, wo noch das Gras auf den Straßen wächst! Und heute? Heute kommen mehr Leute zu unseren Konzerten, als der große Saal fassen kann. Kommt, ich zeige euch die Wohnung!" Die Zimmer waren geräumig und hell und freundlich möbliert. Aufatmend sank Friederike auf eines der Betten: „Ach Fanny, tage- und nächtelang in einer Kutsche zubringen, ich glaube, etwas Schlimmeres gibt es auf der ganzen Welt nicht. Der arme Louis kann sich kaum noch aufrichten." Besorgt betrachtete sie Ludwig Robert, der sich das Kreuz hielt. Lebhaft zog Fanny ihn mit sich fort. Sie wollte ihm etwas zeigen, was ihm bestimmt guttun würde. Neugierig ging Friederike hinter den beiden her. In der Mitte der Gartenwohnung öffnete sich eine große Flügeltür zu einem wunderschön geschnittenen, großen Saal. „Hier finden jetzt die Sonntagskonzerte statt. Ihr seid die einzigen in der ganzen Stadt, die nicht über einen so weiten Weg zu schimpfen brauchen!" Staunend stand Friederike in der Tür des mehrere hundert Personen fassenden Raumes. Die dem Garten zugewandte Front bestand aus lauter zurückschiebbaren Glaswänden, die durch Säulen voneinander getrennt waren. In kürzester Zeit ließ sich der Raum im Sommer in eine offene Säulenhalle verwandeln. Die Wände und auch die flache Kuppeldecke waren mit phantastischen, ans Barock erinnernden Fresken ausgemalt. Von hier aus hatte man einen wunderschönen Blick über den sieben Morgen großen, parkähnlichen Garten. Noch zur Zeit Friedrichs des Großen hatte sich der Tiergarten bis hierher ausgedehnt, die Bäume waren alt, sie hatten mächtige Kronen und schirmten das Anwesen so vollkommen gegen die übrige Welt ab, daß man meinte, ganz alleine zu sein. Ludwig Robert sah Friederike an, die immer noch hinausblickte: „Fanny, meine Frau ist eine richtige Landpomeranze, auch wenn sie es nicht wahrhaben will. Aber diese Umgebung, das ist genau das Richtige, um ihr Baden-Baden zu ersetzen!" Nur mühsam gelang es Robert, seine Frau in die Wirklichkeit zurückzuholen: „Ich glaube, wir sollten uns jetzt ein wenig frischmachen und dann eine Weile ausruhen. Mein Kreuz wird es uns danken!" Er verzog das Gesicht. Fanny Mendelssohn ließ die beiden in ihrer neuen Häuslichkeit allein.

Auch Rahel war umgezogen, schon am Nachmittag besuchten sie Bruder und Schwägerin in der schönen, neuen Wohnung in der Mauerstraße 36. Hier hatte Rahel endlich wieder das Zuhause gefunden, zu dem die Wohnung in der Französischen Straße nie hatte werden können. Auf ihren Wunsch hin waren die Wände mit hellblauen Tapeten ausgekleidet worden, die Zimmer waren geräumig, eins ins andere übergehend, wie Rahel es so liebte, und licht. Rahels Wohn-, ihr Schlafzimmer und auch Varnhagens Zimmer blickten auf die Straße hinaus. Die anderen waren zur Rückseite des Hauses gerichtet, dem Garten mit den hohen Bäumen zugewandt. Liebevoll empfingen Varnhagens die beiden. Friederike fand Rahel gealtert, die einst so strahlenden Augen blickten jetzt viel matter. Und auch Varnhagen, von jeher stark um das Wohlbefinden und die Behaglichkeit seiner Frau bedacht, schien noch mehr als früher damit beschäftigt, alles Alltägliche von ihr fernzuhalten. Der Tod ihres Bruders Markus im vergangenen Jahr hatte Rahel sehr getroffen. Mehr als einmal hatte sie geträumt, sie würde jetzt auch noch den ihr am nächsten stehenden Bruder, nämlich Ludwig Robert, verlieren. Wieder und wieder umarmte sie jetzt den Zurückgekehrten und suchte in seinem Gesicht zu lesen. Endlich ergriff Varnhagen die Initiative: „Also kommt, wenn wir hier noch weiter so herumstehen und uns aneinander freuen, dann bekommen wir Ärger mit Dore, die euch zu Ehren etwas besonders Gutes gekocht hat." Auch die neue Wohnung hatte die Anziehungskraft der alten. Jeder, der im geistigen Leben Berlins mitzureden hatte, kam hierher, um Gedanken auszutauschen und neue Anregungen zu bekommen.

Schon bald nach dem Essen traf F. W. Gubitz ein, der Herausgeber der Zeitschrift *Der Gesellschafter*. Er hatte von der Ankunft Ludwig Roberts gehört, noch von Baden-Baden aus hatte ihm Rahels Bruder von seinen Sorgen und Befürchtungen um die Zukunft des deutschen Theaters geschrieben. Auch bei dem sich jetzt anspinnenden Gespräch ging es um die beschämende Bezahlung, die Bühnendichter für ihre Schöpfungen erhielten. In Frankreich – so hatte Robert sich bei seinem Aufenthalt in Paris sagen lassen – bekam ein Autor für ein Stück in fünf Akten sieben Prozent von der Netto-Einnahme gezahlt und erhielt außerdem noch eine große Anzahl von Theaterkarten für sein Stück, die er dann auf dem freien Markt verkaufen konnte. So konnte in Frankreich ein Bühnendichter, wenn er nur einigermaßen erfolgreich war, sorgenfrei leben. Dagegen beklagte Robert die Rechtlosigkeit der deutschen Dramatiker. Er erzählte, daß sein französischer Kollege, der Dramatiker Duval, ihm nicht hatte glauben wollen, daß der unsterbliche Komponist des *Freischütz* ein für alle Mal von zwei großen Theatern mit ganzen 100 Dukaten abgespeist worden war – von den kleineren habe ihm eines sogar nur zwölf Dukaten gezahlt –, und daß der Textdichter Friedrich Kind überhaupt kein Honorar erhalten habe. Duval hatte das für einen der bekannt guten Robertschen Witze gehalten – es entsprach aber durchaus der deutschen Bühnenwirklichkeit.

Nachdenklich hatte Gubitz zugehört. Er trug sich mit dem Gedanken, einen Preis für Theaterdichtungen auszusetzen, und wollte Roberts Meinung darüber hören. Der lachte bitter auf: „Vergebens habe ich vorgeschlagen, wenigstens soviel für ein Stück zu zahlen, als in einer Prachtoper der gestickte Mantel der Primadonna kostet. Man hat darüber gelacht, und es ist von neuem alles beim alten geblieben, – wie solches der allerneueste Zeitgeist mit sich bringt. – Umso verdienstlicher und erfreulicher finde ich Ihre Preisbewerbung für dramatische Dichtungen." Gubitz schwieg eine Weile, dann gab er zu bedenken: „Glauben Sie nicht, daß andere für dieses Wagnis nur Spott und Tadel übrig haben werden, denn bei der schlechten Bezahlung der Lustspiel-Dichter flüchten eine Menge Schriftsteller, talentvolle wie talentlose, in die Journal-Literatur und bringen da ihre guten und schlechten Späße, ihre nicht üblen Witze und auch ihre Wortspiele auf den Markt." Robert geriet in Erregung: „Aber Ihr Unternehmen kann ein Anfang sein, die Stellung des Dichters zu stärken. Nehmen wir einmal an, daß die vier größten deutschen Theater jedes 2000 Taler jährlich an Preisen aussetzen, so würde die Gesamtsumme ungefähr soviel betragen, als eine der kleinsten Prachtopern in Szene zu setzen kostet, oder was die Verzierung und Triller einer schönen Stimme oder zwei schöne Füße unter Brüdern wert sind – und dafür hätte man acht gekrönte Dramen, von denen vier Zugstücke wären, welche die Kosten mehr als deckten. So daß man eigentlich diese acht Dramen nur für eine halbe Singstimme oder für eines von zwei sich drehenden Beinen hätte: ein gewiß sehr annehmlicher Preis!" Robert war aufgesprungen: „Es gibt Dinge, die wirklich so traurig sind, daß man sie nur von der komisch-absurden Seite betrachten sollte!"

Eine Weile schon hatte Friederike, die mit Varnhagens das Gespräch verfolgt hatte, ihren Mann besorgt angesehen. Jetzt trat sie zu Gubitz, legte ihm freundschaftlich die Hand auf den Arm und bat ihn, ihr von Berliner Neuigkeiten zu berichten, da sie doch selbst erst am Morgen nach längerer Abwesenheit zurückgekehrt seien. Während Gubitz erzählte, entspannte sich Robert. Rahel bemerkte, wie Friederike, während sie Gubitz aufmerksam zuhörte, nach Roberts Hand griff und sie nicht mehr losließ.

Schon im März 1824 hatte sich der sehr umstrittene Journalist und Satiriker Moritz Saphir in Berlin niedergelassen, nachdem er zuvor in Wien und Pest als Berichterstatter für den *Gesellschafter* tätig gewesen war. Gubitz versuchte, ihn zuerst als Theater-Rezensenten für sein Blatt zu erhalten. Allerdings hatten sich die Beurteilten bald bei ihm beschwert, daß Saphir in Lob und Tadel bestechlich sei. Zur Rede gestellt, hatte Saphir die Mitarbeit aufgekündigt und seinerseits zwei Zeitschriften gegründet, die *Schnellpost* und den *Berliner Courier*. Mit losem Mundwerk und oft hart an die Grenzen der persönlichen Beleidigung stoßendem Witz hatte es Saphir verstanden, seinen Zeitschriften einen guten Platz beim Berliner Publikum zu erobern. Um eines einzigen Bonmots willen konnte er in Jahren gewachsene Freundschaften zerbrechen, und in dem Maße, wie die Zahl seiner Feinde wuchs, verringerte sich die seiner Freunde. Schon einmal hatte Gubitz im *Gesellschafter* warnend seine Stimme erhoben: *„Wir wissen längst, und ich sprech' es hier mit Vergnügen aus, daß Saphir Humor hat; wünschen wir ihm vor allem, das Glück möge ihm so lächeln, daß er mit der Wahrheit und seinem Talent nicht auch dem Schein zu huldigen, nicht die Schwingen, auf denen er sich weiter erheben konnte, in einzelne Federn zu zerrupfen braucht, und eine Säule, auf der ein herrlicher Bau gegründet sein könnte, sich nicht in lauter Splitter zerschlägt."*

Saphir, vor allem dem Königlichen Theater verbunden, machte sich einen Spaß daraus, die Bemühungen des Königstädtischen Theaters um neue deutsche Theaterstücke ins Lächerliche zu ziehen. So traf es ihn an einer empfindlichen Stelle, als im Königstädtischen Theater kurz vor Weihnachten Ludwig Roberts Posse *Wachsfiguren in Krähwinkel* aufgeführt wurde, bei der eine der Wachsfiguren, *„ein doppelt kritischer Poet – Pegasus, der durch steten kleinen Hader großen Eindruck macht auf die große Masse der kleinen Leute"* in der Maske Saphirs auftrat. Friederikes Befürchtungen, das Stück würde nicht gefallen, trafen nicht ein. Das Publikum raste vor Begeisterung, der unbeliebte und nur durch seine geschickten Manipulationen einigermaßen geduldete Saphir bekam hier den Spott der Menge zu spüren, und das Stück wurde alleine durch

Mundpropaganda zu einem Zugstück. Ludwig Robert, der Verfasser, wurde hochgelobt und hochgefeiert, sein Ruhm war in aller Munde. So sehr Friederike sich freute, sie begriff, wie schnell sich das Blatt wieder wenden konnte, und sie fürchtete sich davor. In Rahels Salon wurde der Erfolg des Stückes ausgiebig besprochen, allein so richtig konnte sich nicht einmal Ludwig Robert selbst darüber freuen. Achselzuckend trug er denen, die nun von einem endgültigen Durchbruch sprachen, eines seiner Gedichte vor:

„Das Publikum, das ist ein Mann,
der alles weiß und gar nichts kann.
Das Publikum, das ist ein Weib,
das nichts verlangt als Zeitvertreib.
Das Publikum, das ist ein Kind,
Heut' so und morgen so gestimmt.
Das Publikum ist eine Magd,
die stets ob ihrer Herrschaft klagt.
Das Publikum, das ist ein Knecht,
der, was sein Herr tut, findet recht.
Das Publikum sind alle Leut',
drum ist es dumm und auch gescheut.
Ich hoffe, dies nimmt keiner krumm,
denn einer ist kein Publikum."

Der beleidigte Saphir aber raste vor Wut. Geschickt machte er sich die gerade von Robert und Gubitz gegründete Vereinigung der Berliner Bühnendichter zunutze, um zu behaupten, die in ihr zusammengeschlossenen Dichter hätten ein Komplott gegen die Königliche Hofbühne geschmiedet. Es folgte ein mehrmonatiger Kampf gegen die Vereinigung der Bühnendichter, der über den *Gesellschafter* und die *Schnellpost* ausgetragen wurde. Schließlich gingen die Bühnendichter aus der Kontroverse als Sieger hervor, und der Widersacher, dem in der preußischen Hauptstadt der Boden zu heiß geworden war, wandte sich nach München.

Das bezaubernde Gartenhaus der Mendelssohns erwies sich als nicht winterfest. Jetzt, Ende Dezember, troff das Schwitzwasser von den gefrorenen Scheiben, mehr als 13 Grad waren auch durch ständiges Heizen aller vorhandenen Öfen nicht zu erreichen. Das Häuschen hatte keinen Keller, so daß die Kälte auch aus dem Boden aufstieg, und die im Sommer so angenehme Glasfront des großen Gartens ließ die kalte Winterluft ungehindert passieren. Robert, dessen Kälteempfindlichkeit das nur körperliche Leiden weit überstieg, war außerstande zu schreiben, und mußte doch. Denn er hatte sich Cotta gegenüber verpflichtet, als Korrespondent der *Augsburger Allgemeinen Zeitung* möglichst umfassend aus der preußischen Hauptstadt zu berichten. Während Friederike mit immer neuen Tricks versuchte, die Wärme in der Wohnung zu halten und der oft sturzbachähnlichen Tauwasserflut an den einfachen Fenstern Einhalt zu gebieten, saß Ludwig Robert, mißmutig in Decken gehüllt, an seinem Schreibtisch und schalt über die Federn, die nicht ordentlich zugeschnitten seien. Friederike versuchte nach Kräften, die gereizte Stimmung zu entschärfen, war aber auch selber nicht sehr belastbar. Die weite Entfernung der Leipziger Straße vom Berliner Zentrum machte ein spontanes Ausgehen oder auch nur einen Einkaufsbummel zu einem Ereignis, das geplant werden mußte.

So atmeten beide Roberts auf, als im zeitigen Frühjahr ihre alte Wohnung in der Französischen Straße frei wurde und sie ihr Domizil dorthin verlegen konnten. Friederike konnte sich nicht erinnern, jemals so schnell ihre Sachen gepackt und einen Umzug bewerkstelligt zu haben. Von der Französischen Straße war alles so schnell und zentral zu erreichen, daß Friederike die ersten Tage mehrmals täglich Rahel aufsuchte, nur um ihre neugewonnene Bewegungsfreiheit zu erproben. Robert hatte sich eine böse Erkältung zugezogen, der Umzug war für ihn ein Wagnis gewesen, aber in den besser zu heizenden Räumen der neuen

Wohnung erholte er sich schnell. Eine besondere Überraschung war es, Ludwig Börne als Mieter im selben Haus zu finden. Auch Luwig Börne war erfreut über die Nachbarn, zu denen sich bald ein reger freundschaftlicher Verkehr entwickelte. So teilten sie sich einen Diener und aßen auch öfter zusammen. In seinen *Berliner Briefen* an seine Frankfurter Freundin Jeanette Wohl schreibt er in der ersten Freude ganz begeistert:

„Freitag nachmittag ging ich zu Robert. Es ist wahr, seine Frau ist wunderschön! Ich habe das damals in Karlsruhe gar nicht so bemerkt. Schon 32 Jahre alt, hätte ich sie für eine 24jährige gehalten. Sie ist sehr gut, auch verständig, auch kokett, aber recht lieb dabei. Sie spielt mit ihrer Schönheit, wie ein Kind mit seiner Puppe und erzählt sehr ausführlich, wie sie allen gefalle, und schon Duelle wegen ihr vorgefallen. Sie kramte mir ein ganzes Paket Gedichte aus, unter andern, von Oelsner aus Paris, von Fouqué und – verzweifle Ungetreue! – von Deinem Hans, drei Sonette! O wie ich mich freute! Die müsse ich haben, sagte ich – und auf der Stelle schrieb sie mir die selbst ab. Sie sind nicht gedruckt. Ich schicke sie Ihnen durch Lindenau – erinnern Sie mich nur daran, o süße Rache! Der Robert lebt hier jetzt sehr vergnügt wie ein Hecht im Rhein. Er schreibt viele Stücke fürs Theater, die sehr gefallen!" Der Eindruck, den Friederike auf Börne machte, war tief, denn er ließ eine Frankfurter Bekannte grüßen und ihr ausrichten, daß er zu dem von ihr gewünschten Zeitpunkt nicht geraucht habe, sondern ganz schön hell gebrannt, und zwar angezündet von den unvergleichlichen Augen der Frau Robert.

Noch eine andere Beziehung hatte sich als sehr haltbar erwiesen: Karl von Holtei – inzwischen auf das glücklichste wiederverheiratet mit der jungen Schauspielerin Julie Holzbecher – hatte sich eng an die Bühne in der Königstadt angeschlossen. Er fungierte als Sekretär und Dichter, als Regisseur und, wenn Not am Mann war, auch als Schauspieler. Als sein größtes

Verdienst um die Bühne galt allgemein, daß er Henriette Sontag, die gefeierte Sängerin, zu einem ausgedehnten Gastspiel am Königstädtischen Theater gewinnen konnte. Während die Bevollmächtigten der anderen Bühnen in Leipzig der Ankunft der Künstlerin entgegenfieberten, um ihre Angebote zu unterbreiten, reiste Karl von Holtei der Umworbenen den halben Weg bis nach Prag entgegen, um sie abzufangen und so als erster mit ihr sprechen zu können. Henriette Sontags sehr geschäftstüchtige Mutter, die für ihre schnell berühmt gewordene Tochter die Verhandlungen führte, konnte den gebotenen 7000 Talern für eine Saison nicht widerstehen. Und als Holtei auch noch die jüngere Tochter Nina unter Vertrag nahm, stand dem Gastspiel nichts mehr im Wege. Die in Leipzig versammelte Konkurrenz hatte das Nachsehen und schäumte vor Wut über das Arrangement.

So jung die in Koblenz geborene Henriette Sontag noch war, so bühnenerfahren und berühmt war sie. In Prag und Wien zur Sängerin ausgebildet, wurde sie unter Carl Maria von Webers Anleitung seine erste *Euryanthe*. In Rossinis *Italienerin in Algier* trat sie in der Königstadt zum ersten Male auf, und von dem Moment an befand sich ganz Berlin in einem Sontag-Fieber. Die Blumen und Kränze, die ihr überreicht wurden, waren nicht mehr zu zählen, die Zeitungen druckten ellenlange Gedichte an die „jöttliche Jette" ab. Sogar der König war sehr zum Ärger seiner Frau, der Fürstin Liegnitz, ein geradezu fanatischer Anhänger der jungen Sängerin. Als Friederike Henriette Sontag zum ersten Mal hörte – diesmal schon in der Hofoper –, wunderte sie sich zuerst ein wenig über den großen Erfolg. Denn die Stimme schien ihr weder sehr kräftig noch sehr voll, aber vor allem in den mittleren Lagen war sie von verführerischem Schmelz, jeder Ton erschien ihr perlenklar und silberhell. Wie viele andere Künstler, schaute auch die „jöttliche Jette" nach der Vorstellung noch auf einen Sprung bei Varnhagens herein, und so lernten sich die beiden kennen. Dabei stellte sich heraus, daß die „jöttliche Jette" und die „schöne Friederike" zwei Leidenschaften hatten, die sie sofort miteinander verbanden: die für Hüte und für Schirme jeder Art.

Fortan sah man die beiden in ganz Berlin am meisten bewunderten Frauen oft zusammen ausgehen. Wenn sie sich bei Herrn A. H. Frisch an der Schloßfreiheit Nr. 4 einen neuen Sonnenschirm zeigen ließen, sehr preiswert für 4¾ Taler, sehr elegant und nach der neuesten Mode, erregten sie Aufsehen. Im gleichen Hause beehrten sie Herrn Tondeur, der es sich nicht nehmen ließ, seiner prominenten Kundschaft die jetzt so beliebten Blondentücher – Direktimport aus Paris – gleich dutzendweise in allen Größen zu zeigen und den Damen beim Kauf dieses wesentlichen Stückes weiterer Verschönerung ihres schönen Äußeren mannhaft zur Seite zu stehen.

Als Henriette Sontag zu einer Tournee nach Paris aufbrach, widmete ihr allein Holtei sechs Gedichte, ein Gerücht, das Friederike sehr ärgerte und ihr auch einen schmerzhaften Stich versetzte. Bald darauf ernannte der König Henriette Sontag zur Kammersängerin und setzte ein geradezu astronomisches Honorar für sie fest, falls sie sich entschließen könne, ständig an der Berliner Oper zu bleiben. Aber sie hatte vorher noch langfristige Gastspielverpflichtungen zu erfüllen, und dann kehrte sie der Bühne endgültig den Rücken, zum Kummer ihrer Verehrer und des ganzen musikalischen Berlin; die Familie ihres Bräutigams, des sardischen Grafen Rossi, wollte keine Sängerin in der Familie, und sei sie noch so berühmt.

Friederikes im großen Saal der Berliner Akademie ausgestelltes Porträt von Eduard Magnus und die hübsche Zeichnung von Wilhelm Hensel, verbunden mit ihren gesellschaftlichen Erfolgen, hatten der „schönen Schwäbin" einen ungeheuren Bekanntheitsgrad verschafft. Er erhöhte sich noch, als sie jetzt so häufig an der Seite Henriette Sontags aufgetreten war: Wo Friederike auftauchte, erkannte man sie und betrachtete sie mit Wohlgefallen. Während aber Ludwig Robert seine derzeitigen Erfolge genoß, litt Friederike unter dieser Popularität, der sie auch auf den Straßen nicht mehr entgehen konnte. Manchmal ertappte sie sich dabei, Besuche oder Besorgungen einfach in die Zeiten zu legen, in denen weniger Menschen auf den Straßen waren. Als sie mit Ludwig Robert darüber sprach, lachte der sie aus: „Aber da siehst du es einmal wieder: wie man es hat, macht es einem keinen Spaß. Wie würdest du dich ärgern, wenn niemand von dir Notiz nähme. Wie würde ich mich ärgern, wenn meine Possen durchfielen, und doch – ich kann es nicht leugnen – wäre es mir lieber, ich hätte meine Erfolge ernsthafteren Stücken zu verdanken."

Friederike hatte Selbstbewußtsein erlangt und war nicht mehr so einfach zu führen und zu leiten wie noch bei ihrem ersten Berliner Aufenthalt. Damals war sie die Frau gewesen, die ihr Mann aus nicht einsehbaren Gründen geheiratet hatte und die ihn neben sich brauchte, um in der Gesellschaft bestehen zu können. Jetzt war sie es, die ihm Kraft gab, die vielen unangenehmen Alltäglichkeiten von ihm fernhielt, die seiner zunehmenden Bitterkeit die verletzende Schärfe nahm. Das mußte auch Rahel bemerken, die Friederike oft nicht verstehen konnte, wenn sie ganz harmlos heiter über Dinge hinwegging, die Rahel sehr ernst nahm. Friederikes leichtfertiger Umgang mit Geld war so ein Punkt, viel lieber steckte die Schwägerin Geld in ein schönes Kleid, als daß sie etwas Notwendiges für den Haushalt anschaffte. Und Ludwig Robert war stets auf Seiten seiner Frau, händigte ihr das Geld aus, freute sich an ihrem Anblick und weinte dem Geld keine Träne nach. Besonders konnte sich Rahel ärgern, wenn Friederike Einladungen nicht einhielt und sie, die Genaue, Pünktliche, dann mit einem besonders liebevoll zubereiteten Essen warten mußte und sich nicht selten auch noch Sorgen machte. Aber diese Zwistigkeiten dauerten nie lange, denn Friederike konnte einfach nicht lange böse sein, und auch Rahel war schnell zur Versöhnung bereit. Und besonders bei Friederike, hielt sie ihr doch auch viel im Umgang mit ihrem schwierigen Bruder zugute. So versuchte sie, als sie Friederikes Unlust, einen Haushalt zu führen, erkannt hatte, durch häufige Einladungen zum Essen oder auch durch das Schicken fertiger Speisen ein wenig auszuhelfen.

Friederike jammerte manchmal, sie habe niemals, mit Ausnahme ihrer Kindheit, länger als zwei Jahre lang am gleichen Ort geweilt. Meistens in fremden Möbeln und auf Zeit hatte sie sich einrichten müssen, ihr hatte das niemals etwas ausgemacht; aber manchmal glaubte sie jetzt, Louis würde eine feste Häuslichkeit mehr Halt geben. Wie immer nach einer längeren Zeit in der Großstadt, meldete sich auch das Heimweh nach Baden wieder. In dieser Zeit schrieb sie an ihren jüngsten Bruder Gottlob, der bald bei Robert und ihr in Berlin seine Studien fortsetzen sollte: *„Dies alles aber läßt uns nicht unsere himmlischen Badener Berge und Täler vergessen... Hier empfangen mich erleuchtete Säle, dort zwitschern die Vögel im grünen Lauf der Bäume im Glanz der Morgensonne, im Mondenschein ihr liebes Willkommen zu, die Sonne selbst, wenn sie scheidet, wirft einen brennenden Kuß auf mein Fenster in der ländlichen Wohnung im Badener Tal und das Bächlein vor meinem Fenster singt mein Schlaflied, jeder Tag hat dort ein Sonntagskleidchen an, beim Erwachen liegt ein seidener Flor, ein Nebelstreif über der Landschaft; er verschwindet, und mit Brillanten geschmückt ist das erfrischende Grün. Dann kommen einige Wölkchen zum Vorschein und dämpfen das zu grelle Licht der Sonne und beschatten bald hier, bald da ein romantisches Fleckchen. Jeder Augenblick bringt neuen Zauber und neuen Reiz, in daß die Häuser hier mir gegenüber mit ihren geschlossenen Fenstern und Aushängeschildern auch keinen Moment des Tages sich verändern – doch das ist eine alte Geschichte und tausendmal aufgewärmt und erzählt, und eine Residenz ist eine Residenz, und wenn Du's nicht glaubst, so*

*– Du weißt, was der Bauer sagte –: so schlag' i Dir eins
na!"*

Heinrich Heines Ankunft in Berlin zögerte sich
hinaus, aber Friederike ließ sich über seine Abwesenheit mit einem Gedicht trösten, er hatte es fast genau
auf das Datum ihres Geburtstages geschickt:

*„Ich lieb eine Blume, doch weiß ich nicht welche;
Das macht mir Schmerz.
Ich schau in alle Blumenkelche,
Und such ein Herz.*

*Es duften die Blumen im Abendscheine,
Die Nachtigall schlägt.
Ich such ein Herz so schön wie das meine,
So schön bewegt.*

*Die Nachtigall schlägt, und ich verstehe
Den süßen Gesang;
Uns beiden ist so bang und wehe,
So weh und bang."*

Lachend zeigte sie Ludwig Robert das Gedicht und
drückte es an sich. Er überreichte ihr ein wunderbares
Blumenbukett und bat um Gnade, weil so ein in Ehren
ergrauter Ehemann bei Gedichten nicht mehr das zu
leisten vermöchte, was so ein junger, unverheirateter
Dichter, von keiner Pflicht in Anspruch genommen,
sich leicht herausnehmen könne. Dafür habe er ihr
aber auch noch etwas Besonderes auf den Geburtstag-
tisch zu legen: Vom Hoftheater sei er mit Wissen des
Königs beauftragt worden, den *Prinzen von Hom-
burg*, Heinrich von Kleists bisher in Berlin nicht
gespieltes Stück, zu bearbeiten und dann aufführen zu
lassen. Diese von Robert als reizvoll angesehene Aufgabe erwies sich als außerordentlich schwierig und
konnte von ihm nur mit vielen Mühen zu Ende geführt
werden. Immer wieder verlangte der Hof die Strei-
chung neuer Textpassagen und eine Umarbeitung, die
schon fast einer Neuschrift gleichkam. Wo Robert
versuchte, durch behutsame Veränderungen die Struk-

tur und den Charakter des Werkes zu erhalten, griff
bestimmt bei der nächsten Textdurchsicht einer der
Herren vom Hof ein und verlangte Änderungen. Als
endlich das Werk aufgeführt werden konnte, war es
fast nicht wiederzuerkennen, aber nicht durch Roberts
Schuld, und selbst diejenigen, die sich die Aufführung
so sehr gewünscht hatten, konnten jetzt damit nichts
anfangen. Es bleibt aber Ludwig Roberts Verdienst,
dies Werk Kleists damals der Vergessenheit entrissen
zu haben.

Außerdem hatte er – wohl als einer der ersten Theaterdichter überhaupt – einen Tantiemenvertrag mit
dem Königstädter Theater abgeschlossen und dabei
genaue Regeln für die Honorierung der Dichter aufge-
stellt. Friederike half ihm dabei, diese Regeln auch für
andere Dichter abzuschreiben.

Felix Mendelssohn hatte damit begonnen, an einem
Abend in der Woche mit einem kleinen, gutgeübten
Chor seltene Musik einzustudieren. Bald brachte er
diesem Chor Teile der von ihm im Notenarchiv der
Berliner Singakademie wiederentdeckten *Matthäuspassion* von Johann Sebastian Bach zum Singen mit.
Die Wirkung, die diese Musik bei den Sängern hervorrief, war ungeheuer. Eduard Devrient, Freund der
Familie Mendelssohn und später der erste Sänger des
Jesus, schreibt dazu: *„... daß das Absingen des Evan-
geliums von verschiedenen Personen den Kern des
Werkes abgab, frappierte uns ungemein, es war ja
vergessen, wie alt dieser kirchliche Gebrauch war. Die
dramatische Behandlung, welche dadurch entstand, die
erschütternde Gewalt der einschlagenden Chöre, vor
allem die wunderbare Deklamation der Partie des
Jesus, die mir eine neue ehrwürdige Bibelsprache war –
dies alles weckte mit jeder Übung wachsendes Staunen
und Verwundern über die Größe dieses Werkes.“*

Aber Eduard Devrient war sich wie alle Sänger der
Singakademie bewußt, welche Schwierigkeiten es
machen würde, das Werk in Berlin nach hundertjähri-
ger Vergessenheit wieder aufzuführen. Felix Mendels-

sohn selber wäre das Wagnis gerne eingegangen. Wie aber würde das Publikum reagieren, dem man einen ganzen Abend lang nichts als Johann Sebastian Bach vorsetzen würde, dessen Musik immer wieder nur als unmelodisch, berechnend, trocken und unverständlich hingestellt worden war? Mit Bedacht machten sich Felix Mendelssohn und Eduard Devrient daran, die *Matthäuspassion* einzustudieren. Nachdem Zelters Widerstand gebrochen war, stand der Aufführung nichts mehr im Wege. Nicht oft genug konnten sich die beiden Freunde Zelters Worte wiederholen, die er ihnen ärgerlich auf ihre Bitte, die *Matthäuspassion* mit der Singakademie auch noch im Saal der Singakademie aufführen zu dürfen, entgegengeschleudert hatte: „Das soll man nun geduldig anhören! Haben sich's ganz andere Leute müssen vergehen lassen, diese Arbeit zu unternehmen, und da kommt nun so ein Paar Rotznasen daher, denen alles das ein Kinderspiel ist!" Friederike und Ludwig Robert nahmen regen Anteil an diesem musikalischen Ereignis und versuchten, schon bei den Proben so oft wie möglich dabei zu sein.

Endlich hatte auch Heinrich Heine sein Versprechen wahr gemacht und war in Berlin eingetroffen. Friederike konnte es kaum erwarten, den Freund zu sehen, und ihm ging es ähnlich. Schon einen Tag, nachdem er sein Quartier im Hotel „Stadt Rom" bezogen hatte, stand er bei Roberts in der Tür. Jubelnd fiel ihm Friederike um den Hals. Fünf Jahre hatten sie sich nicht gesehen, es war unglaublich, wie schnell die Zeit verging. Aber schon nach wenigen Augenblicken hatten sie sich so viel zu erzählen, daß es ihnen vorkam, als wären sie nie getrennt gewesen. Heine bemühte sich in Berlin um eine Anstellung als Privatdozent. Ein Vorhaben, das nach immer neuen Verhandlungen schließlich abgelehnt wurde.

Das gesellschaftliche und kulturelle Ereignis dieses Frühjahrs aber war die Wiederaufführung der *Matthäuspassion* am 11. März 1829 im großen Saal der Berliner Singakademie. Schon lange vorher hatte es keine Karten mehr gegeben. Selbst Rahel, die kaum noch ausging, hatte es sich nicht nehmen lassen zu kommen. Varnhagen, Roberts und Heine saßen in ihrer Nähe. Neben den aus vierhundert Sängern bestehenden Chören der Singakademie hatten berühmte Sänger die Solopartien übernommen. Eduard Devrient sang den Jesus, seine junge Frau Therese saß mit Herzklopfen im Publikum, beruhigt konnte sie später in ihren Erinnerungen schreiben: *„Die Partie des Jesus habe ich später von den ausgezeichneten Sängern vortrefflich mit wärmster Hingebung getragen gehört, bei Eduard aber war es anders. Es klang nicht, als ob er vorgeschriebene Noten sänge, es klang wie eine Offenbarung, eine Eingebung, die frommen Worte in Tönen ausgesprochen. So ernst, so erhaben und doch so unendlich rührend, daß man in aller Augen Tränen sah."* Die Aufführung geriet zu einem großen Erfolg, lange saß das Publikum schweigend, als könne es sich nicht zum Beifall entschließen, der dann schließlich doch losbrandete. Auch eine eilig angesetzte zweite Aufführung, diesmal allerdings nicht mehr von dem nach England abgereisten Felix Mendelssohn, sondern vom greisen Zelter dirigiert, war ebenfalls ausverkauft. Die *Matthäuspassion* war nach so langer Zeit dem Vergessen entrissen, bald folgten Aufführungen auch in anderen Städten Deutschlands.

Heinrich Heine, dem die Berliner Luft noch mehr Kopfschmerzen bereitete als die Hamburger, war nach Potsdam hinausgezogen; seine schwankenden Launen hatten selbst seine Freundschaft zu Rahel Varnhagen ins Wanken gebracht, aber ein Rosenstrauß, an ihr Krankenbett gesandt, räumte das Mißverständnis aus dem Wege. Auch für Friederike hatte ihr alter Verehrer noch ein Geburtstagsbriefchen übrig, allerdings war ihm der Weg vom abseits gelegenen Potsdam ein wenig zu weit. *„Ma chère Madame Robert"* , so schrieb er, *„Das Wetter ist sehr schlecht, ich habe diese Nacht so wenig geschlafen, oder – besser gesagt – so viel gewacht, mein Kopf ist davon so wüst, fast so wüst wie*

mein Herz, und ich will daher nicht persönlich meinen
Glückwunsch nach Berlin bringen. Ich wünsche Ihnen
viel Glück, möge Ihnen der liebe Gott (oder der Gott
der Liebe) noch lange Ihre Schönheit erhalten, mögen
Sie nur von Leuten geliebt werden, die Ihnen fatal
sind, mögen Sie selbst niemals diejenigen lieben, die
Ihnen nicht ganz gefallen, und mögen Sie füglich Gele-
genheit und Appetit haben, schöne Kuchen zu essen.
Schreiben Sie mir bald und erheitern Sie einen Men-
schen, den ein toller Gram verzehrt. Ich bin halb Ihr
ganz ergebener Heinrich Heine."

Eine große Freude war es für Friederike, als ihr
Bruder Gottlob nach Berlin kam. Robert und sie
hatten ihm lange zureden müssen, aber jetzt war er da,
und seiner Ausbildung zum Apotheker würde es
sicherlich zugute kommen. Die ersten Tage konnte
Gottlob überhaupt nirgends ohne Friederike hinge-
hen, überallhin begleitete sie ihn. Gefiel es ihm noch
ganz gut, zu Rahel Varnhagen und zu Mendelssohns
mitgenommen zu werden, so hätte er manchen Gang
in die Stadt lieber alleine unternommen. Robert entging die Hilflosigkeit des jungen Mannes nicht, der es
auf der einen Seite seiner Schwester recht machen, auf
der anderen Seite aber auch seine eigenen Kräfte ausprobieren wollte. Eines Tages protestierte er und
meinte, der junge Mann könne sehr wohl für sich
alleine die Stadt entdecken. Beleidigt wollte Friederike
sich zurückziehen, doch Robert nahm sie beim Arm:
„Rieke, wie oft hast du dich nicht über Rahel beschwert, daß sie mich nichts allein entscheiden ließe,
und jetzt erkenne ich mich in dem armen Gottlob
wieder. Er ist von Karlsruhe bis hierher gekommen,
ohne dich, glaub' mir, laß' ihn doch seine Erfahrungen
selber machen!" Fortan bemühte sich Friederike, ihren
Bruder mehr sich selbst zu überlassen, und sie ließ sich
von ihm über die Fortschritte bei seinem Studium
berichten. Sie schluckte sogar einige Bemerkungen
hinunter, als er ihr strahlend erzählte, er habe jetzt
auch Tanzunterricht genommen, und Englisch lerne er

auch. Und Friederike mußte schließlich zugeben, daß Gottlob ein hübscher, wohlerzogener junger Mann sei, den man sehr gut in der preußischen Hauptstadt allein umherlaufen lassen könne.

Rahel war es wegen ihrer angegriffenen Gesundheit kaum noch möglich, Ausfahrten zu machen; nur noch ganz selten fuhren sie hinaus nach Schöneberg oder nach Charlottenburg. Aber auch die vielen Menschen, die sie zu Hause besuchten, waren an manchen Tagen fast eine Zumutung für sie. Friederike bekam dies manchmal zu spüren, wenn sie – nur einer Eingebung folgend – zu jeder Tageszeit einfach bei Varnhagens in der Tür stand. Früher hätte das Rahel nicht soviel ausgemacht, aber jetzt brachte sie Friederike durch ihre heftigen Reaktionen nicht selten zu Tränen. Ludwig Robert weigerte sich hier, als Vermittler tätig zu werden, er hatte mit seinen eigenen Verabredungen genug zu tun, die anderen sollten ihre selber regeln. Aber er verstand, daß Rahel unter der Rücksichtslosigkeit ihrer Besucher zu leiden hatte, und so tadelte sie sie an einem Familienmitglied, – da konnte der Tadel am wenigsten Schaden anrichten.

An den Abenden aber war das gebildete Berlin wie immer gern gesehen bei Varnhagens. Wie eh und je verstand es Rahel, mit leichter Hand Spannungen auszugleichen und interessante Gespräche in Gang zu bringen. Indessen hatte sich das Klima auch hier geändert. Weniger bei Rahel und Varnhagen, aber bei Ludwig Robert, der in der letzten Zeit eine merkwürdige Wandlung vom durchaus liberalen, progressiven Literaten zum konservativen Monarchisten durchgemacht hatte. Er, der früher dem Adel nicht gut gesonnen war, erhob heute seine Stimme eher für ihn. Er fühlte sich alt und verbraucht, nicht nur Friederike bemerkte besorgt, wie sehr sich alte Freunde von ihm zurückzogen. Eine tiefe Kluft hatte sich zwischen Ludwig Börne und ihm aufgetan. Ärgerlich nannte Börne den früher doch durchaus geschätzten Schriftsteller „einen ausgebrannten Krater, der nie gebrannt habe". Zu einer tiefgehenden, ernsten Entzweiung war es auch mit Tieck gekommen, die einstigen Freunde hatten sich nichts mehr zu sagen.

Auch Friederike fühlte sich einsam, jetzt nachdem Wilhelm Hensel aus Rom zurück war und seiner Heirat mit Fanny Mendelssohn nichts mehr im Wege stand. Henriette Sontag hatte Berlin verlassen, Karoline Bauer war nach England gegangen. Auch Heine hatte sich wieder nach Hamburg begeben, der Zauber der Freundschaften von ehedem war dahin, Heines Briefe wurden immer seltener. In Karlsruhe hatte Gottlieb endlich das erwünschte Haus in der Schloßstraße kaufen können, längst war er mit seinem Verlag umgezogen, er hatte sich verlobt. Luise Knittel hieß die Auserwählte, sie sei die Tochter des Stadtdekans und Kirchenrats Gottlieb Knittel, hatte der Bruder geschrieben, und sie freue sich sehr darauf, die Schwester kennenzulernen. Friederike ertappte sich bei dem Gedanken, daß ihr die Heirat ihrers Bruders gar nicht so recht war, jetzt gab es eine andere Frau in seinem Leben, sie mußte doch ein wenig schlucken.

Kapitel 19

Ausklang in Baden-Baden

Mit aller Macht zog es Friederike heim nach Baden, aber manchmal betrachtete sie ihren Mann mit Sorge. Durfte man ihm die weite Fahrt überhaupt zumuten? Die Ereignisse in Paris im Revolutionsjahr 1830 hatten ihn in eine nervöse Erregung versetzt, selbst Friederike stand dieser Reaktion machtlos gegenüber. Nicht einmal ihre ausgleichende Art konnte hier viel ausrichten. In einem politischen Epigramm machte er sich Luft:

> *„Freiheit kann nur im Gesetz,*
> *Gleichheit sein nur in der Wiege;*
> *Sonst ist Freiheit Wahngeschwätz,*
> *Gleichheit Lüge."*

Mit solchen Meinungen sah er sich mehr und mehr alleingelassen von den Weggefährten seiner jungen Jahre. Selbst Varnhagen, in der Haltung liberal und gewohnt, auch die Meinung anderer gelten zu lassen, schwieg oft nur Rahel zuliebe, der Gedankenaustausch mit der Schwester mußte jetzt immer öfter die früher von Robert so sehr gesuchte Öffentlichkeit ersetzen.

Friederike sah besorgt diese Veränderungen im Wesen ihres Mannes. Instinktiv fühlte sie, daß ein Ortswechsel ihm helfen könnte, aber es schien, als fehlten ihm auch hierzu die Antriebskräfte. Auf ihre Bitte lächelte er nur, küßte ihr die Hände und murmelte: „Später, Rieke, ja später fahren wir gewiß." Da trat ein Ereignis ein, das halb Europa in Hysterie und Panik versetzte: Die Nachricht von einer neuerlichen Cholerawelle, die langsam auf Preußen zuzog. Die wenig entwickelte Gesundheitspflege im Biedermeier war kaum geeignet, eine schnelle Verbreitung der Krankheit zu verhindern. Schon als erste Nachrichten von Krankheitsfällen in Petersburg und der dort in der

Bevölkerung ausgebrochenen Panik Berlin erreichten, suchte jeder, der es sich leisten konnte, an einen sicheren Ort zu entkommen. Für Friederike gab es auf der Welt nur einen sicheren Ort, und das war Baden-Baden. Dorthin mußten sie gelangen, denn trotz der preußischen Gesetze über die Sperre und Quarantäne, trotz eines abschirmenden Militärkordons kam die Cholera immer näher an Berlin heran.

Als die ersten Erkrankungen auf preußischem Gebiet gemeldet wurden, verstärkten die Behörden ihre Absperrungsmaßnahmen. Vor allem meinten sie höheren Ortes, es sei nötig, dem Volk eine gehörige Angst vor der Cholera einzujagen, um damit eine möglichst umfassende Einhaltung der Anordnungen durchzusetzen. Dadurch nahm aber die Cholerafurcht so überhand, daß sie bald in eine mittelalterliche Pogromstimmung auszuarten drohte. So berichtete Rahel Varnhagen, unter den Dienstboten hielte sich hartnäckig das Gerücht, die Juden hätten die Brunnen vergiftet und damit die Epidemie ausgelöst. Uralte Ängste und Vorurteile, die man längst begraben dachte, kamen so wieder zum Vorschein und ließen die Menschen erschrecken, die etwas weiter nachdachten. Rahel wollte allerdings von einer Abreise aus Berlin nichts wissen und sie versuchte, auch Bruder und Schwägerin davon abzuhalten. Aber Friederike drängte fort. Sie brachte die schriftlichen Unterlagen und Bücher zu Varnhagens, hier waren sie bis zu ihrer Rückkehr sicher aufgehoben. Gottlob wollte in Berlin bleiben, Rahel und Varnhagen versprachen, sich seiner anzunehmen.

Die Vorbereitungen der Reise lasteten fast allein auf Friederike, denn Ludwig Robert wurde ganz von einem Streit über seine Rezension einer Gedichtsammlung des Dichters Platen in Anspruch genommen, eine Angelegenheit, die ihn lange beschäftigte und die ihm auch die Schreiblust raubte. Dabei war ihm die ehrenvolle Aufgabe übertragen worden, für die Geburtstagsfeier des preußischen Königs eine Festrede zu verfassen, die in beiden Hoftheatern, in Berlin und in Charlottenburg gehalten werden sollte.

Wie immer in Zeiten der Bedrängnis, sorgte Rahel so rührend für Bruder und Schwägerin, daß Friederike die Tränen kamen. Noch am Tag vor der Abreise schrieb sie an Friederike: *„Sie erhalten heute noch von mir lederne Decken. Ich muß also wissen, liebe Rieke, ob Sie Platz dazu haben: ich denke. Jeder setzt sich auf eine Zusammengelegte. Ein Schatz. Sie bekommen Eau de Cologne und Bisquit, und morgen früh, Punkt neun Uhr, Backfische. Ein Schatz zum Frühstück im Wagen und zum Tee des Abends. Sie bekommen Bouillon, zu jedem Reisetag zwei Tassen. Dafür – hab' ich mich besonnen – leide ich absolut nicht, daß eine Nacht durchgereist wird. Keine Sorte fatigue will ich: Kein albernes Ersparnis von Geld oder Zeit. Es sind jetzt nur feuchte Nebelnächte und Sie und Robert müssen ruhen des Nachts, absolut. Rahel."*

Die Reise verlief ruhig und ohne Zwischenfälle. In Karlsruhe angekommen, verbrachten sie einige Tage bei Gottlieb im neuen Haus in der Schloßstraße. Hier sah Friederike auch ihre Schwägerin zum ersten Male. Gottlieb machte einen zufriedenen Eindruck, und Robert nahm ihn beim Arm und flachste etwas von „Ehemännern unter sich". Friederike hakte die Schwägerin unter, und während sie ins Haus gingen, musterte Gottlieb verstohlen den Schwager. Friederike war ihm unverändert erschienen, ein wenig müde von der Reise, aber sonst die alte, vergnügte Rieke. Aber in den Zügen Ludwig Roberts spiegelte sich jetzt Resignation und Menschenüberdruß, nicht mehr die alte Spottlust, die Gottlieb einst so für ihn eingenommen hatte. In diesem Augenblick sah Friederike den Bruder an, ihre Augen trafen sich, sie nickte unmerklich, ließ den Arm der Schwägerin los und lief zu Ludwig Robert und ergriff seine Hand. „Ich habe euch in Baden-Baden Zimmer im alten Konversationshaus bestellt – Ihr könnt sie jederzeit beziehen, aber wir würden uns auch freuen, wenn ihr noch ein wenig bei uns bleibt!" Friederike atmete auf, diese Schwägerin in ihrer ruhigen, bedächtigen Art gefiel ihr, und Gottlieb schien das zu bemerken. Wie früher neckte er sie: „Ach, Rickele verreist so gerne, der macht es nichts aus, täglich zwischen Baden-Baden und Karlsruhe zu pendeln ...!"

Aber bereits am nächsten Tag versetzte eine Nachricht im *Schwäbischen Merkur* Ludwig Robert in höchste Erregung. Der Berliner Korrespondent der Zeitung meldete: *„Unser Dichter Ludwig Robert ist dieser Tage plötzlich von hier abgereist. Ein paar Stunden nach seiner Abreise soll ein Verhaftungsbefehl gegen ihn erschienen sein, da man nunmehr ausgemittelt haben will, daß er der Verfasser der im Pariser* Messager des Chambres *von Zeit zu Zeit erscheinenden, gegen Preußen gerichteten Briefe sei. Bestätigt sich dieses, so ist es ein seltsames Zusammentreffen, da bei der vorgestrigen Geburtstagsfeier in beiden Königlichen Theatern eine von ihm verfaßte Festrede gehalten wurde!"* Robert war außer sich, empört schrieb er an den *Schwäbischen Merkur* und an Rahel. Aber auch Varnhagen hatte den Bericht bereits gelesen und von sich aus in der *Preußischen Staatszeitung* eine Richtigstellung veranlaßt. Dort erklärte er die Abreise für „nicht eben plötzlicher und schleuniger, als dieses bei mehrtägigen unverhohlenen Anstalten zur Ausführung eines seit Jahr und Tag angekündigten und nur immer wieder verschobenen Vorhabens der Fall sein kann."

Der Zeitungsbericht und die darauf folgenden Briefe und Anfragen hatten Ludwig Robert so mitgenommen, daß auch Friederike ihre Ruhe und Gelassenheit verlor. Mit verweinten Augen ging sie durchs Haus. Von Varnhagen und Rahel war ein sehr vernünftiger Brief gekommen, daß alle Aufregung jetzt nichts nütze, und besonders Friederike solle Ruhe bewahren. Aber die glaubte nicht daran, dachte an öffentliche Widerrufe. Bis Gottlieb die Widerstrebende abpaßte und in sein Büro mitnahm. Hier setzte er sie auf den

Stuhl seinem Schreibtisch gegenüber. Über dem Schreibtisch hing ein Porträt von ihm, ernst und nachdenklich sah er Friederike an. Plötzlich lächelte er, ging zu dem altvertrauten Schränkchen, holte zwei Gläser und eine Portweinflasche heraus: „Das hat dir doch immer gut getan." Sie wehrte ab, aber er schob ihr ein gefülltes Glas hin: „Rieke, du mußt Louis aus seiner Lethargie reißen, er wird krank werden, körperlich krank. Die Affäre war keine, auch wenn er es behauptet, und du läßt dich anstecken. Rahel hat recht, haltet still, Varnhagen hat Louis so brillant verteidigt; wenn er es nicht immer wieder brühwarm jedem schreiben würde, dann könnte die Sache längst ein Ende haben und ihr gemütlich in Baden-Baden sitzen!" Überrascht sah ihn Rieke an: „Das schreibt Rahel auch, und Varnhagen ist außer sich, wie sich Louis aufführt!" Gottlieb zuckte die Achseln: „So ist er nun einmal, dein Louis. Kommt, ihr fahrt nach Baden-Baden, ich geb' dir unsere Schwester Luise mit, sie führt dir den Haushalt, und du kümmerst dich nur um deinen Mann. Der soll schreiben, und ich mach' ein Buch draus! Das wird ihn wieder auf die Beine bringen!" Sie fühlte sich verstanden und getröstet: „So hat es deine Luise wohl auch mit dir gemacht?" Ernst sah er sie an: „Ja, Rickele, ohne die Luise sähe es wohl anders aus bei mir!" Sie leerte ihr Glas, dann strafften sich ihre Schultern. „Na also", Gottlieb prostete ihr zu, „jetzt gefällst du mir schon besser, wirst sehen, in einem Jahr denkt keiner mehr daran!"

Am nächsten Morgen reisten sie weiter nach Baden-Baden, ihre Schwester Luise begleitete sie. Luise freute sich auf das Zusammensein mit Schwester und Schwager, die sie jetzt so lange nicht gesehen hatte. Nach dem Tode der Mutter hatte sie erst Gottlieb den Haushalt geführt, aber jetzt ging sie auch gerne einmal mit nach Baden-Baden. Dort stellten sie fest, daß auch der Bühnendichter Raupach, der ebenfalls vor der Cholera aus Berlin geflohen war, im alten Konversationshaus Quartier genommen hatte.

Gleich nach seiner Ankunft drängte es Ludwig Robert, Johann Friedrich Cotta über die Umstände seiner Abreise aus Berlin zu unterrichten. Er fühlte sich leer und ausgebrannt und nicht in der Lage, etwas zu schreiben. Auf langen Spaziergängen mit Friederike am vertrauten Weg der Oos entlang und durch den Wald redete er sich seine Verbitterung von der Seele. Friederike richtete die Zimmer im Konversationshaus mit Luises Hilfe behaglich ein und konnte nun an den in Berlin zurückgebliebenen Bruder Gottlob schreiben: *„Eingerichtet sind wir nun ganz schön und behaglich, haben den Blick nach dem Stephanie-Schlößchen, Lichtenthal und Spielsaal. Über uns wohnt Raupach und ißt mit uns als Kostgänger."*

Nach den Enttäuschungen der letzten Jahre hatte sich Ludwig Robert verstärkt dem christlichen Glauben zugewandt. Hier in Baden-Baden, wo es noch keine evangelische Gemeinde gab, gehörte er zusammen mit Friederike und seiner Schwägerin Luise zu den Gründern der ersten evangelischen Gemeinde der Stadt. Hier hoffte er den Halt zu finden, den ihm eine sich rasch verändernde Welt nicht bieten konnte. Allmählich gelang es Friederike, ihren Mann wieder zum Besuch von Veranstaltungen und Konzerten zu bringen.

Im Frühjahr hatte sie ein neues Quartier im Hause des Hafnermeisters Felix Wölfle in der Rettigstraße gefunden und schon wenige Tage später bezogen. Rahel und Varnhagen hatten ihren Besuch für den Sommer angekündigt, schon jetzt sollte Ludwig Robert ihnen Zimmer besorgen. Friederike war glücklich, Ludwig Robert nahm wieder am Leben teil. Heine, jetzt in Paris, hatte ihnen den jungen französischen Schriftsteller Marquis de la Grange geschickt, einen sehr interessierten Dichter, der sich besonders für deutsche Literatur in Frankreich stark machen wollte. Diesem jungen Mann gelang, was sonst noch keinem gelungen war: Roberts Apathie zu durchbrechen. Friederike war jetzt eine Last von der Seele genommen, der bevorstehende Sommer mit seinen Abwechslungen würde ein übriges tun und Louis sicher auch die Lust zum Schreiben wiedergeben.

Der Tod Goethes im März des Jahres 1832 bewegte Robert tief. Für das großherzogliche Hoftheater in Karlsruhe verfaßte er auf Bitten Friederikes – eigentlich noch mehr auf das energische Zureden Gottlieb Brauns – eine Rede mit Chorgesang, die dann am 13. Mai aufgeführt wurde. Auch Cotta, der sich ernsthafte Sorgen um den von ihm sehr geschätzten Mitarbeiter machte, bat ihn um einen ehrenden Nachruf für Goethe im *Morgenblatt*. Aber hierzu fehlte Robert die Kraft, er begnügte sich schließlich mit der Einsendung der Karlsruher Rede, die nun Cotta abdruckte.

Friederike und Ludwig Robert waren nach Karlsruhe gekommen, um der Goethe-Ehrung beizuwohnen. Beim Anblick des Schwagers konnte Gottlieb Braun sein Erschrecken kaum verbergen. Und so sehr er sich auch zusammennahm, er wußte, daß Friederike es bemerkt hatte. War das der streitbare Literat, der furchtlos jahrelang gekämpft hatte, bis er Friederike endlich heiraten konnte? Friederike lächelte ihrem Bruder zu: „Wenn jetzt der Sommer kommt in Baden-Baden, dann wird alles gut. Varnhagens kommen, und vielleicht auch Mendelssohns, und du wirst sehen, im Sommer ist viel gewonnen!" Er nickte ihr zu.

Aber der Sommer hatte noch kaum begonnen, da wurde Ludwig Robert krank, ernsthaft krank. Heftige Fieberanfälle schüttelten ihn, es gab Tage, an denen er keine Nahrung zu sich nehmen wollte. Friederike wich nicht von seinem Bett, hätte es auch nicht gekonnt, denn sobald er sie nicht an seiner Seite spürte, wurde der Kranke unruhig, suchend tasteten seine Hände über die Bettdecke, bis er endlich ihre Hand wieder in der seinen hielt. Obwohl Luise ihr half, kam Friederike kaum zur Besinnung, sie mußte auch den Briefwechsel mit Varnhagens in Berlin aufrechterhalten. Auch Rahel war krank, sterbenskrank, sie durfte von der lebensgefährlichen Erkrankung ihres Lieblingsbruders nichts erfahren.

In einem Brief an ihre Schwester Mina schrieb sich Friederike ihren Kummer vom Herzen: *„Seit vierzehn Tagen ist mein guter Mann auf den Tod krank. Dr. Guggert kommt fast nicht von seinem Bett. Ich habe den Hofrat Teufel per Estafette kommen lassen, was meinen lieben Kranken sehr beruhigte. Wenn du wüßtest, wieviele Tränen ich seit der Zeit vergossen habe! Auch hatte ich zwei Ohnmachten an einem Nachmittag. Jetzt geht es mir etwas besser, obgleich ich keine Nacht schlafe. Mit Robert geht es sehr langsam, aber ich hoffe doch wieder, und der Allmächtige wird meine Hoffnung, mein ganzes Vertrauen, das ich auf seine Hilfe setze, nicht zu Schanden werden lassen. Bete auch du und dein lieber Mann für die Erhaltung des mir teuersten Lebens – ich habe nur den einen Gedanken, den einen Seufzer. Gott, Allbarmherziger, erhöre mein Flehen für sein Leben! – Ich kann nicht mehr schreiben. Robert schläft etwas, aber unruhig. Erhalte euch der gütige Gott eure Gesundheit!"*

Aber trotz Friederikes hingebungsvoller Pflege und trotz der Kunst der Ärzte starb Ludwig Robert am 7. Juli 1832. Friederike, die bis zuletzt an seinem Bett gesessen hatte, brach zusammen. Wie einen bösen Traum erlebte sie die Beerdigung. Gottlieb erschien sie so fern und entrückt, daß er sie kaum anzusprechen wagte. Rahel wurde der Tod des Bruders lange Zeit verheimlicht, Varnhagen fürchtete für ihr Leben. Schon wenige Tage nach der Beerdigung wurde auch Friederike krank. Zwischen Fieberschüben und wachen Momenten nahm sie wahr, daß Luise sich ebenfalls angesteckt hatte. Luise starb.

Friederike warf sich unruhig hin und her, ihre Hände verkrampften sich ineinander. Drehten sich da nicht Kristallüster an Palastdecken? Es tanzte die Königin von Sachsen mit dem Kronprinzen von Schweden. Heine machte einen Kniefall und lachte: „Madame, Sie sind die schönste aller Frauen!" Felix

Mendelssohn spielte, ein Kind noch, und Fanny sang. „Ja oder Nein, Rieke?" fragte beschwörend ein dunkelhaariger Mann mit markanten Zügen und suchenden Augen. Sie streckte ihm die Hände entgegen. War es so gewesen? Ja, so war es.

Friederike Robert, Rickele, Rieke, als die „schöne Robert" auch die „schönste Schwäbin ihrer Zeit" genannt, blieb die Qual einer langen Trennung erspart. Sie starb am 13. August 1832 und wurde neben ihrem Mann auf dem alten Friedhof in Baden-Baden beigesetzt.

Nachwort

„Frau Robert, das schönste Weib, das meine Augen je erblickt haben. Die Ironie des Schicksals hatte diese Dame, ein würdiges Modell zu einer Madonna, in traurige, unwürdige eheliche Verhältnisse gebracht, von denen Robert sie nicht ohne große pekuniäre Opfer erlöste. Die schöne Frau wurde dadurch zum dankbaren Klärchen gegen ihren Erretter. Noch später hat mir die liebenswürdige Haizinger (d.i. Amalie Neumann), ihre getreue Freundin, von der schwärmerischen Liebe erzählt, womit die Gattin Roberts an ihm hing. Ihr Herz brach mit seinen Augen, wenige Tage nachher wurde auch sie zur Erde bestattet. Von freudigen Gedanken über das Wiedersehen des liebenswürdigen Ehepaars erfüllt, vergesse ich nie die Erschütterung, welche die Antwort einer weinenden Frau in mir hervorbrachte, die ich bei der Annäherung des Leichenzuges um den Namen des Toten befragte: ‚Es ist halt ä Engel, die Witwe vo de Herr Dichter Robert!'"
Theodor von Kobbe in Humoristische Erinnerungen aus meinem akademischen Leben, Bremen 1840.

291

Danksagung

Ganz herzlich möchte ich all denen danken, die mitgeholfen haben, die schöne Schwäbin Friederike Robert, deren Lebensspuren über weite Strecken verwischt waren, wieder aus dem Dunkel der Zeit hervortreten zu lassen.

Mein Dank gilt zuerst meinem Mann, der nur gelegentlich leise murrend während der vergangenen anderthalb Jahre Friederike Roberts Allgegenwart ertrug. Zu danken habe ich Herrn Dr. Günther Mahal, dem Leiter des Faust-Museums in Knittlingen, der mir neben etlichen Hinweisen auch seine Kopie des Tagebuchs der Friederike Robert überließ, ebenso wie Herrn Prof. Dr. Hansmartin Decker-Hauff, der den Abdruck der sich im Decker-Hauff'schen Familienarchiv in Stuttgart befindlichen Originale gestattete und immer bereit war, mir mit Rat und Tat zur Seite zu stehen.

Im deutschen Literaturarchiv Marbach habe ich Frau Adelheid Westhoff zu danken und bei der Stadtbibliothek Böblingen Frau Heike Peters, die auch die längste Literaturliste nicht schrecken konnte. Hilfreich war die Zusammenarbeit mit den Stadtarchiven Böblingen, Baden-Baden und Karlsruhe und mit dem Verlag G. Braun in Karlsruhe, wo ich in Frau Herta Kümmerle eine aufgeschlossene Gesprächspartnerin fand.

Es ist mir ein Anliegen, besonders auf die beiden Briefe Ludwig Roberts an seine Schwester Rahel hinzuweisen, die Friederikes und sein Leben so nachhaltig beeinflussen sollten. Der in Auschwitz umgekommene Heine-Forscher Erich Loewenthal fertigte die Abschriften kurz vor der Verschleppung ins Konzentrationslager an. Sie befinden sich heute im Besitz des

Leo Baeck Instituts in New York und wurden im Bulletin des Leo Baeck Instituts, 1976, Neue Folge, 15. Jahrgang, Nummer 52 erstmals abgedruckt.

Jutta Rebmann

Böblingen, im April 1989

Literaturliste

Benutzte Literatur (Auszug):

Hannah Arendt: *Rahel Varnhagen. Lebensgeschichte einer deutschen Jüdin aus der Romantik,* R. Piper Verlag, München

Karoline Bauer: *Aus meinem Bühnenleben,* Weimar, 1917

Otto Berdrow: *Rahel Varnhagen,* Berlin, 1900

Heinrich Berl: *Baden-Baden im Zeitalter der Romantik,* Baden-Baden, 1936

dto *Ein geschichtlicher Führer durch Baden-Baden,* Baden-Baden, 1936

dto *Ergötzliche Geschichten aus Alt-Baden,* Baden-Baden, 1936

Max von Boehn: *Biedermeier. Deutschland von 1815–1847,* Verlag Bruno Cassirer, Berlin, ohne Jahr

Günter Böhmer: *Die Welt des Biedermeier,* München, 1968

Carl Brinitzer: *Heinrich Heine, Roman seines Lebens,* Hoffmann und Campe, Hamburg, 1960

Jürgen Brummack (Hrsg.): *Heinrich Heine. Epoche – Werk – Wirkung,* München, ohne Jahr

Felix Burkhardt: *Beiträge zur Schulgeschichte des Kreises Böblingen von der Reformation bis um 1800,* Böblingen, 1971

Margarete Cohen: *Ludwig Robert, sein Leben, seine Werke,* in: *Jahrbuch der philosophischen Fakultät der Georg-August-Universität,* Göttingen, 1923

Therese Devrient: *Jugenderinnerungen,* Stuttgart, 1905

Festschrift des Hauses G. Braun (vormals G. Braunsche Hofbuchbinderei und Verlag) GmbH, Karlsruhe 1813–1963, Karlsruhe, 1963

Ludwig Geiger: *Therese Huber, Leben und Briefe einer deutschen Frau,* J.G. Cotta Buchhandlung, Stuttgart, 1901

dto. (Hrsg.) *Ludwig Börnes Berliner Briefe 1828,*
Berlin, 1905
Wilhelm Haape: *Ludwig und Friederike Robert. Eine
Baden-Badener Erinnerung,* G. Braun, Karlsruhe,
1896
Rolf Gustav Haebler: *Geschichte der Stadt Baden-
Baden, Bd. 1, 2,* Baden-Baden, 1969
Wolfgang Hädecke: *Heinrich Heine. Eine Biographie,*
Hanser Verlag, München
Sebastian Hensel: *Die Familie Mendelssohn
1729–1847,* Berlin, 1879
G. Hermann: *Das Biedermeier im Spiegel seiner Zeit,*
Berlin, 1913
*Hermes Handlexikon. Das Biedermeier. Kultur zwi-
schen Wiener Kongreß und Märzrevolution.* Von
Marianne Bernhard, Econ Taschenbuch Verlag, 1983
Karl von Holtei (Hrsg.): *Briefe an Ludwig Tieck,*
Breslau, 1864
dto *Vierzig Jahre. Erinnerungen Band 5,* Breslau, 1845
Heinrich Eduard Jacob: *Felix Mendelssohn und seine
Zeit. Bildnis eines Meisters,*
Fischer Taschenbuch Verlag, Frankfurt/Main
Florian Kienzl: *Die Berliner und ihr Theater,*
Berlin (West), 1967
Ruth Köhler und Wolfgang Richter (Hrsg.):
*Berliner Leben 1806–1847. Erinnerungen und
Berichte,* Berlin, 1954
Adolph Kohut: *Heinrich Heine und die Frauen,*
Berlin, 1888
Renate Krüger: *Biedermeier: Eine Lebenshaltung
zwischen 1815 und 1848,* Leipzig 1979
Fanny Lewald: *Meine Lebensgeschichte,* Berlin, 1871
Carl Misch: *Varnhagen von Ense in Beruf und Politik,*
Gera und Stuttgart, 1925
Fritz Mende: *Heinrich Heine. Chronik seines Lebens
und Werkes,* Kohlhammer Verlag, Stuttgart, 1981
H. J. Neidhardt: *Die Malerei der Romantik in Dres-
den,* Leipzig, 1976
Friedrich von Oppeln-Bronikowski: *David F. Koreff,*

Berlin/Leipzig, 1928

Friedrich Pfäfflin: *Wilhelm Hauff. Der Verfasser des „Lichtenstein". Chronik seines Lebens.* Ed. Marbacher Magazin, Verlag Fleischhauer und Spohn, Stuttgart, 1981

Rahel. Ein Buch des Andenkens für ihre Freunde. Mit Rahels Bildnis, 3 Bände, Duncker und Humblot, Berlin, 1834

Rahel Bibliothek. Rahel Varnhagen. Gesammelte Werke Band I–X. Herausgegeben von Konrad Feilchenfeldt, Uwe Schweikert und Rahel E. Steiner, Matthes und Seitz Verlag, 1983

Georg Richter: *Friederike Robert,* in: *Werke und Wege. Eine Festschrift für Dr. Eberhard Knittel zum 60. Geburtstag,* Karlsruhe, 1959

Miriam Sambursky: *Ludwig Roberts Lebensgang,* in: *Bulletin des Leo Baeck Institutes,* Neue Folge, 15. Jahrgang, Nummer 52, Tel Aviv, 1976

Herbert Schiller (Hrsg.): *Briefe an Cotta, Band 2,* Stuttgart und Berlin, J. G. Cotta'sche Buchhandlung Nachfolger

Herbert Scurla: *Rahel Varnhagen,* Düsseldorf, 1978

Ludwig Stern: *Die Varnhagen von Ensesche Sammlung in der Königlichen Bibliothek zu Berlin,* Berlin, 1911

Adolf Streckfuß: *Berlin im 19. Jahrhundert,* Berlin, ohne Jahr

Adolf Strodtmann: *Heinrich Heines Leben und Werke,* Berlin, 1873

Heidi Thomann Tewarsson: *Rahel Varnhagen,* Rowohlts Monographien 406, Reinbek bei Hamburg, 1988

Karl August Varnhagen von Ense: *Werke in 5 Bänden,* Herausg. von Konrad Feilchenfeldt, Deutscher Klassiker Verlag, Frankfurt/Main, 1987

Ingeborg Weber-Kellermann: *Frauenleben im 19. Jahrhundert,* München, 1983

Paul Weiglin: *Berliner Biedermeier,* Bielefeld/Leipzig, 1942

Unveröffentlichte Quellen:

Friederike Robert: *Tagebuch vom 1. Januar 1824 bis... von Friederike Robert, geb. Braun, Tochter des Magisters Braun in Knittlingen*
dieselbe *Das Kind mit dem Tränenkruge. Eine schwäbische Sage von Friederike Robert, geb. Braun* .
dieselbe *Der Schäferlauf, eine schwäbische Idylle.*
Alle Manuskripte im Besitz des Familienarchives Decker-Hauff, Stuttgart.

Zeittafel

1778	16. Dezember: Liepman Levin, der sich später als Schriftsteller Ludwig Robert nennt, wird in Berlin als drittes Kind des jüdischen Kaufmanns und Juweliers Markus Levin (1723–1790) und seiner Frau Chaie (gest. 1809) geboren.
1783	24. November: Gottlieb Braun wird in Böblingen als dritter Sohn des Präzeptors Gottfried Braun (gest. 1817) und seiner ersten Frau Friederike Magdalena Sophie geboren.
1790	Ludwig Roberts Vater stirbt. Während Markus, der älteste, 1772 geborene Bruder das Geschäft weiterführt, übernimmt die Schwester Rahel (geb. 19. Mai 1771) die Erziehung der jüngeren Geschwister und richtet gleichzeitig ihren ersten Salon im elterlichen Haus Jägerstraße 54 in Berlin ein. Hier finden sich im Laufe der Jahre Friedrich de la Motte-Fouqué, die Brüder Friedrich und August Wilhelm Schlegel, Achim und Bettina von Arnim, Clemens Brentano, Ludwig und Friedrich Tieck, Wilhelm und Alexander von Humboldt, Prinz Louis Ferdinand von Preußen und viele andere Literaten, Intellektuelle, Künstler und Adelige ein.
1795	29. April: Friederike Braun wird als viertes Kind des Präzeptors Gottfried Braun und seiner zweiten Ehefrau Johanna Christiana Luise in Böblingen geboren. Sie ist das neunte Kind einer Geschwisterreihe, die einmal auf achtzehn anwachsen sollte. Der knapp siebzehnjährige Ludwig Robert wird nach dem Abschluß des Französischen Gymnasiums in Berlin zu seinem

Onkel Liepman nach Breslau in die kaufmännische Lehre geschickt.

1796   Präzeptor Braun bittet um Versetzung an
die Lateinschule in seiner Geburtsstadt
Knittlingen. Dem Gesuch wird stattgege-
ben. Die Familie zieht um.
Ludwig Robert setzt seine kaufmännische
Lehre in Hamburg im Kontor der Familie
Zadig fort. Er beginnt sich mit der Dicht-
kunst auseinanderzusetzen und schreibt
selbst erste Gedichte und Erzählungen.

1801   Ludwig Robert reist nach Paris und über-
setzt französische Theaterstücke ins Deutsche.

1804   3. April: Im königlichen Hoftheater in
Berlin wird Ludwig Roberts Lustspiel *Die
Überbildeten*, eine Bearbeitung des Stük-
kes *Les Précieuses Ridicules* von Molière,
aufgeführt. Iffland, seit 1796 Direktor des
Berliner Hoftheaters, spielt selber mit.

1805/06   Bei der von Napoleon herbeigeführten ter-
ritorialen Flurbereinigung kann Baden sein
Gebiet vervierfachen, Württemberg seines
verdoppeln. Baden wird Großherzogtum,
Württemberg Königreich (1.1.1806). Na-
poleon schließt die süddeutschen Staaten
im Rheinbund unter dem Protektorat
Frankreichs zusammen. Preußen unterliegt
Napoleon in der Schlacht bei Jena und
Auerstedt. Die nun folgende Wirtschafts-
krise und die immer schlechter werdende
Geschäftslage zwingt die Geschwister Le-
vin zu immer stärkeren Einschränkungen.
Rahels Salon wird aufgelöst. Ludwig
Robert sieht sich gezwungen, für seinen
Lebensunterhalt aufzukommen.

1812   Württembergische und badische Truppen
ziehen mit der Armee Napoleons nach

Rußland. Von 15.000 Württembergern kehren wenige Hundert zurück.

Ludwig Robert reist nach einem Aufenthalt bei Friedrich de la Motte-Fouqué auf dessen Gut Nennhausen bei Rathenow nach Posen zu seinem jüngsten Bruder Moritz. Dort beginnt er mit der Niederschrift seines Theaterstückes *Die Macht der Verhältnisse*.

24. August: Friederike Braun heiratet in Schwäbisch Hall den katholischen Schmuckhändler Giambattista Primavesi.

1813   Gottlieb Braun, Buchhändler und Verleger in Heidelberg, verlegt seine Geschäfte in die Residenzstadt Karlsruhe.

Im März flüchtet Ludwig Robert vor den Franzosen aus Berlin nach Breslau. In Torgau wird im Herbst sein Singspiel *Der Tag der Schlacht oder das Grenzdörfchen* aufgeführt, die Musik stammt von Carl Maria von Weber.

Friederikes einziges Kind – Franz Primavesi – wird geboren und stirbt wenige Monate später.

1814/15   Im Wiener Kongreß wird Europa neu geordnet. Das deutsche Reich wird als Staatenbund mit 35 Dynastien und vier freien Städten neu organisiert.

27. September: Nachdem Rahel durch Friedrich Schleiermacher die evangelische Taufe empfangen hat, heiratet sie nach langen Jahren des Wartens Karl August Varnhagen von Ense und folgt ihm nach Wien, wo er im Dienste Hardenbergs am Wiener Kongreß teilnimmt.

Friederike zieht an der Seite Primavesis über die Jahrmärkte Südwestdeutschlands, ihre Lage ist bedrückend und demütigend.

Ludwig Robert hat die Stelle eines Privatsekretärs des russischen Botschafters Graf Goloffkin am württembergischen Hof in Stuttgart angenommen, scheidet aber schon nach wenigen Monaten wieder aus diesem Dienst aus. Bei Cotta in Stuttgart gibt er seine Gedichtsammlung *Kämpfe der Zeit* heraus.

1816/17   Mehrere Mißernten hintereinander verursachen in Südwestdeutschland schwere Hungersnöte.
Friederike flieht vor der Misere ihrer Ehe zu ihrem Bruder Gottlieb nach Karlsruhe. Im Juli 1816 übersiedeln Rahel und Karl August Varnhagen nach Karlsruhe, wo Varnhagen als preußischer Geschäftsträger tätig ist.
Erste Begegnung zwischen Ludwig Robert, der jetzt in Mannheim lebt, und Friederike.

1818   Nach der endgültigen Trennung von Primavesi zieht Friederike zu ihrem Bruder nach Karlsruhe. Hier begegnet sie Ludwig Robert wieder. Sie gibt den Almanach *Die Rheinblüten* im Verlag ihres Bruders heraus.
Großherzog Karl unterzeichnet die badische Verfassung, die liberalste im Deutschland dieser Epoche.

1819   30. März: Ludwig Robert läßt sich in Frankfurt evangelisch taufen.
Varnhagen wird ohne Angabe von Gründen von seinem Posten abberufen.
Die nach der Ermordung des Schriftstellers Kotzebue durch den Studenten Carl Ludwig Sand in Mannheim im Auftrag Metternichs erlassenen „Karlsbader Beschlüsse" verschärfen die Unterdrückung aller freiheitlichen und demokratischen Bestrebun-

gen und disziplinieren bundesweit Presse und Universitäten.

1822 Nach schwierigen und langwierigen Verhandlungen wird Friederikes erste Ehe geschieden.

Im Juli heiraten Friederike und Ludwig Robert in Baden-Baden und reisen nach Dresden, wo Friederike im Kreise von Ludwig Tieck, Carl Maria von Weber und Carl Christian Vogel von Vogelstein erste Triumphe ihrer Schönheit feiern kann.

1823 Übersiedlung der Roberts nach Berlin. In Rahels „zweitem Salon" in der Französischen Straße trifft sie auch auf Heinrich Heine, der sofort für ihre Schönheit entflammt. Friederikes Gedichte werden von Felix Mendelssohn, seiner Schwester Fanny sowie von Meyerbeer vertont. „Die schöne Schwäbin" ist der strahlende Mittelpunkt der Berliner Gesellschaft.

Ludwig Robert entfaltet eine lebhafte literarische Tätigkeit, hat aber langfristig nicht den Erfolg und die Resonanz, die er erwartet hat. Enttäuscht verläßt er mit seiner Frau Berlin im Herbst 1824 und reist über Dresden nach Karlsruhe.

1826 Ludwig Robert nimmt den Vorschlag Cottas an, in Paris die Möglichkeiten und Voraussetzungen für eine deutschsprachige Zeitschrift zu sondieren, gleichzeitig fungiert er als Korrespondent für das *Morgenblatt*.

1827 Friederike und Ludwig Robert kehren schon nach wenigen Monaten enttäuscht und ernüchtert nach Baden-Baden zurück. Cottas ehrgeiziges Projekt war trotz der Hilfe Alexander von Humboldts nicht zu realisieren.

Auf Wunsch Rahel Varnhagens kehren die

Roberts im Herbst nach Berlin zurück. Hier nehmen sie bald ihren Platz in der Gesellschaft wieder ein. Robert beginnt zu kränkeln und wandelt sich zunehmend vom progressiven Journalisten zum Reaktionär.

1830 Der Ausbruch der Juli-Revolution, von vielen seiner Freunde begrüßt, trifft bei Robert auf wenig Verständnis. Verbittert meidet er sogar enge Freunde, daneben drücken ihn berufliche Mißerfolge und pekuniäre Schwierigkeiten. Friederike sehnt sich nach Baden-Baden.

1831 Friederike und Ludwig Robert fliehen vor der Cholera aus Berlin nach Baden-Baden.

1832 13. Mai: Ludwig Roberts letztes Werk, ein dramatisches Gedicht zum Tode Goethes, wird zur offiziellen Totenfeier für Goethe auf der Karlsruher Bühne vorgetragen.

5. Juli: Ludwig Robert stirbt an einem durch Typhus hervorgerufenen Nervenfieber in Baden-Baden.

13. August: Friederike stirbt an der gleichen Krankheit. Beide werden in einem gemeinsamen Grab auf dem protestantischen Friedhof in Baden-Baden bestattet.

Verzeichnis der Bilder:

Inhalt

Seite

Aussicht aus dem Ba